ISSN 0913-9427

2023

学校教育研究

38

転換期の学校教育

―学校の持つ

日本学校教育学会 編

は じ め に

　今日，私たちには，これまでの「歴史」からの教えを基盤とした対応だけでは解決不可能な課題が種々突き付けられています。しかし未来を生きる私たちはこれらの課題を放置することなく，今まで以上に課題と向き合い，新たな社会形成に向けて知性を磨き，理性を働かせながら，それぞれの立場や役割を自覚・意識し，その責任を果たしていかなければならないのです。

　OECDが2019年5月に発表した「Learning　Compass 2030（学びの羅針盤2030）」では，既に，教育の未来に向けての望ましい未来像を描いた進化し続ける学習の枠組みから，個人と集団のウェルビーイング（Well-being）の方向性が示され，子供たちが社会を変革していく力を身に付け，発揮できるようにするために，主体的に目標を設定し，振り返りながら，責任ある行動がとれる力を身に付けることの重要性を指摘しました。

　中央教育審議会「令和の日本型学校教育」答申（2021年1月）においては，「学校の福祉的な役割」が「日本型学校教育の強みである」と明示し，学校再開後のウイズコロナ，ポストコロナの教育推進において，学校は単に学習機会を保障するだけではなく，セーフティーネット（安全網）としての役割を担うことの必要性を打ち出しました。このことは既に「新しい時代の初等中等教育の在り方特別部会」（2020年6月）でも指摘されており，まさに学校の在り方を根本的に見直し，転換していくことを要請したのです。

　さらに2021年6月に出された教育再生実行会議第12次提言や「骨太方針2021」では，子供のウェルビーイングをこれからの教育政策の中心的な価値とし，「学校の福祉的な役割」についてしっかりと向き合うことが学校の課題であると明示されました。しかし，その役割を果たすために学校には具体的にどんな業務等が必要であり，何をどのように転換していくべきか等は明らかにされていません。

　そこで第38号では，第1部の特集テーマを「転換期の学校教育─学校の持つ福祉的機能とは何か─」と設定し，三つの視点から論究していただきました。一つ目は，これからの学校教育を支える理念や学校教育の在り方にお

いて「なぜ学校が福祉的な役割を担わなくてはならいのか」について，「これまで」「これから」を視点にして教育施策や教育行政等の面から検討する視点です。二つ目は，「学校の福祉的な役割」を遂行するための「チーム学校」としての役割分担の考え方や支援方法に関して，海外の動向や先進的・先導的な取組事例等から検討する視点です。そして三つ目は，学校の責任範囲や学校現場でできること，しなくてはならないこと等をコミュニティスクール，地域学校協働活動等の視点から検討し，「学校の福祉的役割」を持続可能なものにするための方策等を検討する視点です。以上の視点に対して6名の会員よりご専門の立場から貴重な論稿をお寄せいただきました。ご執筆頂いた各位に心より御礼申し上げます。

第2部は自由研究論文2編，第3部は実践的研究論文3編，第4部は実践研究ノート1編を掲載いたしました。いずれも厳正な審査を経て掲載に至ったものです。そして第5部は昨年8月に日本大学を会場にしてオンライン方式で開催された第36回研究大会の報告です。課題研究「教職実践知の継承に教職大学院はどのように貢献できるのか─教師教育の高度化とミドルリーダーの役割─」と，シンポジウム「教師の自律的な研修の継続にむけて─教員免許更新制度廃止後の研修制度─」について，提案者からの報告を掲載しております。

また研究余滴では一之瀬敦幾会員，釜田聡会員にご執筆いただきました。さらに図書紹介については機関誌編集委員会で検討の上，それぞれの紹介文を4名の会員にご執筆いただきました。ご寄稿並びにご協力いただきました各位に厚く御礼申し上げます。

本号が会員の皆様の研究，実践の一助となりますとともに，学校教育に携わる方々に広く活用されることを願っております。また，機関誌が今後より一層，皆様のご期待に応えられるものとなりますよう，率直なご意見，ご叱正をお寄せくださいますようお願いいたします。

2023年8月

機関誌編集委員会

『学校教育研究』第38号　2023／8　目次

はじめに…機関誌編集委員会

第1部　転換期の学校教育―学校の持つ福祉的機能とは何か―

第2部　自由研究論文

●研究余滴

●図書紹介

第1部〈特集〉

転換期の学校教育
── 学校の持つ福祉的機能とは何か

1. 学校の福祉的役割の再考

2. ウェルビーイングのプラクシス
   ── 実践の文脈からのアプローチ

3. 令和の日本型学校教育における「チーム学校」のゆくえ

4. 学校における多様性・多文化化に対応する教員の専門性の育成
   ── アメリカ，イギリス，韓国の事例を踏まえて

5. 教育ニーズの多様化と学校の役割
   ── 責任概念とガバナンス構想

6. コミュニティ・スクールは「学校の福祉的役割」にどこまで寄与できるか
   ── コミュニティ・スクール導入の現状についての考察から

学校の福祉的役割の再考

共栄大学教育学部　**和井田　節子**

1．学校の福祉的役割

　中教審は2021年1月26日に「『令和の日本型学校教育』の構築を目指して～全ての子どもたちの可能性を引き出す，個別最適な学びと，協働的な学びの実現～（答申）」を出した。そこには，日本の学校がこれまで果たしてきた役割として，①学習機会と学力の保障，②社会の形成者としての全人的な発達・成長の保障，③安全・安心な居場所やセーフティネットとしての身体的・精神的健康の保障，の3つが挙げられている。そして，③については，「居場所・セーフティネットとしての福祉的な役割は，日本型学校教育の強みである」としてその継続と充実を求めている。

　鈴木庸裕（2014）は，学校の福祉的機能について「学校が子どもの福祉（生活の質の向上）についていかに責任を負うのかという子どもの幸福と将来の生き方を追求する公的な子どもの保護機能」と定義した。さらに，これは人権としての福祉を基礎とする機能であり，学校内外のさまざまな「反福祉的状況」を子どもたちがみずからつくりかえていくために必要な指導や援助が保障されるものだ，と説明する。

　教師たちは，教室が子どもたちにとって③「安全安心な居場所」「セーフティネット」になることを願ってきた。しかし，学校は子どもの福祉について責任を負う場である，となると，学校は教育機関であって福祉機関ではない，と違和感を覚える教師は多いのではないだろうか。その違和感の第1の理由は，日本の教育・福祉政策が，長く教育保障と生活保障とに分業してき

た歴史にあると考えられる。第2の理由は，福祉的な機能を活用するために個別のニーズに応じた働きかけを行うことは，多忙を極める教師をさらに忙しくすることにある。これについてこの答申では「学校における働き方改革を着実に推進していく」と述べるにとどめている。第3の理由は，学校は集団を扱うことに慣れているという点である。小川（2018）は，学校には社会規範の育成も期待されたため，学級の集団活動が重視され，個別のニーズへの配慮は忌避されがちであった，と指摘する。②社会の形成者としての全人的な発達・成長の保障を集団活動の中で行ってきたことが，③「安全安心な居場所」「セーフティネット」としての働きかけをやりにくくしている面があるといえる。こうしてみると，学校に福祉的機能はあるが，それはあくまで①学習指導，②生徒指導の補助的あるいは基盤的なものであり，教員の中には学校が子どもの福祉について責任を負うという意識は薄いことが見えてくる。

　同年6月3日に，今度は教育再生実行会議が第12次提言「ポストコロナ期における新たな学びの在り方について」を提出し，「一人一人の多様な幸せであるとともに社会全体の幸せでもあるウェルビーイング（Well-being）[1]の理念の実現」を軸とする，と前述の答申と同様の福祉的な学校像を示した。ただし，この提言からは学校の「福祉的機能」や「セーフティネット」という語が消え，代わりに「ウェルビーイング」や，「誰一人取り残さない多様性と包摂性のある教育」という表現になった。そして，学校はウェルビーイングの理念の実現を追求する社会を主体的に担う人を育成するという考え方が示された。なお，この提言では，「このような取組の前提として，働き方改革を通じて教師自身のウェルビーイングや教職の魅力を高めていく」と，前提となる働き方改革が教師自身のウェルビーイングにもつながると言及している。

　これらの答申・提言からは，学校の役割が福祉的な機能重視に舵を切るところにあることが読み取れる。広井（2016）が「かつてのような『成長』型モデルのなかでのライフコースや支援の仕組みが維持困難となるなかで，教育と福祉の2領域は大きくクロス・オーバーしつつ」あると指摘する時代が，

教育政策を通して築かれようとしている。

　本稿では，学校が福祉的機能を担うことの考え方について，学校と児童福祉とのかかわりの歴史から，学校の福祉的役割を検討し，学校と福祉との協働の可能性について考察する。

　なお，本稿における「学校」は，18歳までの一条校を指す。

2．学校と児童福祉とのかかわりの歴史

⑴　戦後の福祉政策と学校

　戦後の児童福祉は，12万人にも上った戦災孤児の生活保障から始まった。1946年公布の日本国憲法の理念を受けて，1947年に「児童福祉法」が制定された。この法律で，初めてすべての18歳未満の者の育成責任が明示され，次世代の担い手である児童一般の健全な育成と，福祉の積極的な増進が目指された。子どもたちは，自力で生きることを強いられる存在から，保護される存在に変わったのである（野口2022）。

　学校教育関連政策としては，1947年に「教育基本法」が制定され，教育の目的が人格の完成と平和的な国家及び社会の形成者の育成であることが示された。また，同年の「学校教育法」によって学校は中学校まで義務教育となった。とはいえ，長期欠席や不就学がピーク時には全国で60万人を越える戦後の混乱の中で，10年近く学校は「福祉的施設の一種として子どもの預かり所としての特質をもつものとしてとらえなければならない」（城丸1973）状況であった。戦後の義務教育においては，学校が子どもたちの居場所となることは学校に託された役割の一つだったといえる。

⑵　福祉国家としての日本

　福祉国家とは「社会問題への対応を通じて，政府が国民の福祉環境に責任を持つようになった国家」と定義される。生活保護法（1946年），児童福祉法（1947年）に続いて，身体障害者福祉法（1949年），精神薄弱者福祉法（1960年。現，知的障害者福祉法），老人福祉法（1963年），母子福祉法（1964年。現，母子及び父子並びに寡婦福祉法）と福祉六法が制定され，医療と年金の社会保険制度（1961年）も導入されて，日本は第二次世界大戦

後の先進諸国と同様に福祉国家の仲間入りを果たした。

　坪（2022:10-13）は，福祉国家における福祉の内容を「国民の暮らしに欠かせない『仕事』『所得』『ケア』の３つのニーズを充足するための手段としての『資源』の保障」と整理している。「仕事」のニーズは，働きたい者への「完全雇用」と「労働法」によって保障され，「所得」のニーズは税金や社会保険料等で集めた資本を制度に従って「再分配」することで保障され，「ケア」のニーズは，公衆衛生（保健），医療，公教育等を通じた保護・援護・育成または更正といった社会サービスを通して保障される。ここでは，学校教育は「ケア」という福祉的役割を担う社会サービスの役割が期待されている。

⑶　経済発展期の教育と福祉

　子どもへの教育保障と生活保障を中央集権的に進めた点は学校教育も児童福祉も共通していたが，福祉国家化が進展し高度経済成長期に入ると，福祉は「経済成長と所得平等化の同時達成」という理念のもとに，教育は「経済成長のための教育（or経済成長に資する人材の養成システムとしての教育）」という方向づけのもとに推進されるようになった（広井2018：103）。その結果，学校・児童福祉・家庭・地域社会の間に役割分業が進む。すなわち「一般的な子どもに対する普遍的な教育保障・生活保障は学校と家庭がそれぞれ責任をもち，その両者が対応できない特殊・個別・多様なニーズをもった子どもに対しては児童福祉行政（専門性が高く狭い支援）と地域社会が支援する（ボランティアによる支援）」とする日本独特の役割分担が始まったのである（荒見2020：187）。児童福祉は，子どもや家庭が抱える貧困や障害等の困難の種類に応じて，縦割りに制度が整備され，個別ニーズに対応できる専門職も多様になった。こうして本来学校に備わっていた，特殊・個別・多様なニーズをもった子どもの福祉的対応は児童福祉の役割へと分業されるようになった。

⑷　経済低成長時代の教育と福祉

　経済成長が鈍り始めた時代は，地域社会や家庭も貧富の差の拡大，少子高齢化の進展，離婚率の上昇とひとり親の増加等，社会の変化が大きくなる時

代となった。児童虐待の増加や貧困が社会問題となると，必要な支援がそれらの家庭に十分届いていないことが課題となってきた。福祉に予防や早期発見が求められるようになったのである。学校は子ども全体にアプローチすることができる唯一の機関であるため，福祉政策からは，保護・支援が必要な子どもの早期発見と早期対応の窓口（スクリーニング）機能が学校に期待されるようになった。

　政治的には，同じ子どもに関する政策にもかかわらず教育と福祉が異なる論理で分業する縦割り行政が問題視されるようになった。そして，たとえば「少子化対策推進会議」や「少子化社会対策大綱」（2004年）のように，内閣官房長官・内閣府が主催する会議体の中で全体の方針が定められ，関係各省庁が協力して推進することが増えた。こうして教育と福祉の連携は進んだが，荒見（2020：190）は政府全体の観点による方針が，それぞれの自律性や裁量を弱める危険を指摘している。

⑸　**チーム学校による協働体制**

　中教審は2015年に，「学校や教員だけが対応するのでは，十分に解決することができない課題が増えている」として，学校とスクールソーシャルワーカーをはじめとする福祉等の専門職との協働を推奨する「チームとしての学校」[2]を提起した。「専門スタッフの参画は，学校において単なる業務の切り分けや代替を進めるものではなく，教員が専門スタッフの力をかりて，子供たちへの指導を充実するために行うものである（同：24）」と学校からの仕事転嫁にならないように釘を刺している。「チーム学校」の財源については，第1回の審議では，教員定数を1.3％削減する「新たな教職員定数改善計画」が前提となっていた[3]。しかし答申（案）では「教員は，内外から様々な要求にさらされ，ぎりぎりのところで日々の教育活動に取り組んで」いる状況であるとして「定数改善」は「教職員定数の充実」という語に代わった。ただ，その必要性が述べられているにとどまり，財源の代案は示せないままになっている（「答申（案）」2015：23，27，64）。

⑹　**子どもの権利保障と福祉の進展**

　2016年は，学校の福祉的機能の進展に影響を与える法令が次々と制定さ

れた年となった。「児童福祉法」が改正され，「障害者差別解消法」[4]がスタートし，「教育機会確保法」[5]が公布されたのである。

改正児童福祉法の特徴の第1は，子どもが権利の主体であること，その権利は「子どもの権利条約[6]」に準拠すると明記されたことにある（第1条）。それまでは，保護される対象としてのみ捉えられていた子どもが，固有の権利をもつ存在として位置づけられたのである。第2の特徴は，子ども育成の責任を明示したことにある（第2条）。子どもを育成する責任が，保護者・自治体・国民の3段階となっていることを明示した。そして，第3条には，「この原理は，すべて児童に関する法令の施行にあたって，常に尊重されなければならない」となっている。学校にかかわる法令であっても，児童福祉法の原理が基盤になっていることが明確化されている。第3の特徴は，子育て世帯に対する包括的な支援のための体制が強化されたことにある。具体的には，すべての妊産婦や子育て世帯を対象とした「こども家庭センター」が設置され，それまで障害種別で福祉型と医療型に分かれていた児童発達支援センターが一元化されることになった。さらに，2019年，2022年の改正で，保護者の体罰の禁止や学校を含む関係機関間の連携の強化，子ども自身にとって重要な決定がなされる際には子どもの意見が聴かれなければならないこと等が定められた。

「障害者差別解消法」では，障害のある子どもへの合理的配慮が義務化された。「教育機会確保法」では，不登校であっても児童生徒への教育機会の確保等を総合的に推進することが定められた。一人ひとりの子どものニーズに応じた学習環境づくりを学校に要求するこれらの法律は，特殊・個別・多様なニーズへの配慮や対応を，学校が責任を負うべき仕事として明確化したものといえる。

2023年より，子ども家庭福祉行政が厚労省から内閣府に移管され，こども家庭庁として新たに発足した。これに合わせ，こども基本法（2022年制定，2023年施行）も制定され，「意見を表明する権利」や「尊重される権利」といった子どもの権利が確認された。

3．学校と福祉との協働の可能性

⑴　居場所としての学校論

　コロナ禍において改めて重要性が注目されるようになった「居場所」だが，田中（2022）は居場所が成立する要因を「空間的な場と他者が必要」で，「その他者が重要な存在として機能を発揮し，その関係性においてアイデンティティが確かめられるような役割を担う」と整理している。住田（2003）は他者との関係性の観点から「安全，安心，くつろぎ，他者による承認とそれを通した自己の再確認」の場ととらえている。

　そのような居場所の効果について，山野良一（2008）は，たとえ貧困家庭のストレスの中にあっても，家庭外に居場所があってそこで適切なサポートを受けることができれば，貧困が与える心理的悪影響を減じることができる可能性に言及している。確かに，学校に適応している子どもたちは，学校を居場所と感じているに違いない。しかし，個別の支援ニーズを抱える，家庭を居場所と感じられない子どもたちにとって，学校が居場所となり得ているかどうかは切実である。

　学校における居場所の獲得を本人の努力の問題としがちな学校の在り方を糾弾したのが「貧困と子ども・学力研究委員会（通称：貧力研）」だった。学校は，悉皆的に子どもを受け入れる義務を負った，広義の児童福祉施設の1つのタイプであるべきだと主張したのである。大人の貧困を学力格差で説明し子どもの段階での学力向上を子どもの貧困対策とする議論を，貧力研は「学力向上論の欺瞞」と批判し，貧困を今直接改善することができない学校ができるのは，「貧困」な子どもにとって必要不可欠な「居場所」や「信頼できる大人とのつながり」や「給食」を提供することであるとした。「〈教師〉は，教科教育・授業のみのプロではなく，ケースワーク・ソーシャルワークを含めた，総合的な対人社会サービスを行う『スクール子どもワーカー』に転換していく」ことを求めたのである（金井2017）。貧力研の主張は，公教育としての学校の役割の基礎に福祉的機能の充実があるべきとするものである。

⑵　学校の福祉的役割の必要性

　経済の停滞は容易には解決しない。社会は複雑さを増し，今後も，貧困，虐待，発達障害，不登校等の困難を抱える子どもが増加していくことは予想される。学校が居場所・セーフティネットとしての福祉的役割を果たすことの必要性が増している。対象が細分化し専門的であった児童福祉は現在包括的な方向に移行しつつあるが，全ての子どもたちを一元的に見ることができるのは学校の持つ強みである。学校が福祉的機能を発揮するとともに福祉とも連携することで救われる子どもはさらに増えると考えられる。

　これまでも学校の福祉的機能を発揮したすぐれた実践は多く存在した。例えば小学校で担任が，困った子だと感じていた子どもの声に耳を傾ける中でその困難に気づき，子どもが学級に居場所を獲得するところまで支援したり（三谷2023），貧困の構造についての学習を行うことがその子どもたちに未来への希望を拓くことにつながったり（大阪府立西成高等学校2009）といった実践がそうである。しかし，一般的には，学校で困難の中にいる子どもに気づいても，どのように働きかけるのがいいのかわからない場合も多い。実際，外部の支援機関を紹介しても，本人や家族から断られてそのままになってしまうケースは多いと考えられる。つまり，支援の知識やスキルを持っている教師が困難を抱えた子どもにかかわっているかどうかという偶然性が子どものウェルビーイングを左右しかねないのである。とはいえ，支援力のある教師に救われて問題が解決したように見えてしまい，長期的に見ると福祉の専門機関につないだ方がいい子どもが専門的支援をうけずに卒業後に苦労するというケースもある。学校の福祉的機能だけに依存するのもまた危険である。

　これらの状況の解決について，筆者は，現在の特別支援教育のシステムが参考になるのではないかと考えている。特別支援教育では臨床発達心理士やスクールカウンセラーが本人や保護者の相談を受け，本人・家族を必要に応じて専門機関とつないでいるが，福祉ではその役割はスクールソーシャルワーカーが担うことになるだろう。また，特別支援教育は巡回支援員という専門家が学校を訪問し，子どもの様子を観察して教師に支援のアドバイスをす

る制度があるが，これと同様のシステムを福祉と学校の間で構築することも可能ではないかと思われる。特別支援教育ではコーディネーターの教員がいて，「合理的配慮」に基づく環境調整を行ったり，専門家の知見を教員に伝えて支援のヒントを与えたり，その子どもの指導履歴を作って進学先に引き継ぐ役割を務めている。それと同様に福祉的な役割を担うコーディネーターを務める教員が校内にいるといいのではないかと思われる。

　ただし，コーディネーターには一定の専門性が求められる。教員として働きながら知識やスキルを手に入れることができるようなコーディネーター養成の構座が大学にあるといい。学ぶことがそのまま福祉の専門家とのネットワークづくりにもなっていく。

　山野良一（2016）の研究では，学業成績にかかわらず貧困世帯の子どもほど進学率が低いことが示されていた。学校の中に相談できる仲間や大人がいたら，進学への突破口も開かれるかもしれない。それが学校を居場所に，という議論になっていく。例えば校内に「居場所カフェ」を設置している高校がいくつかある。そこは若者支援の実績があるボランティアがカフェを運営しており，生徒の相談に応じて支援を行う場になっている。外部の力も借りながら居場所となり得る場を設置することは，当事者に選択の自由を与えるとともに幅広い視野を得たり，学校以外の支援につながりやすくなったりする。

　現在は，不登校児童生徒の増加をはじめ，虐待，貧困，ヤングケアラー，障害等の特別な支援を必要とする子どもたち，外国につながりのある子どもたち等が増え，要因が複雑に入り組み，学校だけ，福祉だけでは対応できなくなってきている。学校は包括的な福祉の専門機関としての役割も持っていることを共通認識とした上で，スクリーニング機能も発揮しつつ，福祉と協働していくことが必要な時代に入っているといえる。

[キーワード]

　福祉（Welfare），教育保障（Educational security），居場所（Place where one can be oneself），チーム学校（Schools as teams）

〈注〉

1　「ウェルビーイング」については，望月（2023）は，日本語としてまだ適切な訳語が共有されていないとし，従来の福祉を表すwelfareよりも「当事者性をより重視した用語」であると述べている。そして国連子どもの権利委員会による「本人が感じる安心感，充足感，幸福感，居心地の良さ等，及び，その基盤となる客観的な生活状態・条件」という説明を充てている。
2　チームとしての学校・教職員の在り方に関する作業部会（2015.12.10.）第17回資料2「チームとしての学校の在り方と今後の改善方策について（答申（案））」
3　チームとしての学校・教職員の在り方に関する作業部会（2014.11.21.）第1回資料6「チーム学校関連資料」，5-6頁。
4　正式名称は，「障害を理由とする差別の解消の推進に関する法律」
5　正式名称は，「義務教育の段階における普通教育に相当する教育の機会の確保等に関する法律」
6　正式名称は「児童の権利に関する条約」。1989年に国際連合が採択し，日本は1994年に批准した。「生きる権利」「育つ権利」「守られる権利」といった子どもが生まれつき持っている人権ともいうべき受動的権利と，「参加に関する権利」にあたる意見表明権，表現の自由など，子どもの自由権にスポットをあてた能動的権利があるのが特徴となっている。これらは，「保護される存在としての子ども」観から「固有の人格主体，権利主体としての子ども」観への変更を意味すると言われている。

〈引用・参考文献〉

坏洋一（2022）「分断に挑む社会福祉」『社会福祉セミナー』2022年4月-9月，NHK出版，6-21頁。
荒見玲子（2020）「教育と児童福祉の境界変容」，大桃敏行・背戸博史（編）『日本型公教育の再検討』岩波書店，179-204頁。
広井良典（2018）「教育と福祉の連携－ポスト成長時代の社会構想とケア」『社会福祉学』第58巻第4号，102-105頁。
金井利之（2017）「まえがき／序章　貧困・子ども・学力」教育文化総合研究所『貧困と子ども・学力研究委員会報告書－学力向上論の欺瞞と居場所としての〈学校〉－』1, 3-12頁。
三谷幹（2023）「コロナ禍が明け，子どもたちの声が聞こえるようになって」『月

刊学校教育相談』8月号，第37巻第10号，ほんの森出版，60-62頁。

望月彰（2023）「序章　学校教育への福祉的視点の導入−スクールソーシャルワーカーとの連携に向けて−」山本理絵・望月彰（責任編集者）『教育と福祉が出会う支援−子ども・教育・専門職がつながる学校・地域をめざして−』渓水社，3-13頁。

野口友紀子（2022）「社会福祉の考え方の歴史」『NHK社会福祉セミナー』2022年10月-2023年3月，NHK出版，91頁。

小川正人（2018）「教育と福祉の協働を阻む要因と改善にむけての基本的課題−教育行政の立場から」『社会福祉学』第58巻第4号，112頁。

城丸章夫（1973）「学校とは何か」『教育』1973年9月号，国土社，6-15頁。

住田正樹・南博文（編）（2003）「子どもたちの『居場所』と対人的世界」『子どもの「居場所」と対人的世界の現在』，九州大学出版会，3-20頁。

鈴木晶子（2019）「生きづらさを抱える生徒に寄り添う校内居場所カフェ」吉住隆弘・川口洋誉・鈴木晶子編『子どもの貧困と地域の連携・協働−〈学校とのつながり〉から考える支援』明石書店，220-235頁。

鈴木庸裕（2014）「教育と福祉の協働−子どもとの出会い直しのために−」『教育』2014年10月号，かもがわ出版，84-93頁。

田中聡子（2022）「今，子どもの居場所がなぜ求められるのか」『教育と医学』第70巻第6号，慶応義塾大学出版会，11-18頁。

山野則子（編著）（2015）『エビデンスに基づく効果的なスクールソーシャルワーク〜現場で使える教育行政との協働プログラム』明石書店。

山野則子（2018）『学校プラットフォーム：教育・福祉，そして地域の協働で子どもの貧困に立ち向かう』有斐閣。

山野良一（2008）『子どもの最貧国・日本−学力・心身・社会におよぶ諸影響』光文社新書。

山野良一（2016）「低い学力・低い進学率」松本伊智朗・湯澤直美・平湯真人・山野良一・中嶋哲彦（編著）『子どもの貧困ハンドブック』かもがわ出版。

ウェルビーイングのプラクシス：
実践の文脈からのアプローチ

独立行政法人教職員支援機構 　**百合田真樹人**

　ウェルビーイングの概念は，市場価値に表れない「潜在的な資本」が人々の生活の豊かさに与える影響を再評価するなかで，学術的な関心の領域から政策と実践の枠組みの議論に展開されてきた（百合田 2022a）。日本では，政府が 2021 年に「経済財政運営と改革の基本方針 2021」（6 月 18 日閣議決定）で，ウェルビーイングを政策の基本計画等の KPI（Key Performance Indicator：重要業績評価指標）に設定したことから急速に認知が広がっている。

　こうした認知の広がりは，ウェルビーイングの概念を政策と実践の文脈に即して精緻化する取り組みを活発にしている。例えば，上坂と中森（2020）は，子どもの生活を包括的に把握することでウェルビーイングの現状を定量化する指標の開発を図る。また，内田（2012; 2008）は，幸福感の文化差を文化と感情の相互関係から考察して，ウェルビーイングの指標を文化的な価値観に即して最適化する必要性を指摘する。中央教育審議会の教育振興基本計画部会でも，『日本型ウェルビーイング』を『教育 DX の推進』と並ぶ次期教育振興基本計画の柱に位置付け，主に西欧圏と北米で議論されてきたウェルビーイングとその指標を，日本の社会と文化的な価値に最適化する議論を重ねている。

　本稿の中心的な問題は，ウェルビーイングを実現するプラクシス（概念の実践への展開）を概念化して示すことにある。したがって，ウェルビーイングの概念そのものを解説することは，本稿の目的ではない。本稿はウェルビーイングの概念を実践で具体化する方法論を問題にする。快楽や幸福，安心

といった主観的な感覚と，客観的な条件や環境との関係性をどう統合するのか。異なる文化や価値観に即して適切な指標を設定する一方で，社会に共生する共同体の価値観の折衝と調整を実現するプラクシスの原則をどこに求めるのか。そして，特に子どものウェルビーイングを対象にする本稿では，未だ成長と発達の途上にある子どもに普遍的に必要な知識やスキルなどの機能を成果として達成する介入と，子どもが主体的に自らのあり方を決定する自由との緊張関係を克服するプラクシスを検討することで，近年学校に期待される福祉的機能の意味を，ウェルビーイングを実現するプラクシスの枠組みから建設的に紐解く。

ウェルビーイングの政治性：2つの物語

議論を先に進める前に，ウェルビーイングとその実現を図るプラクシスの政治性を，2つの物語を通して簡単に示しておきたい。

最初の物語は，2004年に東欧のある街で出会った10歳の女の子の物語である。毎日物乞いにきていた女の子は，学校に通ったことがない。日用品やテレビから文字を学び，簡単な計算も買い物や物乞いをするなかで習得していた。私が歴史に関心があるのを知った彼女は，「歴史って何？」と尋ねてきた。彼女は歴史の説明を聞いた後，「それでどうするの？」と尋ねた。彼女の問いは，歴史の存在もその価値も自明ではないことを私に思い出させた。歴史は，彼女と彼女のコミュニティにとっては必要でも必然でもない。それこそ歴史的に周縁に追われて歴史から排除されてきた彼女のコミュニティにとって，歴史はもとより，歴史が正当性を与える権威や権力も，価値を持たないのかもしれない。自身とそのコミュニティを否定する権威と権力のシステムである学校で学ぶ知識やスキルは，その女の子のウェルビーイングに貢献し得るのだろうか。

2つ目の物語は，カナダ政府が2008年に公式に謝罪した強制的な寄宿学校制度をとりあげる。19世紀から20世紀にかけて，カナダのキリスト教会と政府は，先住民族の子どもを家族とコミュニティから引き離して，寄宿学校で英語やキリスト教の価値観を指導した。虐待や病気から命を落とす子ど

もも多く，先住民族の世代と文化の断絶とコミュニティの喪失を招いたこの制度は，社会の権力的マジョリティの価値の優位性や普遍性を無批判に信じ，他者の異質性に介入して矯正することを「温情」として合理化するパターナリズム（温情主義）を背景に持つ。現在でも，さまざまな教育的・福祉的な活動が異質性への介入や矯正を「子どものため」に合理化される。しかし，価値観の異なる他者とそのウェルビーイングへの介入はどう合理化・正当化されるのだろうか。ウェルビーイングを実現するプラクシスの「責任」はどうあるべきだろうか。

　これらの物語は，個人と社会のウェルビーイングを実現するプラクシスの議論に直接関係する。子どもに物乞いをさせる家族とコミュニティを非難して単純否定することは容易である。しかし，フレイレ（1970）が『非抑圧者の教育学』で指摘するように，またイリイチ（1971）が『脱学校の社会』で論じるように，社会システムと一体化した学校での学びは価値中立的ではない。自身とそのコミュニティを周縁化して排除してきたシステムの一機関での学びとその機会を得ることは，単純にウェルビーイングを実現するプラクシスのあり方と言えるだろうか。

　そして，普遍性から逸脱した個人や集団の標準化や矯正を図る介入は，温情主義などの福祉的なレトリックや，功利主義などの経済的なレトリックで合理化され，正当化される。2番目の物語は，個々の主体の自律性の外側から介入して，制度やシステムが保護及び管理する対象として人間主体を客体化する構造的な問題を可視化する。近年の政策文書や報告書が多用する予測困難な社会で成功に必要な知識やスキルも，しばしば個々の人間主体を市場の生産性で評価して客体化するレトリックをけん引する。さらに，成長と発達の途上にある子どもを未熟で脆弱な存在として，親や保護者が庇護し，制度やシステムが保護する対象とするレトリックにも，子どもを意思決定権もその能力も持たない客体に位置付ける問題が見え隠れする。

　これらの物語は，個人と社会のウェルビーイングを実現するプラクシスの議論が克服しなくてはならない重要な問題を浮き彫りにする。一方で，そこに単純で明快な解答は存在せず，複雑さと多様性を考慮した極めて政治的な

折衝と調整のプロセスの必要性を示唆する。個々の主体が自らのあり方を自由に決定することを尊重するというレトリックの容易さとは対照的に，ウェルビーイングは，個々の主体の個別的で主観的な感覚を反映し，その価値観の多元的かつ動的な理解を要する多義的な概念（森 2022）である。したがって，その実現を図るプラクシスの議論は，個人の尊重と多様性の尊重，社会的な包摂と公正な制度を構築する政治的な問いに応答する責任（レスポンシビリティ）を問題にする必要がある。

ウェルビーイングを実現する責任の 2 類型

　ウェルビーイングの概念は，客観的な財の総量をはじめ，人々の心理的，認知的，社会的，身体的な側面が主観的な感覚に与える効用から，社会と人々の豊かさを間接的に類推して理解する帰結主義の限界を踏まえて，それまで変数として処理・看過されてきた潜在的な資本の影響を再評価する枠組みを示す。また，情報技術革新によるデータ処理能力の飛躍的な向上と情報化社会の到来による処理可能なデータ量の急増は，人々の生活と社会のさまざまな側面を指標化し，効用をめぐる新たな関係性を因果推論の分析対象に組み入れる。政策と実践の判断に科学的根拠を求める政策環境の変化も，GDP などの単一指標に代わる指標としてのウェルビーイングへの関心の形成に貢献している。

　一方で，人々が自らの価値と自由を実感することがその生活の質と幸福に重要な役割を果たすと一貫して主張するアマルティア・セン（1985, 1999, 2000）は，ケイパビリティ・アプローチを提唱して，ウェルビーイングの理論的枠組みを示す。「達成された成果（achieved well-being）」を効用として重視する従来的な経済学の帰結主義の評価が見落とす個々の主体の自由に焦点をあてて，それぞれが何を成果として達成するのかを主体的に選択して判断する自由と能力（ケイパビリティ）を持つことを保証する「達成する成果の選択の自由（well-being freedom）」を重視する（Sen 1985）。したがって，ウェルビーイングは，有用感などの主観的な効用や，財の総量などの客観的に観測される状態（beings）や活動（doings）から示される機能

（functioning）に反映されない，自らのあり方を主体的に決定する自由と権限を個々の主体が持ち得ることが，それぞれの生活の質と幸福に与えるインパクトに焦点をあてる。

　例えば，栄養状態が良いこと，健康であること，貧困状態にないことは，それぞれが実感する生活の質と幸福に寄与する「機能（functioning）」として理解される。従来の経済学の帰結主義の評価は，それらの機能が成果として達成されたかを測定した結果から間接的に人々の生活の質と幸福の状態を類推することで理解してきた。つまり，生活の質と幸福に寄与する「機能」の達成は，個々の主体の主体的な感覚や意思の外側で普遍的に，それぞれの生活の質と幸福の「成果」に翻訳して理解される。これに対してケイパビリティは，個々の主体が自ら成果として達成する機能を選択する可能性に開かれていることを重視する（Sen 1985: 197-8）。例えば，禁煙は健康改善や支出抑制などを実現してウェルビーイングの向上に貢献する「機能」であるが，その機能を上位価値として優先して個々の自由に介入して健康管理を強要することは，個々のウェルビーイングの自由を著しく阻害する。

　人々が自由に自らの価値判断に照らした選択可能性を行使する権限とその能力を指すケイパビリティは，個々の主体の自由が示す価値が多元的であることを前提にして，それを尊重する。したがって，ケイパビリティに焦点をあてる政策と実践には，帰結主義が政策と実践の効用を観測・評価した結果を説明する責任（アカウンタビリティ）とは異なり，個々の主体の自由を確保する価値の多元性を重視して応答する責任（レスポンシビリティ）を要する。

ウェルビーイングの実現とエンパワメント

　幼児期に非認知的能力を育成する重要性を指摘したヘックマン（Heckman 2013）の調査研究の結果は，従来的な認知の外側にある非認知的能力が人間の生活と社会での成功に影響することを指摘し，非認知的なるものとその測定による理解への国際的な関心を形成してきた（OECD 2015）。それまで観測と評価の可能性の外側にあったビッグデータから示される新たな知見は，

人々の状態と活動の認知的・非認知的な側面を示す指標（群）を整理し，それらの指標から要素還元的に類推される機能を基に，要素還元的にウェルビーイングを理解するディスコースを顕著にしている（Dalyot & Dalyot 2018; Fegter & Richter 2014）。

　しかし，ウェルビーイングに寄与する機能を客観的に評価してその達成を図ることと，ウェルビーイングの自由を約束するケイパビリティの拡大を図ることとには緊張関係がある。そのため，ウェルビーイングを実現するプラクシスの議論では，ウェルビーイングを静的で固定された要素が定義する概念ではなく，動的で対話的（dialectic）に変化する概念として認識することが求められる。ウェルビーイングは主体の外側で定義される機能の達成によって実現されるプロパティ（財）ではなく，その実現を主体として担う個々のエンパワメントを通して達成される。

　エンパワメントは，社会心理学で用いられてきた概念であり，個人が自らを制御するために必要なスキルや権限を持つことを意味する（Cunningham et al. 1996; Kanter 1993）。1995年の国連人間開発報告書は，エンパワメントを個人が自分自身の人生を制御し，重要な意思決定を行う能力を身につけることと定義する（UNDP 1995）。さらに，個人や集団の能力やリソースを意識化することで，主体の行動や態度を変化させて自己効力感を高めるプロセスとも定義される（Zimmerman 1995; Zimmerman & Rappaport 1988）。複数の分野領域が定義するエンパワメントの概念は，ウェルビーイングを実現する対象であると同時に，ウェルビーイングを実現する主体でもある個々の人間（子ども）がそれぞれにウェルビーイングに寄与する機能を獲得して強化するプロセスと，ウェルビーイングの自由を実現するケイパビリティを拡大するプロセスを問題にする。

　ウェルビーイングを実現する主体のエンパワメントには，効用のエビデンスに基づく知識やスキルなどの機能を形成して強化するエンパワメント（empowerment as strengthening）と，主体のケイパビリティへの介入や制約からの解放のエンパワメント（empowerment as liberating）として示される。また，日本語には可算名詞の概念がないためにしばしば看過されるが，

属性的

普遍的な効用
2
政策のエビデンス等が示す効用に即した機能の達成と強化のエンパワメント
効率的なガバナンス
成果の達成に対するシステム的なアカウンタビリティ

自由の平等
1
所与の条件からの解放のエンパワメント
格差の是正と公正
属性的な主体の価値の多元性
システム的なレスポンシビリティ

強化 ———————————————— 解放

市場での効用
3
市場での効用に即した機能の達成と強化のエンパワメント
功利主義に基づくセルフガバナンス
成果に基づく個々の主体の個別的なアカウンタビリティ

個々の自由
4
制約からの解放のエンパワメント
個々の主体の制約からの自由
個々の主体の価値の多様性
自己責任としてのレスポンシビリティ
（所与の条件を考慮しない）

個別的

図：ウェルビーイングを実現するプラクシスで実践されるエンパワメントのタイプ

ウェルビーイングを実現するプラクシスの対象であり主体でもある子どもは，個別の主体である単数形の子ども（a child）と，属性で認識される複数形の子ども（children）に分類される。エンパワメントのタイプを横軸にとり，その対象を縦軸にした4象限マトリクス（**図**）は，子どものウェルビーイングを実現するプラクシスとして実践されるエンパワメントを4つのタイプに分類する。なお，紙数の都合から本稿は強化と解放のエンパワメントの軸に沿って議論する（各象限は右上から第1象限，第2象限，第3象限，第4象限）。

効用のエビデンスとウェルビーイングのアカウンタビリティ

　近年の政策環境は，ウェルビーイングを実現するプラクシスについても，その効用のエビデンスとアカウンタビリティの実現に焦点をあてる。1980

年代からのNPM（New Public Management）の行政改革の思潮は，市場の競争原理と企業型管理システムを重視し，個人や集団のエンパワメントを出口のパフォーマンスで評価するウェルビーイングの指標とその精度に関心を集中させてきた（Mann 2016; Andersson & Liff 2012; Hoque et al. 2004）。

　しかし，科学的根拠として示されるエビデンスは価値中立的ではなく，そこに政治性が介在する（百合田 2022b; 今井 2015; Biesta 2010; 2007）。普遍性を根拠にする近代合理主義のエビデンスも，観測が困難な要素を変数として処理し，長期的な成果や効用を評価のスコープから除外する判断を伴う。ウェルビーイングは，効用の評価に焦点をあてる帰結主義のエビデンスを批判して，より多角的で包括的に人々の生活と社会の状態を理解する指標を求める文脈で政策と実践の文脈に展開されてきた。観測可能な効用のエビデンスを優先してウェルビーイングを認識して，その実現を図るプラクシスの議論は，近代合理主義の普遍性が抱える構造的問題を再生産する。

　また，効用のエビデンスが示す機能を子どもに強化するエンパワメントは，子どもの主体性とケイパビリティの自由が前提にする価値の多元性を看過する。効用のエビデンスに基づく機能強化のエンパワメントは，効用の基準である出口のパフォーマンスが定義する価値を優先する。そして，その価値の外側にある子どもの主体性と価値の多元性を変数として処理することで周縁化する。さらに，多額の費用と高度な専門性を要する大規模データを用いた統計分析や統計的因果推論のエビデンスは，効用を決定する権限を，エビデンス構築の費用負担が可能な政策決定者と高度な専門性を持つ専門家に委ねる。その結果，個々の主体の外側で定義された価値が決定するウェルビーイングの達成がウェルビーイングの自由に優先される危険性を伴う。

　ウェルビーイングを実現するプラクシスの議論では，指標化された機能とその効用のエビデンスの前提にある普遍性を意識化するとともに，子どもの多様性と価値の多元性を普遍性に回収して理解する近代合理主義から解放するエンパワメントが不可欠である。個々の主体が示す価値の多元性を能動的に認識し，それぞれの価値と価値観の衝突や折衝に応答する政治的な判断を伴うレスポンシビリティに基づくエンパワメントは，具体的な個人や集団及

び社会のウェルビーイングを実現するプラクシスに不可欠な視点である。

ウェルビーイングの自由と子どもの主体的選択

　ウェルビーイングを効用のエビデンスで認識するアプローチを，セン（1985/1988）は「極めて貧困な理論」（p.34）と批判する。近代合理主義の普遍性を前提にするエビデンスを重視するエンパワメントの視点は，普遍性からの逸脱を変数として処理する過程で，社会の権力的マイノリティとその価値の体系を看過する問題を示す。

　エビデンスとアカウンタビリティを重視するプラクシスの議論は，しばしば，市場の功利主義や効率性を優先して，個人主体の個別的な条件や環境がその精神的態度に与える影響（Boudieu 1977/1993）をはじめ，社会の権力的マイノリティの価値体系を能動的に考察するプロセスを看過する。伝統的な価値体系の下で，個々の主体が自身のケイパビリティを制約する構造的な問題は，ジェンダーの観点（Okin 1991），人種的マイノリティの視点（Mills 1997），多文化主義の視点（Kymlicka 2000）からロールズ（1971）の財の公正を中心に据えた正義論を問い直す政治哲学の議論をはじめ，社会学的な研究（Factor 2011; McLeod 2009; Delpit 1995）でも繰り返し指摘されている。

　効用のエビデンスが示す機能を達成して強化するエンパワメントは，それをシステム的なアカウンタビリティとする場合（第2象限）も，個々のアカウンタビリティとする場合（第3象限）も，エビデンスの前提にある普遍性と親和性の高い主体（個人・属性集団）の価値を強化し，それら主体のウェルビーイングに有利に働く。そして，そのエンパワメントは，普遍性の外側の主体の価値を抑制することで，その効用に顕著な格差が生まれる。また，個々の自由を重視する解放のエンパワメント（第4象限）も，個々の主体の普遍性を無批判に想定する場合，所与の条件が個々のケイパビリティに与える影響を自己責任とすることで，実質的なウェルビーイングの自由を制約し，形骸化する。

　エビデンスが前提にする普遍性への無批判が，個人主体や権力的マイノリティが示す価値の多元性を見落とす問題は，「子どものため」を主張する教

育や福祉のレトリックにも表れる。子どもを成長と発達の途上にある存在とする認識は，子どもを親や保護者の庇護や，社会制度やシステムの保護の対象として客体化する。また，「子どものため」を強調する研究や実践のレトリックでも，子どもはしばしば観測して評価する対象として客体化される。子どもを対象にする研究の倫理規定やインフォームド・コンセントは，子どもを客体化する権力性への無批判を倫理的に抑止する。

　観察や評価の対象を客体化する権力性の問題は，エスノグラフィーの方法論の課題として古くから指摘される（Rohner et al. 1973; Geertz 1973）。子どもを対象にする研究や実践でも同じ構造の問題が指摘されており（Fernandes 2016; Tulebaeva 2014），子どもの外側で構築されたエビデンスに基づくアカウンタビリティを重視するウェルビーイングのプラクシスの議論にも同じ構造的問題がある。

　一方，ケイパビリティ・アプローチの枠組みは，子どもの成長と発達において，子どもが自らのあり方を決定する自由とその価値を重視する。個々の主体の自由が示す価値は多元的であり，また自由は無境界的である。したがって，主体の自由は段階的及び定量的に変化するプロセスを観測して評価する対象ではない。個々の主体のウェルビーイングの自由を実現するプラクシスの議論は，子どもの成長と発達を，それぞれのケイパビリティが無境界的に拡大する現象として認識する（Fegter & Richter 2014; Kellock & Lawthom 2011; Sen 1999）。そのため，ケイパビリティ・アプローチの枠組みで認識する子どもの成長と発達は，大人を子どもの成長と発達の帰結とする従来的な大人と子どもの境界性を否定する。自らのケイパビリティを無境界的に拡大する主体として，子どもは大人と同じ地平で世界との関わりを通して，自らのウェルビーイングを実現するプラクシスを実践する。そして，1989年に採択された『子どもの権利条約』は，子どもを一方的なケアや支援の客体とする認識のあり方を批判して，それぞれが自らと自らに関係する意思決定に参画する権限を有する自由な主体であることを強調して，子どもの権利を確認する。さらに，ケイパビリティ・アプローチの枠組みで示される子どもと大人のケイパビリティ拡大の無境界性は，教育とそのあり方のパ

ラダイムを転換する。

　1996年のUNESCOの報告書『Learning: The Treasure Within（学習：秘められた宝）』は，教育を学問的な知識やスキルを形成する機能に限定するのではなく，生涯にわたる個人的・社会的な発展とウェルビーイングを実現する学びのプロセスに再構築して生涯学習の議論の扉を開く。また，2000年に採択された『ダカール行動枠組み（Dakar Framework for Action）』でも，従来的な基礎学力を成果にする教育から，人格的・社会的な発達を視野に入れた包括的で無境界的な「万人のための教育（Education for All: EFA）」の重要性を確認する。さらに，グローバルにつながり合い相互に影響する世界の到来を受けて，教育のあり方を再考するUNESCOの報告書『教育を再考する（Rethinking Education）』は，要素還元的な知識とスキルを重視する近代以降の教育から，個々の人間主体のウェルビーイングを目的にする人間主義的な教育に転換する必要性を強調している

　一方で，子どもは成長と発達の途上にある。したがって，子どもの現状のケイパビリティに基づく意思決定を無条件に最善と評価することも合理的ではない。したがって，子どものケイパビリティを重視し，それぞれのウェルビーイングの自由を優先することと，それぞれの意思決定に関わる思索をはじめ，その他の機能を子どもに介入して達成することとの間には緊張関係が存在する（Landsdown 2005）。こうした緊張関係の克服は，子どもを未熟な存在として客体化する子ども観を見直し，子どもが自らの利益に照らして価値判断をする評価主体として再定義する新たなパラダイムを必要とする。そこでは，指標化された機能を成果にして，その達成を測定して評価する効用のエビデンスに基づくアカウンタビリティではなく，全ての子どもが自らに価値ある選択をする権限を重視して，それぞれのケイパビリティを無境界的に拡大することを意識した個々の主体の選択可能性と選択する権限の確保（制約からの解放）を図るレスポンシビリティに基づくエンパワメントの視点が求められる。

学校の福祉的機能とウェルビーイングの自由

　現代の学校には，教育的な機能に加え，福祉的な機能が求められている。こうした要求に，厚生経済学の帰結主義的な効用の視点で応答すると，学校の福祉的機能の意味は，学校が子どもに達成させる機能や財を指標で特定し，その出口のパフォーマンスを評価するエビデンスとアカウンタビリティの議論に収斂される。しかし，学校が持つ人的・物的なリソースは限られる。その制約の下で学校が新たなアカウンタビリティを抱えることは，学校を疲弊させ，その教育的な機能を損なう。そのため，学校に期待される福祉的機能を，従来の厚生経済学とアカウンタビリティの枠組みで理解することは，学校にとっても社会にとっても建設的ではない。

　ケイパビリティ・アプローチの枠組みは，学校の福祉的な機能を，その関連政策や実践の出口のパフォーマンスで測定する効用ではなく，すべての子どもが自らの価値に照らして主体的に自らのあり方を選択する自由を平等に確保することを求める。学校の教育活動が福祉的な機能を意識化することは，出口のパフォーマンスで評価するアカウンタビリティの責任ではなく，子どもが自ら価値あるとする成果を達成するケイパビリティの拡大を，すべての子どもに実現するウェルビーイングの自由の平等に向けたレスポンシビリティに照らして行われる。

　解放のエンパワメントを介してウェルビーイングを実現するプラクシスは，単に個々の子どもの主体性を尊重することではない。子どもが主体性を十分に発揮するために，そのケイパビリティを制約する諸要因を能動的に捉えて働きかけるレスポンシビリティが不可欠である。そしてこのレスポンシビリティは，子どもを保護や指導の対象として客体化する従来的な子ども観を見直し，自身の利益を判断してケイパビリティを拡大する子どもの自由を阻害する構造的問題に働きかけることで，学校の教育的機能と福祉的機能をウェルビーイングの自由を実現するプラクシスの重要な機関に昇華する。

　したがって，ウェルビーイングを実現するプラクシスの議論は，子どもの外側のエビデンスが示す機能から示されるウェルビーイング（achieved well-being）のみではなく，子どもが自らのあり方を選択できる権限と環境を創出することで実現するウェルビーイングの自由に焦点をあてることが極めて重要である。学校が福祉的な機能を意識化することは，子どもが必要な機能や財を満たすウェルフェアではなく，学校が子どものケイパビリティの拡大と自由の平等をレスポンシビリティとして認識し，公正な教育的機能を果たすことを意味する。

　個別的なニーズを能動的にとらえて応答するインクルージブ教育や，子どもを社会のステークホルダーと認識して，その意見表明権と参画機会を確保するシティズンシップ，社会的な不平等や差別の解消を図り，安全で支援的な社会環境を整備するレスポンシビリティは，学校が個々の主体がケイパビリティを拡大する場として，多元的な価値を尊重し，自由の平等を実現するために不可欠である。したがって，多様化と複雑化が急速に進む予測困難な現代社会の学校が，その教育的な機能に加えて福祉的な機能を重視することは，教育機会の平等を単純に教育にアクセスできることを超えて，すべての子どもがそれぞれに価値ある学びを達成し，ウェルビーイングの自由を実現するプラクシスの議論の中心的な課題として示される。

［キーワード］

ウェルビーイング（Well-being），説明責任（Accountability），応答責任（Responsibility），エンパワメント（Empowerment），エビデンス（Evidence）

〈参考文献〉

Andersson, T. & Liff, R., "Multiprofessional Cooperation and Accountability Pressures." *Public Management Review*, Vol.14, No.6, 2012, p.1-21.

Biesta, J. G., "Why 'What Works' Won't Work: Evidence-Based Practice and the Democratic Deficit in Educational Research." *Educational Theory*, 57(1), 2007, p.1-22.

Biesta, J. G., "Why 'What Works' Still Won't Work: From Evidence-Based Education to Value-Based Education." *Studies of Philosophy and Education*, 29,

2010, p.491-503.

Bourdieu, P., Algérie 60: Structures Économiques et Structures Temporelles. Paris: Les Éditions de Minuit, 1977. 原山哲（訳）『資本主義のハビトゥス：アルジェリアの矛盾』藤原書店，1993 年。

Cunningham, I., Hyman, J., Baldry, C., "Empowerment: The Power to Do What?" *Industrial Relations Journal*, 27(2), 1996, 143-154.

Dalyot, K., Dalyot, S., "Towards the Use of Crowdsourced GIS Data to Georeference Child Well-Being Globally." *Social Indicators Research*, 139(1), 2018, p.185-204.

Delpit, L., *Other People's Children: Cultural Conflict in the Classroom*. NY: New Press, 1995.

Exxon, C., Fletcher, L., "The Future of the OECD Well-being Dashboard." *OECD Statistics Working Papers*, No. Forthcoming, Paris: OECD, 2020.

Factor, R., Kawachi, I., Williams, D. R., "Understanding High-Risk Behavior among Non-Dominant Minorities: A Social Resistance Framework." *Social Science & Medicine*, 73(9), 2011, p.1292-1301.

Fernandes, N., "Ethics in Research with Children: Absences and Challenges." *Revista Brasileira de Educação*, 21(66), 2016, p.759-779.

Fegter, S., Richter, M., "Capability Approach as a Framework for Research on Children's Well-Being." Ben-Arieh, A., Casas, F., Frønes, I., Korbin, J., Eds., *Handbook of Child Well-Being*. Springer, 2014, p,739-758.

Freire, P., *Pedagogy of the Oppressed*. NY: Continuum, 1970.

Geertz, C., *The Interpretation of Cultures*. Basic Books, 1973.

Heckman, J. J., *Giving Kids a Fair Chance*. MIT, 2013.

Hoque, Z., Arends, S. & Alexander, R., "Policing the Police Service: A Case Study of the Rise of 'New Public Management' within an Australian Police Service." *Accounting, Auditing & Accountability Journal*, Vol.17, No.1, 2004, p.59-84.

Illich, I., *Deschooling Society*. Penguin, 1971.

Kanter, R. M., *Men and Women of the Corporation: New Edition*. Basic Books, 1993.

Kellock, A., Lawthom, R., "Sen's Capability Approach: Children and Well-Being Explored through the Use of Photography." Biggeri, M., Ballet, J., Comic, F., Eds., *Children and the Capability Approach*. Palgrave MacMillan, 2011, p.137-161.

Kymlicka, W., *Multicultural Citizenship: A Liberal Theory of Minority Rights*. Oxford: Oxford Univ., 2000.

Lansdown, G., *The Evolving Capacities of the Child*. Florence: UNICED Innocenti Research Centre, 2005.

MacLeod, J., *Ain't No Makin' It*. New York: Routledge, 2009.

Mann, M., "New Public Management and the 'Business' of Policing Organised Crime in Australia." *Criminology and Criminal Justice*, Vol.17, No.4, 2016, p.382-400.

Mills, C. M., *The Racial Contract*. NY: Cornell Univ., 1997.

OECD, *Skills for Social Progress: The Power of Social Emotional Skills*. Paris: OECD, 2015.

Okin, S. M., *Justice, Gender, and the Family*. Basic Books, 1991.

Rohner, R. P., DeWalt, B. R., Ness, R. C., "Ethnographer Bias in Cross-Cultural Research: An Empirical Study." *Cross-Cultural Research*, 8(4), 1973, p.275-308.

Sen, A., *Commodities and Capabilities*. Amsterdam: North-Holland, 1985. 鈴木與太郎（訳）『福祉の経済学―財と潜在能力』岩波書店。

Sen, A., *Development as Freedom*. Oxford: Oxford Univ. Press, 1999.

Sen, A., "Social Justice and the Distribution of Income." *Handbook of Income Distribution*, 1, 2000, p.59-85.

Tulebaeva, B., "Revisiting Ethics in Ethnographic Research with Children." *The Oriental Anthropologist*, 14(2), 2019, p.203-216.

United Nations Development Programme (UNDP), *Human Development Report 1995*. UN, 1995.

Zimmerman, M. A., Rappaport, J., "Citizen Participation, Perceived Control, and Psychological Empowerment." *American Journal of Community Psychology*, 16(5), 1988, p.725-750.

Zimmerman, M. A., Psychological Empowerment: Issues and Illustrations." *American Journal of Community Psychology*, 23, 1995, p.581-599.

今井康雄「教育にとってエビデンスとは何か―エビデンス批判を超えて」『教育学研究』第82巻第2号，2015年，p.2-15.

上坂美紀，中森千佳子「子どもの主観的 Well-being における『生活評価』指標の枠組みと指標の提案」『日本家政学会誌』71(10), 2020, p.631-647.

内田由紀子「日本における文化的幸福感と幸福度指標」『行動経済学』5, 2012, p.162-164.

内田由紀子「幸福感研究と指標活用」『生活協同組合研究』490, 2016, p.12-19.

森久佳「人権とウェルビーイング」日本教師教育学会第10期国際研究交流部，百合田真樹人，矢部博之編訳著『ユネスコ・教育を再考する：グローバル時代の参照軸』学文社，2022, p.125-132.

百合田真樹人「ウェルビーイングの生成と課題」本図愛実編『日本の教師のウェルビーイングと制度的保障』ジダイ社，2022a，p.28-37.

百合田真樹人「越境するエビデンス：エビデンスは教育の文脈をどう変容するか」『日本教育経営学会年報』64, 2022b, p.38-53.

令和の日本型学校教育における「チーム学校」のゆくえ

日本大学　**佐久間　邦友**

１．はじめに

　学校教育法第7条では「学校には，校長及び相当数の教員を置かなければならない」と定められ，具体的には「小学校には，校長，教頭，教諭，養護教諭及び事務職員を置かなければならない」（同法第37条）と定めている[(1)]。小・中学校をはじめとして学校の中にはいろいろな大人が働いている。しかし子供の立場から見れば，その大人が信頼できる人かどうかが重要であり，その大人が「教諭」／「事務職員」であろうが，「専任」／「非専任」であろうがさほど気にはしていないだろう。

　2015（平成27）年中央教育審議会『チームとしての学校の在り方と今後の改善方策について（答申）』（以下，チーム学校答申）では，「チームとしての学校」（以下，チーム学校）の在り方等が示された。これは近年，社会がグローバル化や情報化によって急速に進展し，大きく変化する中で，学校においても，いじめ・不登校，特別支援教育や貧困問題などの課題が複雑化・困難化していることもあり，これらの教育課題に向き合い解決する必要性が生じたことや，子供たちが教員以外の多様な価値観を持つ大人（心理・福祉などの専門スタッフ）と接することによって「生きる力」の定着につなげることに起因している。そして，2021（令和3）年中央教育審議会『「令和の日本型学校教育」の構築を目指して～全ての子供たちの可能性を引き出す，個別最適な学びと，協働的な学びの実現～（答申）』においても，2020年代を通じて実現すべき「令和の日本型学校教育」の教職員の姿として，チ

ーム学校の重要性が指摘されている。

　溝部他（2019）によれば，「チーム学校」体制の構築に伴う専門スタッフに対する期待は，「専門スタッフによる指導や対応ができる」，「教員の心理的負担が軽減する」など学校現場から強く寄せられており，公立小中学校の教員に対して実施した調査によれば，希望する専門スタッフには，小中学校ともに「スクールカウンセラー」が挙げられていた（溝部他，2018，2019）。そのためか先行研究においては，「スクールカウンセラー」（以下，SC）・「スクールソーシャルワーカー」（以下，SSW）・「スクールロイヤー」・「栄養教諭」・「学校事務職員」など専門スタッフの職種に焦点をあてた研究をはじめ，「教育相談」・「虐待」・「不登校」・「国際理解」など教育課題に焦点をあてた研究や，教員養成課程の学生を対象にした質問紙調査より「チーム学校」や多職種連携理解を検討した研究（岩山ら，2023）や教職員の重層構造化と多職種協働の諸課題に関する研究（鈴木，2023）などの教員との連携・協働に焦点をあてた研究が蓄積されている。

　それでは「チーム学校」はどのくらい学校現場に浸透したのだろうか。SCやSSWを例にして挙げたところ，「教員によっては，どのような場合に児童生徒をSCに相談させたらよいか分からない」，「SSWがどのような事案で力を発揮して解決を図ってくれるのか，教職員，生徒及び保護者に十分把握されていない」といった専門スタッフの職務内容や役割に関する教職員の理解不足や認知にバラつきがある実態も指摘されている（総務省行政評価局，2020）。

　また教員の働き方改革を巡り，2023（令和5）年4月28日に開かれた財政制度等審議会財政制度分科会において，財務省は「教員が担う必要のない業務については，文科省・教委が強制的にでも教員の業務としない整理をするなど，踏み込んだ業務の適正化を行うべき」と指摘し，国や教委主導でSSWや部活動指導員などの外部人材の活用などを加速させるよう促したと報道されている[2]。この財務省の発言は，2022年度の教員勤務実態調査の結果を踏まえてであるが，財務省という「教育ムラ」ではない人々から見れば，学校現場は「チーム学校になっていない／なっているように見えない」とい

うことであろう。

　そこで本稿では，チーム学校の理念を再確認しながら，「令和の日本型学校教育」におけるチーム学校が促進されるための方策の検討・提案をしてみたい。

2. 「チーム学校」とはなにか

(1) 「チーム学校」の理念と専門スタッフ

　そもそも，チーム学校とはなにか。チーム学校答申によれば，「チームとしての学校」とは，「校長のリーダーシップの下，カリキュラム，日々の教育活動，学校の資源が一体的にマネジメントされ，教職員や学校内の多様な人材が，それぞれの専門性を生かして能力を発揮し，子供たちに必要な資質・能力を確実に身に付けさせることができる学校」（中央教育審議会，2015，12頁）を指している。

　チーム学校を実現するため具体的には，「専門性に基づくチーム体制の構築」，「学校のマネジメント機能の強化」，「教員一人一人が力を発揮できる環境の整備」の3つの視点より検討を行い，学校のマネジメントモデルの転換を図っていく必要性を示している。

　まず「専門性に基づくチーム体制の構築」では，教員がそれぞれの得意分野を生かしながら学習指導や生徒指導など様々な教育活動ができるよう指導体制を充実し，心理や福祉等の専門スタッフを学校の教育活動の中に法的に位置付け，彼らが専門性や経験を発揮できる環境を充実していく。次に「学校のマネジメント機能の強化」では，チーム学校が機能するよう，管理職の処遇などを改善し，管理職に優れた人材を確保するとともに，主幹教諭の配置や事務機能の強化によって，校長がリーダーシップを発揮し，学校のマネジメント体制を強化する。最後に「教員一人一人が力を発揮できる環境の整備」では，教職員一人一人が力を発揮できるよう，学校の組織文化も含めて見直しを検討し，人材育成や業務改善等の取組を進めることを示した。

　チーム学校における専門スタッフは，「子供たちへの指導を充実するために，専門的な能力や経験等を生かして，教員と連携・分担し，教員とともに

教育活動に当たる人材」（中央教育審議会，2015，11頁）と位置付けられ，「ⅰ）心理や福祉に関する専門スタッフ」，「ⅱ）授業等において教員を支援する専門スタッフ」，「ⅲ）部活動に関する専門スタッフ」，「ⅳ）特別支援教育に関する専門スタッフ」の4つの領域より11の職種名が挙げられた（**表1参照**）。

表1　チーム学校答申における「教員以外の専門スタッフ」一覧

ⅰ）心理や福祉に関する専門スタッフ	スクールカウンセラー スクールソーシャルワーカー
ⅱ）授業等において教員を支援する専門スタッフ	ICT支援員 学校司書 英語指導を行う外部人材と外国語指導助手（ALT）等 補習など，学校における教育活動を充実させるためのサポートスタッフ
ⅲ）部活動に関する専門スタッフ	部活動指導員（仮称）
ⅳ）特別支援教育に関する専門スタッフ	医療的ケアを行う看護師等 特別支援教育支援員 言語聴覚士（ST），作業療法士（OT），理学療法士（PT）等の外部専門家 就職支援コーディネーター

出典：チーム学校答申をもとに筆者作成

また「アクティブ・ラーニング」の視点からの授業改善や「カリキュラム・マネジメント」の取組等を進めていくためには，教員の業務を見直し，教員が携わってきた従来の業務を①教員が行うことが期待されている本来的な業務[3]，②教員に加え，専門スタッフ，地域人材等が連携・分担することで，より効果を上げることができる業務[4]，③教員以外の職員が連携・分担することが効果的な業務[5]，④多様な経験を有する地域人材等が担う業務[6]の観点から見直し，専門スタッフとの間で連携・分担を行うことによって学校の教育力を最大化していくことの必要性を指摘し，今後，学校に多様な専門スタッフを置き，教員が行うことが期待されている本来的な業務により専念できるようにすることの重要性が示されている（中央教育審議会，2015，24頁）。

⑵　教員の働き方改革のロジックで進む「チーム学校」

　OECD国際教員指導環境調査（TALIS 2013）において，日本の教員は，諸外国と比較して長時間労働であることが指摘されている[7]。しかしのちのTALIS 2018において日本の教員は，学習指導，生徒指導など広範囲な業務にあたって子供たちの状況を総合的に把握して教育指導にあたっていること，このような献身的な取り組みが学校教育の高い成果に貢献している一方で，教員に対する過剰な負担を課していることが指摘されている。

　2019（平成31）年の中央教育審議会『新しい時代の教育に向けた持続可能な学校指導・運営体制の構築のための学校における働き方改革に関する総合的な方策について（答申）』（以下，働き方改革答申）では，これまで学校・教師が担ってきた代表的な業務を「基本的には学校以外が担うべき業務」「学校の業務だが，必ずしも教師が担う必要のない業務」「教師の業務だが，負担軽減は可能な業務」と示された（**表2参照**）。その結果，チーム学校は，教師と専門スタッフが協働することによって，子供たちへの教育に良い効果をもたらすのに加え，教員の働き方改革の一助となりえると考えられ，2017年には，SCやSSW，部活動指導員などの学校に様々な専門スタッフを配置する促進力となる法整備にまで至っている[8]。

　それでは，教員の働き方改革において「チーム学校」はどのように関与していくべきであろうか。チーム学校答申では，「専門スタッフの参画は，学校において単なる業務の切り分けや代替を進めるものではなく，教員が専門スタッフの力を借りて，子供たちへの指導を充実するために行うものである。

表2　これまで学校・教師が担ってきた代表的な業務の在り方に関する考え方

基本的には学校以外が担うべき業務	学校の業務だが，必ずしも教師が担う必要のない業務	教師の業務だが，負担軽減は可能な業務
①登下校に関する対応 ②放課後から夜間などにおける見回り，児童生徒が補導されたときの対応 ③学校徴収金の徴収・管理 ④地域ボランティアとの連絡調整	⑤調査・統計等への回答等 ⑥児童生徒の休み時間における対応 ⑦校内清掃 ⑧部活動	⑨給食時の対応 ⑩授業準備 ⑪学習評価や成績処理 ⑫学校行事の準備・運営 ⑬進路指導 ⑭支援が必要な児童生徒・家庭への対応

出典：働き方改革答申をもとに筆者作成

言い換えれば，教員が専門スタッフに業務を完全にバトンタッチするのではなく，両者がコラボレーションし，より良い成果を生み出すために行うもの」（中央教育審議会，2015, 25頁）であるという。つまり，「チーム学校」を構築することで専門スタッフは教員の業務に参画するが，その際，教員の業務を分断するのではなく，コラボレーション（協働）することが重要であろう。

(3) 令和の日本型学校教育とチーム学校

2021（令和3）年の中央教育審議会『「令和の日本型学校教育」の構築を目指して～全ての子供たちの可能性を引き出す，個別最適な学びと，協働的な学びの実現～（答申）』（以下，令和の日本型学校教育答申）は，これまでの日本型学校教育の成果と課題を総括し，新学習指導要領の着実な実施とGIGAスクール構想の実現などを進め，「令和の日本型学校教育」の実現を目指したものである。

令和の日本型学校教育答申では，総論において，校長を中心に学校組織のマネジメント力の強化，学校内外との連携と分担による学校マネジメントの実現の重要性が示されている。特に，学校内においては，教師とは異なる知見を持つ外部人材（SC，SSW等の専門スタッフ）などの人材が指導に携わることができる学校の実現を求めている[9]。また学校外においては，保護者やPTA，地域住民，児童相談所等の福祉機関，NPO，地域スポーツクラブ，図書館・公民館等の社会教育施設など地域の関係機関と学校との連携・協働を進め，多様性のあるチームによる学校とし，「自立」した学校を実現することが必要である（中央教育審議会，2021）。

各論では，義務教育を全ての児童生徒等に実質的に保障するための方策として，義務教育未修了の学齢を経過した者等への対応に「日本語指導補助者，母語支援員，スクールカウンセラー等の専門人材の配置」をすることや，いじめの重大事態，虐待事案等に適切に対応するための方策として，SC・SSWの配置時間等の充実，SNS等を活用した相談体制の全国展開，スクールロイヤー等を活用した法務相談体制の整備を挙げている（中央教育審議会，2021）。高等学校段階に目を向けてみると，定時制・通信制課程における多

様な学習ニーズへの対応と質保証として，SC や SSW，特別支援教育支援員，日本語指導補助者等の専門スタッフの充実や，大学，専門学校等の高等教育機関や企業，ハローワーク等との連携促進，学び直しなど補習等の支援や外部との連携・協働を行うための職員の配置促進等を更に図っていくことが望ましいという（中央教育審議会，2021）。

つまり，令和の日本型学校教育答申が示す令和の日本型学校教育の実現のためには，義務教育段階，高等学校段階問わず専門スタッフの配置が重要であるといえる。

3．専門スタッフの配置の現状と課題

⑴ 専門スタッフ配置の現状

それでは，専門スタッフはどのくらい配置されているのであろうか。専門スタッフの配置の状況については，樋口ら（2018）が実施した教員と支援スタッフの協働に関する実態調査などがある。本稿では，佐久間らが中心となって 2021 年度に全国公立義務教育諸学校（特別支援学校除く）より抽出した 2,840 校の校長を対象に実施した質問紙調査結果[10]をもとに専門スタッフの配置状況[11]の実態を示していく[12]。

表3は，専門スタッフの校種別及び全体の配置状況を示した結果である。まず全体（「合計」）に注目すると，ALT（97.6%）と SC（93.8%）の配置率が 9 割以上と突出しており，学校司書（75.8%），ICT 支援員（74.1%），SSW（74.1%）が 7 割台である。その一方で，配置率の低い専門スタッフは，理科実験アシスタント（19.4%）が最も低く，部活動指導員（25.1%），日本語指導支援員（26.3%）が 2 割台である。校種別比較を行うと，SC と部活動指導員は，中学校の方が有意に高く，特別支援教育支援員，学習指導員，理科実験アシスタントは，小学校の方が有意に高い（佐久間ら，2022）。

ちなみに，NPO 法人 School Voice Project が「令和 3 年度スクールソーシャルワーカー実践活動事例集」をもとに算出した各自治体における SSW の配置状況によれば，政令指定都市の方が都道府県や中核市より手厚く SSW を配置していると指摘する（School Voice Project，2023）。

表3　専門スタッフの配置状況：校種別比較（%）

	外国語指導助手（ALT）	教員業務支援員（スクールサポートスタッフ）
小学校	97.8	60.6
中学校	97.2	61.9
合計	97.6	61.1
	スクールカウンセラー	学習指導員
小学校	91.1	52.8
中学校	98.2	42.8
合計	93.8	49.0
	学校司書	日本語指導支援員
小学校	77.4	26.5
中学校	73.3	25.9
合計	75.8	26.3
	情報通信技術支援員（ICT支援員）	部活動指導員
小学校	75.8	8.3
中学校	71.3	51.1
合計	74.1	25.1
	スクールソーシャルワーカー	理科実験アシスタント
小学校	73.4	23.2
中学校	75.2	13.1
合計	74.1	19.4
	特別支援教育支援員	
小学校	68.3	
中学校	57.6	
合計	64.3	

出典：佐久間ら（2021）を参照し筆者作成

(2)　専門スタッフ配置の課題

　専門スタッフの配置に関して，どのような課題があるのだろうか。チーム学校答申に示された11職種の専門スタッフのうち，SC，SSW，部活動指導員の3つに焦点を当ててまとめていく。

①スクールカウンセラー（SC）

　SCの配置校数は1995（平成7）年度には154件であったのが，2021（令和3）年度には，配置計画ベースで30,681件にまで増加しており，多くの自治体で活用されている。しかしながら，すべての小中学校区に配置が完了しているわけではなく，**表4**の学校保健統計調査にあるように地域や学校種によって無配置率に差が見られる。

　またSCの雇用の不安定さに着目してみたい。『令和5年度神奈川県教育委員会スクールカウンセラー採用候補者選考募集案内』によれば，SCの身分は，第1号会計年度任用職員とあり，勤務日は，原則として1日あたり7時間，年間35回勤務である。基本報酬等は，「正資格者[13]」が1時間あたり

5,000円（年収に換算すると1,225,000円），「準ずる者[14]」が1時間あたり3,500円（年収換算857,500円）であり[15]，社会保険等含めると雇用の不安定さは否めない。

②スクールソーシャルワーカー（SSW）

次にSSWの配置状況について文部科学省が公表する『スクールソーシャルワーカー活用事業に関するQ＆A』によれば，その対応実績は，2012（平成24）年度に784人（対応学校数合計6,507校）であったのが，2021（令和3）年度には，3,091人（対応学校数合計20,079校）にまで増加していることが報告されている。

しかしながら，『令和2年度社会福祉士・介護福祉士・精神保健福祉士就業状況調査』を基に一般社団法人日本ソーシャルワーク教育学校連盟は，SSWをしている社会福祉士の雇用形態（n=653）の多くは，「契約職員（有期労働）（64.0％）」や「パートタイム職員（短時間労働）（28.9％）」であり，平均年

表4　SCの無配置率（%）

	小学校	中学校	高等学校
全　国	10.8	3.6	6.3
北海道	30.9	21.9	7.6
青　森	1.2	–	41.4
岩　手	23.5	–	2.1
宮　城	1.7	–	–
秋　田	88.3	–	1.9
山　形	81.0	18.7	22.6
福　島	30.7	–	4.1
茨　城	–	–	–
栃　木	–	–	–
群　馬	–	–	–
埼　玉	1.0	–	14.7
千　葉	17.5	–	5.1
東　京	0.8	8.8	7.4
神奈川	16.5	–	2.4
新　潟	2.2	–	8.8
富　山	2.5	–	–
石　川	0.7	–	17.1
福　井	–	–	5.7
山　梨	1.8	2.7	15.7
長　野	4.7	8.8	–
岐　阜	–	–	–
静　岡	–	5.9	–
愛　知	–	1.5	–
三　重	–	–	–
滋　賀	17.4	–	–
京　都	1.2	–	12.4
大　阪	15.6	–	1.7
兵　庫	–	–	–
奈　良	28.5	–	5.1
和歌山	3.7	0.8	2.1
鳥　取	0.8	3.2	17.5
島　根	1.0	–	5.5
岡　山	–	–	3.0
広　島	2.0	2.3	10.6
山　口	–	–	–
徳　島	–	–	16.7
香　川	–	–	–
愛　媛	74.1	18.6	36.1
高　知	–	–	–
福　岡	1.8	–	8.2

収も「契約職員（有期労働）」
が295.4万円，「パートタイム
職員（短時間労働）」が240.6
万円と，SSWとして働く社会
福祉士の94％が非正規雇用で
平均年収が300万円以下である

佐　賀	0.6	－	－
長　崎	30.7	8.7	12.1
熊　本	17.3	－	－
大　分	25.5	－	－
宮　崎	60.3	40.3	44.0
鹿児島	3.0	－	9.9
沖　縄	－	－	－

出典：令和2年度学校保健統計調査

実態を報告する。そのため，SC同様にSSWについても雇用の不安定さは否めない。

③部活動指導員

　最後に部活動指導員の配置状況を見ていくことにしたい。2020（令和2）年1月に大阪体育大学が実施した「部活動指導員」導入・実施等に関するアンケート調査によれば，全体の45.4％の教育委員会で，部活動指導員を任用しており，回答した政令指定都市のすべてで，東京23区は75.0％以上が配置済みであったという。しかし，同調査では，政令指定都市以外の市では50.2％，町村では33.2％の配置率と報告していることから，自治体規模が小さくなるほど，部活動指導員が配置されていない現状が明らかになっている。

表5　「部活動指導員」の任用実態と地域性（％）

	運動部のみ	文化部のみ	両方	未設置
全体（n=621）	29.5	0.3	15.6	54.6
都道府県（n=33）	33.3	－	42.4	24.2
政令指定都市（n=12）	41.7	－	58.3	－
東京23区（n=4）	25.0	－	50.0	25.0
市（政令市外）（n=307）	31.6	－	18.6	49.8
町村（n=265）	26.0	0.8	6.4	54.6

出典：大阪体育大学『「部活動指導員」導入・実施等に関するアンケート調査結果の分析』より筆者作成

　また報酬額についても同調査では，全体の90.4％が「時給1000円以上2000円未満」と報告しており，東京23区の66.7％が「時給2000円以上3000円未満」であったことから都市部が高額傾向であることを指摘する。その一方で，1000円未満は市町村に限られていたことも指摘している。こ

れは前掲の SC や SSW とも共通する事項ではあるが，部活動指導員についても，賃金より見て雇用の不安定さは否めない。

　ここでは，SC，SSW，部活動指導員を取り上げて配置状況や報酬の視点より，専門スタッフの配置に関する課題を検討してきた。専門スタッフを配置するためには，その地域に SC や SSW になりうる有資格者が居住していることが大前提であることはもちろんであるが，居住するとは，その地域で生活の基盤を築けることが重要であることから，やはり専門スタッフを生業にできるかどうか＝雇用の安定が一番のカギとなるであろう。

4．まとめにかえて

　本稿は，チーム学校の理念を再確認しながら，「令和の日本型学校教育」におけるチーム学校が促進されるための方策の検討・提案を試みることであった。

　チーム学校答申にて示された「チームとしての学校」の在り方は，令和の日本型学校教育答申が目指す新学習指導要領の着実な実施と GIGA スクール構想の実現に必要不可欠な視点であり，2020 年代を通じて実現すべき「令和の日本型学校教育」の教職員の姿として，チーム学校の重要性が指摘されていた。しかしチーム学校とは，教員の業務を分断することではなく，専門スタッフと教員がコラボレーション（協働）することであり，専門スタッフを導入すればよいというものではないだろう。教員と福祉・心理専門職の連携に関する研究において，SC を取り上げて百瀬他（2016）は，利用する側の教員の相談力などの力量を課題に挙げ，教員側が専門職に対する理解を深め活用していくことも必要であると指摘する。つまり，コラボレーション（協働）するためには，相手を知らなければならないということに留意したい。

　また樋口は，支援スタッフとのコーディネートを行う教員がきちんと配置されない限り，逆に様々な支援スタッフとの調整等の業務負担を教員が担うこととなり，教員の負担が増大する恐れを指摘している（樋口，2018）。チーム学校の構築を目指して，教員の負担が増加することが生じてしまえば本

末転倒である。

　しかし，専門スタッフの負担増加に着目したことはあるだろうか。ある自治体のSSWより「担任が別業務に追われてしまい，生徒のケース共有時間が取れず，結果的に超過勤務となった」という体験談を伺ったことがある。教員の働き方改革も大切ではあるが，専門スタッフの働き方も考えていかなければならない。人と人とが同じ空間にて交流することの重要性を否定するわけではないが，教員や専門スタッフのワークライフバランスにまで影響を与えてしまっては元も子もない。

　また現行制度上では，教員の非正規率にも関連するが，専門スタッフの低報酬と雇用の不安定な実態に対する抜本的な対策は取られていない。専門スタッフの配置には，近隣にSCやSSWになりうる有資格者等が居住していることが大前提であることから，専門スタッフを生業にできるかどうか（報酬額）と雇用の安定を今後検討していくべきである。

　最後に，「令和の日本型学校教育」におけるチーム学校が促進されるための方策として，2つの提案を試みる。第一に，ICT（情報通信技術）の活用とDX（デジタルトランスフォーメーション）である。前掲のSSWの超過勤務にも通ずるところであるが，情報共有ソフト・アプリなどを活用して，クラウド上などで関係者がそれぞれ情報を確認することを提案したい。いやそもそも人が絶対に対応しなければいけないという発想も転換しなければならない。長野県塩尻市教育委員会は，保護者の利便性向上や学校等の負担軽減を目的に，2018年10月より，AI（人工知能）を用いる24時間自動応答システムを活用して学校に関する質問や相談を受けるシステムを運用している。AI（人工知能）の飛躍的な進歩によってDX化の波をチーム学校に活用していくべきであろう。

　第二に，リスキリングである。専門スタッフの配置について「量」と「質」という課題は必ず生じる事項である。SCの要件となる公認心理師，臨床心理士，精神科医などの専門職の養成は，専門機関で時間をかけて養成する必要がある。そのため，大学進学時にその先の進路を含め決定する日本の状況を考慮すると，別領域で学修し就職後に専門職を目指すことは，金銭・

時間などの制約によって断念せざるを得ないといえる。そこで，現職の教員のリスキリングとして，専門スタッフとしての知識を学修する機会を設けてもよいだろう。つまり，チーム学校おいて「教員─専門スタッフ」の関係に「教員─専門スタッフの知識を有した教員」という新たな同僚性の追加である。

　法によって，学校内で働く大人は規定されているが，チーム学校において重要なことは，子供が信頼できる人を増やすことであろう。しかしそのチーム学校の形も変化していることを認識しておくべきである。

［キーワード］

　チームとしての学校（Team School），スクールカウンセラー（School Counselor），スクールソーシャルワーカー（School Social Workers），部活動指導員（Club activity instructor），教育DX（Digital Transformation in Education）

〈注〉

⑴　1998（平成10）年の中央教育審議会『今後の地方教育行政の在り方について（答申）』以降，学校の組織運営体制整備の一環として，2004（平成16）年には栄養教諭が，2007（平成19）年には副校長，主幹教諭，指導教諭という新たな職が設置された。この新設された職に共通する事項としては，「つかさどる」職種の増加であり，かつ副校長を除けば「児童の教育をつかさどることが主な職務である教諭」が増加し，学校の組織運営体制が強化された。

⑵　教育新聞「教員が担う必要ない業務，国や教委が強制的にでも整理を 財務省」https://www.kyobun.co.jp/news/20230501_05/（2023年5月10日確認）

⑶　例として，学習指導，生徒指導，進路指導，学校行事，授業準備，教材研究，学年・学級経営，校務分掌や校内委員会等に係る事務，教務事務（学習評価等）が挙げられている。

⑷　例として，カウンセリング，部活動指導，外国語指導，教員以外の知見を入れることで学びが豊かになる教育（キャリア教育，体験活動など），地域との連携推進，保護者対応が挙げられている。

⑸　例として，事務業務，学校図書館業務，ICT活用支援業務が挙げられている。

⑹　例として，指導補助業務が挙げられている。

⑺　文部科学省は，2015 年に『学校現場における業務改善のためのガイドライン～子供と向き合う時間の確保を目指して～』を発表し，教育委員会主導による多忙化解消を提言，2016 年の次世代の学校指導体制にふさわしい教職員の在り方と業務改善のためのタスクフォース報告『学校現場における業務の適正化に向けて』では，教員の行う業務の明確化や部活動負担の大胆な軽減（休養日設定），学校業務改善アドバイザーの配置などの改善策が示された。

⑻　2017 年 4 月と 2021 年 8 月施行の改正学校教育法施行規則によって，現在，医療的ケア看護職員（第 65 条の 2）／ SC（第 65 条の 3）／ SSW（第 65 条の 4）／情報通信技術支援員（ICT 支援員）（第 65 条の 5）／特別支援教育支援員（第 65 条の 6）／教員業務支援員（スクール・サポート・スタッフ）（第 65 条の 7）／部活動指導員（第 78 条の 2）の 7 職種について，職務内容が規定されている。

⑼　令和の日本型学校教育答申では，学校事務職員が校務運営に参画する機会の一層拡大や，学級担任，教科担任，養護教諭，栄養教諭や部活動顧問等の適切な役割分担も求められている。

⑽　回収数は 766 校（回収率：26.9%）であった。

⑾　専門スタッフとして挙げた職種は，総務省（2020）を参考に，①スクールカウンセラー（SC）②スクールソーシャルワーカー（SSW）③情報通信技術支援員（ICT 支援員）④学校司書⑤外国語指導助手（ALT）⑥学力向上を目的とした学校教育活動を充実させるための指導員（学習指導員）⑦教員業務支援員（スクール・サポート・スタッフ）⑧理科の観察実験アシスタント（理科実験アシスタント）⑨部活動指導員⑩特別支援教育支援員⑪日本語指導支援員の 11 職種である。

⑿　調査では，配置形態（単独校型・拠点校型・派遣型・巡回型）は問うていない。

⒀　資格要件として，公認心理師，公益財団法人日本臨床心理士資格認定協会の認定に係る臨床心理士，精神科医，児童・生徒の心理に関して高度に専門的な知識及び経験を有し，学校教育法第 1 条に規定する大学の学長，副学長，学部長，教授，准教授，講師（常時勤務する者に限る）又は助教の職にある方又はあった方が挙げられている。

⒁　資格要件として，大学院修士課程を修了した方で，心理業務又は児童・生徒を対象とした相談業務について 1 年以上の経験を有する方，大学または短期大学を卒業した方で，心理業務又は児童・生徒を対象とした相談業務について 5 年以上の経験を有する方，医師で，心理業務又は児童・生徒を対象とした相談業務について，1 年以上の経験を有する方を挙げており，いずれも，教諭等（教

育相談担当，適応指導教室専任教諭等）の業務として行った教育相談は該当しない。

⒂　SC として公立の小・中学校または高等学校及び中等教育学校に勤務した経験が 3 年に達しない者については，基本報酬から 1 時間あたり 500 円を減額，交通費は別途支給とある。

〈引用文献〉

井澤萌編集責任，2023，『スクールソーシャルワーカー配置拡大に向けた提言書』，School Voice Project。

大阪体育大学，2020，『「部活動指導員」導入・実施等に関するアンケート調査結果の分析』，https://onl.sc/uHhbfRz（2023 月 5 日 20 日確認）。

小森敦，2023，「学校におけるスクールソーシャルワーカーの常勤配置化にむけて」，2023 年 5 月 24 日『スクールソーシャルワーカーを増やそう！』4 者合同記者会見資料。

佐久間邦友・川口有美子・諏訪英広，2022，『「教職員と専門スタッフによるチームとしての学校づくり」に関する調査研究報告書』，令和 2 年度公益財団法人日本教育公務員弘済会本部助成金教員と専門スタッフとのチーム体制構築に関する研究成果報告書。

総務省行政評価局，2020，「学校における専門スタッフ等の活用に関する調査結果報告書」，https://onl.sc/LJERXfc，（2023 年 5 月 20 日確認）。

中央教育審議会，2021，『「令和の日本型学校教育」の構築を目指して～全ての子供たちの可能性を引き出す，個別最適な学びと，協働的な学びの実現～（答申）』https://onl.sc/6cD9V3H，（2023 月 5 日 20 日確認）。

中央教育審議会，2019，『新しい時代の教育に向けた持続可能な学校指導・運営体制の構築のための学校における働き方改革に関する総合的な方策について（答申）』https://onl.sc/T3f2jyA，（2023 月 5 日 20 日確認）。

中央教育審議会，2015，『チームとしての学校の在り方と今後の改善方策について（答申）』https://onl.sc/v7Gppqs，（2023 月 5 日 20 日確認）。

樋口修資・青木純一・坪谷美欧子編著，2018，『支援スタッフで学校は変わるのか：教員との協働に関する実態調査から』アドバンテージサーバー。

溝部ちづ子・梶田英之・石井眞治・酒井研作・財津伸子・斉藤正信・道法亜梨沙，2018，「『チーム学校』に向けた今後の可能性と課題（Ⅱ）～教育現場の質問紙調査から一考察～」『比治山大学・比治山大学短期大学部教職課程研究』第 4 巻，32-46 頁。

溝部ちづ子・梶田英之・酒井研作・財津伸子・斉藤正信・道法亜梨沙，2019，「『チーム学校』に向けた今後の可能性と課題（Ⅲ）—中学校教育現場の質問紙調査から一考察—」『比治山大学・比治山大学短期大学部教職課程研究』第 5 巻，178-193 頁。

百瀬亜希・加瀬進，2016，「教員と福祉・心理専門職の連携に関する研究：双方の立場から見えてくる連携上の課題を中心に」『東京学芸大学紀要・総合教育科学系』第 67 巻 2 号，21-28 頁。

特集 転換期の学校教育－学校の持つ福祉的機能とは何か－④

学校における多様性・多文化化に対応する教員の専門性の育成
：アメリカ，イギリス，韓国の事例を踏まえて

お茶の水女子大学　**下島　泰子**

1．はじめに

　近年，変動，不確実，複雑，曖昧を表すVUCAの時代といわれる現代社会において，学校現場が直面する問題も複雑化し，多様な支援を必要とする児童生徒が増加している。複雑化する人間関係の中でのいじめや不登校，子どもの貧困，グローバル化で年々増加し続けている日本語指導を必要とする児童生徒等[1]への対応が急務である。コロナ禍においては予測できない多様な業務が発生した。地域への対応も教員の肩にかかっている。

　「子どものウェルビーイングを目指した学校の福祉的機能」に関しては，これまで日本の学校では児童生徒への多様な支援，部活動を中心とした授業以外の活動における指導，保護者対応など教員の業務は多岐にわたっており，児童生徒・保護者への手厚い対応がなされてきた。OECD国際教員指導環境調査（TALIS 2018）によると，日本の小中学校教員の勤務時間はOECD加盟国及び地域の中で最長であるという結果が出ている。「部活動・課外活動の指導時間が特に長いこと」「事務作業が多すぎること」，「保護者の懸念に対処すること」が指摘されている。多忙化の要因の中には，諸外国では事務部門等が行っている業務や，登下校，昼休み，放課後の時間帯の指導も教員が行っていることも指摘されている。

　2017年には「学校における働き方改革に係る緊急提言」が文部科学省からあり，教員の勤務時間の把握，休憩時間の確保のため地域との連携や外部への委託を通して行えるような仕組みを整えるよう提言があった。国立教育

政策研究所（2017）は教員の業務の分類として「児童生徒の指導に関わる業務」「学校の運営に関わる業務」「外部対応に関わる業務」の３分類を挙げている。「学校の運営に関わる業務」「外部対応に関わる業務」を教員以外の職員やボランティア，保護者等に担ってもらう可能性を示唆しているが，どのような形態で担ってもらうか，教員以外が担うことについて社会の理解が得られるかが課題となる。

　先のOECDのTALIS調査によると，多様な業務と長時間労働のため，日本の小中学校教員は自己研鑽に使える時間が限られており，調査参加国及び地域の中で最短であるという。特別な支援を要する児童生徒への指導能力を持つ教員の不足が指摘されている。長時間勤務と要求される職務の厳しさと少子化を反映し教員採用試験の倍率の低下が報道されている。

　このような状況下で，日本における教員の専門性を再確認し，学校の福祉的機能を維持しつつ学校における働き方改革を図るためには何が必要か，諸外国の例を挙げながら特に児童生徒の多様化と多文化化に対応する教員の専門性の向上と学校における専門職との協働について検討する。

２．国内外の学校の機能と教員の職務内容

⑴　日本の学校・教員の業務の見直し

　元来，日本の初等中等教育の教員にとって教えることは仕事のごく一部であるとよく言われてきた。岩田（2008, p43）によれば，日本の教員の職能の特性は「無境界性」「無限定性」であるとし，教員はteacher（各教科の指導）である以上にcounselor（生活や進路の相談），social worker（家庭生活の問題解決），administrator（学校管理運営），instructor（部活動指導）であるとしている。さらに，地域の活性化に寄与するcoordinator，児童生徒の素行を取り締まるpoliceman の役割も担うと指摘する。教員の仕事の内容が教えるだけではないということそのものが子どもへの福祉的機能であり続けているという捉え方があり，社会からの期待があったのである。しかしながら，教員のバーンアウト（燃え尽き症候群），過労や精神疾患等での休職が年々増え続け，働き方改革が取り沙汰される中，「教員の働き方改革」に

向けて動き出している。文部科学省（2018）は「これまで学校・教師が担ってきた代表的な業務」を下記の3つに分類した。

表1　（文部科学省2018より一部省略，筆者作成）

基本的には学校以外が行うべき業務	学校の業務だが，必ずしも教師が担う必要のない業務	教師の業務だが負担軽減が可能な業務
①登下校に対する対応 ②放課後から夜間における見回り，児童生徒が補導されたときの対応 ③学校徴収金の徴収・管理 ④地域ボランティアとの連絡調整	⑤調査・統計等への回答等 ⑥児童生徒の休み時間における対応 ⑦校内清掃 ⑧部活動	⑨給食時の対応 ⑩授業準備 ⑪学習評価や成績処理 ⑫学校行事の準備・運営 ⑬進路指導 ⑭支援が必要な児童生徒・家庭への対応

　この表では，「学校以外が行うべき業務」については，業務の内容に応じて，地方公共団体，教育委員会，保護者，地域学校協働活動推進員，地域ボランティア等が担うべきとしている。部活動については「部活動指導員」が担う可能性を示唆，教員の業務の負担軽減のためにはサポート・スタッフや事務職員，専門職が担うことを提案している。

　この中で学校の福祉的機能に当たるものは，①②登下校及び放課後の見回り，⑥⑨休み時間・給食時対応，⑭支援が必要な児童生徒や家庭への対応，と考えられる。これまで国内では児童生徒の知・徳・体の総合的な人格形成のためには教員が様々な場面で見守ることが重要だとされてきた。

　国立教育政策研究所（2017, p.176）によると，諸外国の例では，保護者の協力があるものの教員が登下校の見守りを行っている国は日本以外には見当たらないという。休み時間・給食時対応を行っている国は日本と韓国である。諸外国では休み時間や給食時は教員ではない専門職員が対応している場合が多い。支援が必要な児童生徒や家庭への対応についてはほとんどの国で行っており，教員の専門性が必要とされ，専門職の支援も必要な領域であるとされる。

　日本の教員は学校運営上の行政的業務，教職とは別の専門性が要求される

業務などを，教科を教える仕事をしながら行ってきたのである。学校が福祉的機能の役割を「外注」しても児童生徒のウェルビーイングが担保されうることを保護者だけでなく，社会全体で検討し，共有することが重要となる。

⑵　**諸外国の教員の職務内容**

　国立教育政策研究所（2017）は諸外国の学校の機能と教員の職務内容について**図1**のように分類した。この図は学校の機能を「限定，多機能」に分け，教員の職務内容を「限定型，曖昧型」としている。その中で学校の機能が限定されており，教員の職務も授業に限定されているのはフランスとドイツである。学校の機能は多機能であるが教員の職務そのものが授業に限定されているのはアメリカ・イギリス・中国・シンガポールである。授業以外の職務は専門職員等が担当している。学校の機能が多機能であり，教員の職務が曖昧型であるのは日本と韓国である。

　かつて筆者は修学旅行の引率で韓国・果川（カチョン）市にある私立高校を訪問した。教員たちは訪問日当日，次の日以降の入試業務を抱えながら我々日本の姉妹校訪問を受け入れたと聞き，日本の高校であれば大きな行事

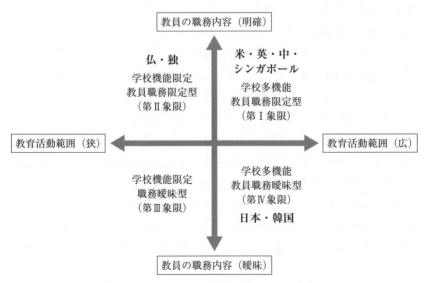

図1　国立教育政策研究所（2017, p16. 図8 諸外国の教職員等指導類型より）

が重なることを避けるであろうと考えた。さらに自習する学生のために教員が交代で学校に夜10時頃まで残っており，日本と同様，教員の仕事は激務であると当時は感じた。しかし，日本とは異なり韓国における教員の放課後の業務（学習指導と授業外の活動等）は別途有給の教員希望制で外部職員の雇用もあるという（国立教育政策所 2017, p246）。

田中（2021）によると，韓国は1979年から教員の業務負担軽減の取り組みを行っている。教員の業務は教育業務，教育行政業務，その他の一般行政業務とされている。2009年には教員の教育・一般行政業務を軽減するために教頭，教員，校務行政支援員から成る「校務行政チーム」を導入した。筆者が韓国の高校を訪問したのは2004年であるため，「各種行事の支援」がこのシステムによって行われていたかどうかは不明である。TALIS2018によると中学校教員の勤務時間は日本の平均週56時間に対して，韓国は34時間で，TALIS参加国の平均38.3時間より少ない。学校の機能が多機能で教員の職務内容が曖昧という共通点があるが，韓国の教員の勤務時間は日本の教員よりも少なく，勤務時間の軽減が図られている。

日本でALTをしていた元同僚がTeaching Assistantをしているイギリス北部ハリファックスの中学校を訪れたとき，彼女の仕事は欠席の多い生徒や成績不振の生徒の家庭への連絡と生徒との面談や指導であった。日本では教員の業務である出欠管理，成績処理，家庭への連絡を行う職員がイギリスには存在することを知った。**写真**はTeaching Assistantのオフィスである。

イギリスの学校の業務は専門職が日本の教員が行っている業務を担当しているが，TALIS2018によると，いまだに勤務時間は週46.9時間で，これより長い国は日本とカナダである。

短期留学の生徒を引率して滞在したアメリカ（中西部・西海岸）では，5分の休み時間に教室を移動するのは教員ではなく，生徒で

あり，教員は自分の教室を持っていた。2時半に授業が終わると，生徒も教員も一斉に「下校」し，3時頃には学校には人がほぼ見当たらなくなった。進路指導は教員でない専門職員が進路指導室に常駐し行っていた。授業中の校内パトロールや停学中の生徒の指導は教頭の仕事で，教頭は5時過ぎまで学校に残って指導を行っていた。昼休みの教員による指導や食育はないものの，カードによるカフェテリアの支払いで，栄養バランスの取れた食事を取っているかどうか，保護者へ報告が行くシステムになっていた。

　TALIS2018でアメリカの教員の勤務時間は週46.2であり，イギリスと同様，長時間の部類に入る。教員は授業準備や採点を自宅など学校外の場所で行っているが，学校内の労働環境は充実していた。教員専用の休憩室があり，コーヒーを飲みながらゆったり座れるソファーが置かれていた。勤務の時間帯が早朝から午後の早い時間なので，教員の親睦は朝の時間帯に行われていた。筆者が訪れたアメリカの高校の女性教員は早朝5時半頃に家を出て学校の近くのカフェで同僚2人と待ち合わせ，一緒に朝食を取りながら語り合い，7時過ぎに出校していた。

3．児童生徒の多様性に対する学校の対応と教員の専門性

⑴　教育改革と教員の専門性

　OECD教育スキル局のアンドレアス・シュライヒャー局長（2019, p112-113）は21世紀に入ってから教育改革をきっかけとして教員の専門性が注目されるようになったと指摘した。教員の質の向上が生徒の成功の鍵であるとみなされるようになったからだという。シュライヒャーは教員のパフォーマンス向上には①継続的な専門能力の開発，②説明責任を負うこと，③強固で一貫性のある専門知識の蓄積が必要であるとしている。また，教員の専門性は国によって異なるとされ，専門性の指標として知識，自律性，同僚ネットワークを挙げた。「知識」は単に教科指導や教職に関する知識の量だけではなく，正式な教員養成があるか，勤務時間内に研修に参加できるかどうかといった制度的なことが含まれる。「自律性」はカリキュラムや指導法における教員の裁量を指す。「同僚ネットワーク」は教員が互いに授業観察を行う

ことや，メンターが指導助言を与えるプログラムが含まれている。専門性の指標の国際比較において，日本の占める位置は36の国と地域の中で下から5番目である。このことは日本の教員が多忙なため研修の機会，カリキュラムや指導法に関しての裁量が他国よりも少ないことを示している。同僚とのネットワークについては，授業研究は盛んではあるが，制度としてのメンター制度が整備されていないということであろうか。

　日本の教育改革の中での教員の位置の二重性について久冨（2008, p16）は，教員は学校現場での改革の担い手であると同時に改革のターゲットでもあると分析している。教員はカリキュラムの改革に伴い，学校現場の変革に関わると同時に，教員自身が研修を課せられるなど教職員としての服務や指導方法の見直しや振り返りを通して新たな知識やスキルを身に付ける必要に迫られるようになったのである。

　教員は時代の流れで新たな課題に対応することになった。多様化する児童生徒のウェルビーイングを高めるための知識や資質・能力などの獲得である。学校現場には身体障碍やADHDなどの特別な支援を必要とする児童生徒，外国籍や海外から帰国した児童生徒等で日本語指導を必要とする児童生徒，性同一性障害に係る児童生徒など，教職員は児童生徒の多様性への配慮，対応の必要性に迫られている。特別支援学校をはじめ，教育におけるインクルーシブな視点や合理的配慮が求められる。

⑵　児童生徒の多様性への対応

　TALIS2018の第3章「変化する指導環境」の前半では「児童生徒の多様な背景」についてのデータの説明がある。日本における児童生徒の構成の項目については，「母語が日本語でない」「特別な支援を要する」「社会経済的に困難な家庭環境にある」「移民または移民の背景を持つ」の4項目である。データからアメリカ，イギリス，韓国，日本の4か国を抽出し，多様な背景を持つ児童生徒を指導した経験のある中学校教員の割合を表2に示した。

　アメリカにおいて「社会経済的に困難な家庭環境にある」児童生徒を指導した経験のある中学教員は半数近くに上る。学校の制度としての取り組みは，都市部の学校を中心に無料の朝食を用意している学校があり，福祉的機能を

表2 各項目の生徒の構成比%が（ ）の学校で指導を行っている中学校教員の割合（TALIS 2018 教員環境の国際比較 2019, p122 より一部抜粋　筆者作成）

国名	母語が異なる（10%）	特別な支援を要する（10%）	社会経済的困難な家庭環境（30%）	移民または移民背景を持つ（10%）	少なくとも（1%）が難民
アメリカ	25.2	50.6	45.9	データなし	22.1
イギリス	27	40.8	23.2	21.4	25
韓国	3.7	5.9	7.9	3.2	5
日本	1.6	21.3	5.7	1	0.9
TALIS 平均	20.1	21.7	15.5	15.7	16.3

果たしているといえる（国立教育政策研究所，p179）。貧困層への対応はソーシャルワーカー等，多様なスタッフで対応しているという。母語が異なる生徒を指導した教員は4分の1を占め，英語を第二言語とする児童生徒への対応としてはESL（English as a Second Language）補助の専門職員が配置されている。様々な人種の児童生徒への対応の歴史は長く，筆者が訪れた西海岸，東海岸の高校では多様性への理解を深める校内掲示などがあった。「特別支援教育」「移民等マイノリティへの教育」や2002年度に制定されたNCLB（No Child Left Behind）法に関する学力向上のための教員以外の補助スタッフも配置されている。高校中退者を対象とする「オルタナティブ・スクール」があり，年齢制限はあるものの義務教育年限を超過しても無償で教育が受けられるようになっている（後藤 2022）。

　イギリスにおいては「セーフティーネットとしての学校」としての機能において，貧困地域での学力向上のための学習支援，家庭への支援，問題行動対策を90年代後半から打ち出した。学校は教育的機能，福祉的機能だけでなく，地域との連携で社会教育的機能をも持つようになった（国立教育政策研究所，p191）。英語を母語としない児童生徒や移民を指導した経験のある教員が4分の1を超えるイギリスでは，アメリカと同様多様なスタッフが配置されており，読書力改善や英語を母語としない児童生徒への指導員が配置されている。筆者が訪れたイギリス・ヨークシャー州の小学校では，教室外のオープンスペースにテーブルと椅子が置かれ，英語指導員と児童の1対1

で指導が行われていた。

　韓国は学歴社会で過熱する受験戦争が毎年報道されているが，校内暴力や不登校，中退者対応にもしっかりとした取り組みがあり，有資格者の専門職員を配置している。1997年制定の小・中等教育法には学習不振児教育の規定がある（横井2022）。社会経済的に困難な家庭環境にある児童生徒の指導経験は日本と同様10％以下である。韓国では在韓外国人の数が増加しつつあり，1999年に外国人学校に関する政府の指針が明確化し，日本の一条校[2]と同様の扱いとなっている。2008年には多文化家族支援法が制定され，2013年には外国人が人口の約3％を占めるまでになった。日本では2019年で2％台である。この年から学校で第2言語としての韓国語（KSL）の指導が行われるようになった（金2016）。下記の表を見ると，2018年の調査では日本よりも韓国の方が，多文化化が進んでいる。

　TALIS 2018の調査では多様な児童生徒を指導する割合として，アメリカ，イギリスと比べ，日本と韓国の中学校教員は貧困家庭の生徒，特別な支援を要する生徒，母語が異なる生徒，移民や難民の生徒を教えている割合は少ないことがわかる。多文化背景を持つ生徒を指導している教員の割合が特に少ない。多文化背景を持つ生徒の在籍数が英米よりも少ないため指導した経験のある教員の割合が少ないという結果である。

4．多様性に対応する教員の専門性育成

⑴　諸外国における多様性に対応する教員研修

　次に，児童生徒の多様化に対応するための研修を教員がどれくらい受けているか，多文化背景を持つ児童生徒を指導した際の自己効力感をどのくらい感じるかについて，TALIS2018のデータから4か国を抽出し，検討する。**表3**は「教員が受けた公的な教育や研修に含まれていた内容」である。項目の中から生徒の多様性に関する項目（様々な能力の生徒の混在する学級，多文化・多言語背景），学級経営と生徒の「みとり」に関する項目，新しい学力観や指導法につながる「教科横断的スキル」を抽出した。

　「様々な能力の生徒が混在する環境における指導」に関する教員研修は日

表3 教員が受けた公的な教育や研修に含まれていた内容（中学校）
（TALIS2018 教員環境の国際比較 2019, p172 より一部抜粋，筆者作成）

国名	様々な能力の生徒が混在する環境における指導	多文化又は多言語環境における指導	教科横断的スキルの指導	生徒の行動と学級経営	生徒の発達や学習の観察・みとり
アメリカ	80.7	69.6	82.6	85.3	85.2
イギリス	89.9	68.3	71.1	93.5	85.6
韓国	64.3	28.8	66.4	65.9	67.2
日本	63.9	27.3	53.7	81.2	79.9
OECD 平均	64.3	38.5	69.3	74.9	72.5

本と韓国は OECD 平均に近いものの，アメリカとイギリスより少ない。「多文化又は多言語環境における指導」の研修が少なく，OECD 平均を下回ったのも日韓であった。「生徒の行動と学級経営」「生徒の発達や学習の観察・みとり」に関する研修では日英米の３か国よりも少なかったのは韓国であった。「教科横断的スキルの指導」は日本が４か国中いちばん少なかった。

(2) 多様性に対応する教員の自己効力感

表4は「多文化的な学級における教員の自己効力感」に関するものである。この調査では，中南米の教員の自己効力感は高く，すべての項目で90％を超えていたのはコロンビアであり，その他の地域で１項目を除き（88％）すべて90％を超えていたのはポルトガルであった。アメリカ・イギリスは60％前後から70％である。この調査で最下位は日本でその次が韓国，台湾であった。日本は文化的に多様な学級での指導について「できている」という自信，自己効力感が低いことがわかる。

TALIS の調査では管理職の文化的に多様な学級の指導に関する自己効力感の表がなかったため，国立教育政策研究所（2017, p13）の日本の校長の「リーダーシップ効力感」の４つ「地域協働」「授業改善」「生徒指導」「多様性対応」の因子から，「多様性対応」についての記述を抽出した。校長のリーダーシップ効力感の「多文化対応」においては「貧困な家庭の子供の学力向上に向けた組織体制を構築できた」「多様な専門性を持った職員を有機的

表4　多文化的な学級における教員の自己効力感「かなりできている」
「非常によくできている」と感じている教員の割合
（TALIS2018 教員環境の国際比較 2019, p135 より一部抜粋，筆者作成）
（異なる文化を持つ生徒がいる学級の指導経験のある教員の回答のみ）

国名	多文化的な学級での難題に対処する	指導を生徒の文化的な多様性に対応させる	移民の背景を持つ生徒と持たない生徒が共に活動できるようにする	生徒間の文化的な違いへの意識を高める	生徒間の民族に対する固定観念を減らす
アメリカ	66.4	58.3	63.3	57.9	69.2
イギリス	71.9	61.4	69.6	62.5	75.2
韓国	30.9	30.8	35.2	45.1	46.9
日本	16.6	19.7	27.8	32.5	29.8
OECD 平均	67.9	62.7	67.9	70.2	73.8

に結び付ける仕組みを作ることができた」が効力感として示されている。自分自身の多様性対応に関するものではなく，多様性対応に関する組織体制や仕組みの構築となっている。

　日本の教員は多文化学級での指導への自己効力感が低く，公的な教員研修の項目に含まれている割合が低いということがわかった。管理職は，自分自身が直接，児童生徒を指導する場面が限られているので，組織体制を構築し，外部の専門職員と校内の教員をつなぐことで自己効力感を感じることがわかった。

　管理職が直接，生徒への対応をする場合がないわけではなく，担任が生徒や保護者との面談の際に教頭，校長が同席することもある。筆者の知る高校の管理職（校長）は小学校の校長の経験があったためか，毎日校門で生徒を出迎え挨拶していた。高校の教員が校門にいることは多いが，管理職は珍しかった。その校長は父親が日本人で母親がフィリピン人の女子生徒の対応を自ら行っていた。その生徒はクラスや家庭でうまく行っておらず，家出を繰り返していたが，校長は食事を与えるなどの支援を行っていた。

　すべての教員は自分の学級に日本語を母語としない児童生徒や多文化背景を持つ児童生徒，特別な支援を必要とする児童生徒，社会経済的に困難な家

庭環境にある児童生徒がいない，またはかなり少ない場合でも多様性に対応する教師の資質・能力は必要である。自分の勤務する学校に該当の児童生徒がいないので，研修の必要がないと考えることなく，児童生徒が自分とは異なる背景を持つクラスメートに対して偏見を持たず受け入れるための学級づくりなどの研修の機会をとらえるべきである。

5．専門職と教員の連携

　多文化背景を持つ，社会経済的に困難な家庭環境にある児童生徒への対応には教員だけではなく，外部の専門職の支援を得ることでより充実した支援をすることができ，教員の負担も軽減できる。多文化背景を持つ児童生徒へ対応する専門職員には母語で指導できる外国人指導員，多文化コーディネーター，日本語教員などがいる。社会経済的に困難な家庭環境にある児童生徒にはソーシャルワーカーがいる。ただし，専門職に支援を依頼する場合でも，教員が多様な児童生徒への理解や知識を持つことが必要である。

　母語が日本語でない，日本語指導が必要な児童生徒の指導や支援に関しては，児童生徒の理解，保護者への理解，日本の児童生徒の受け入れ態勢など学校現場での理解が求められる。日本の学校での学校生活や授業についていけるだけの日本語力，学習活動に関わる習慣の違いなどの理解が前提となる。入試がなく，保護者とともに来日してまもない児童生徒が入学する小中学校だけではなく，入試を突破した生徒が入学する高校であっても日本語指導や学習支援が必要である。保護者への対応も重要である。子どもの日本語力が高くなると学校を休ませて役所や病院などでの通訳をさせたりすることがある。保護者の仕事が忙しいと家事をし，幼い弟妹がいる場合は面倒を見るために学校生活が難しくなり，近年問題となっているヤングケアラーとして，本来は自分自身への支援が必要な中で学業不振となり，中退を余儀なくされるケースも多い。保護者の在留資格は個人情報のため学校が把握することが難しくなっているが，生徒の進学や将来の就労にも関わることなので生徒に確認させるなどの対応が必要となる。

　下島（2019）は多文化背景を持つ児童生徒の指導に関しては，教員養成課

程で「多文化教育」や「外国人児童生徒の指導」について若手教員は学んだことがあるが，中堅・ベテラン教員はほぼ皆無であると指摘した上で，どの段階の教員も指導経験自体は多くはないとした。教員は外国人児童生徒への指導に関する専門知識も，実践的知識も少ないということである。有効な指導をするためには，教員同士が自分の関わった児童生徒の事例を共有したり，判断が難しい場合は他の教員に相談したりすることで協働することが重要となる。校内の専門職である外国人指導員，日本語教員などとの情報共有や協働も欠かせない。校内だけではなく，外部の日本語教室やボランティアとの連携が生徒に寄り添った支援を促す場合も多い。

　筆者がかつてインタビューを行った2人の元高校教諭は在職中から中高生のための日本語教室や高校進学のガイダンスを行う団体でボランティアを行い，退職後に本格的に支援に関わっている。学校の教員は外国人児童生徒の支援のための知識や実践があまりなく，児童生徒の支援員は学校制度や入試制度について疎いことがあるため，元教諭らは学校と支援員をつなぐ役割を担ってきた。教員と支援員のそれぞれの知識や実践を補う形となったのである。2人の元教諭のような例は多くはないが，外国人生徒が100名ほど在籍する高校の教員が進学ガイダンスに出席するようになり，高校入学前の生徒がどのような状況にあるのか，どのような希望を持って高校に入ろうとしているのかの実践的な知識を得ようとしていた。

6．まとめ

　教員の専門性については日本では教員の職務の「無境界性」が指摘され，諸外国では専門職や事務職員が行う職務も教員が行っていることが指摘されてきた。学校の機能が多機能で教員の職務が曖昧型から，教員の職務の限定化を目指した教員の働き方改革が検討されている。研修の時間をより多くとれるようにすることが教員の専門性向上につながる。OECDのシュライヒャー教育スキル局長は教員の専門性は知識，自律性，同僚ネットワークが指標となり，専門知識の絶え間ない蓄積，カリキュラムや指導法への教員の裁量，メンター制度が教員の専門性を高めるとした。

児童生徒の多様化・多文化化への対応に関する教員の専門性については，諸外国に比べてまだ多文化化が日本では進んでおらず，教員の外国人児童生徒への理解につながっていない。実際に指導した教員も指導に自信を持てずにいる。公的研修で多様性対応に関する研修を項目に組み込み，研修の時間が取れるよう配慮することが必要である。社会経済的に困難な家庭の児童生徒等の特別な配慮が必要な児童生徒の対応の研修についても同様である。

　多様化に対応した専門職の配置により，より充実した児童生徒への支援が見込まれ，教員の負担の軽減が望まれるが，教員としては自分でできる限り児童生徒の対応はしたいという熱意もあるであろう。専門職との十分な情報交換や協働がなされないと児童生徒のウェルビーイングにはつながらない。

　教員研修に多様性に対応した研修の割合，管理職の研修には多様性に対応する専門職の種類や専門職との連携の在り方などに関する内容の割合を増やすことで，児童生徒のウェルビーイングの向上を目指すことができるのではないか。今後の学校現場においては，不利な立場に置かれがちな児童生徒の支援を目指す公正性と，教科横断型スキルやコンピテンシーの育成などの新しい学習観を反映した学習の卓越性の両立を目指すことが望まれる。

[キーワード]

　学校の福祉的機能（schools providing well-being function），多様性・多文化化対応（diversity and multicultural responsiveness），教員の専門性（teacher professionalism），子どものウェルビーイング（child well-being）

〈注〉

1）　日本語指導を必要とする児童生徒とは外国籍または両親のいずれかが外国人，または日本国籍で日本語指導が必要な児童生徒をさす。日本国籍の児童生徒には日本国籍を取得した外国人及び日本人の海外帰国生徒も含まれる。

2）　一条校とは「学校教育法第1条」に示された学校である。「この法律で，学校とは，小学校，中学校，高等学校，中等教育学校，大学，高等専門学校，盲学校，聾学校，養護学校及び幼稚園とする。学校教育法第82条の2（専修学校），第83条（各種学校）などは，『法律に定める学校』以外の教育施設となる。」と

あり，外国人学校は一条校とされていない場合が多い。

〈引用・参考文献〉

アンドレアス・シュライヒャー著　鈴木寛・秋田喜代美監訳（2019）『教育のワールドクラス　21世紀の学校システムをつくる』pp.112-113　明石書店

岩田康之（2008）「第2章　教育改革の動向と教師の『専門性』に関する諸問題」．久冨善之編著『教師の専門性とアイデンティティ　教育改革時代の国際比較調査と国際シンポジウムから』勁草書房

国立教育政策研究所（2017）『学校組織全体の総合力を高める教職員配置とマネジメントに関する調査研究報告書』https://www.nier.go.jp/05_kenkyu_seika/pdf_seika/h28a/kyosyoku-1-8_a.pdf

国立教育政策研究所（2019）『21世紀型スキルに対応した教員研修の在り方に関する国際比較研究　研究成果報告書』pp.39-48．イングランドにおける21世紀型スキルに対応した教員研修

文部科学省（2018）『これまで教員が担ってきた14の業務の在り方に関する考え方』https://www.mext.go.jp/component/b_menu/shingi/toushin/__icsFiles/afieldfile/2018/01/26/1400723_02.pdf

田中光晴（2021）季刊教育法No.208　世界の教員の働き方―勤務時間管理と業務比較から―

金泰勲（2016）『外国人児童生徒に対する韓国の教育政策に関する考察―「多文化家族」の子どもの学習権を中心に―』国際基督教大学I-A教育研究58号，pp.15-23

下島泰子（2019）『外国ルーツの高校生への教育支援：「チーム学校」への示唆』関係性の教育学 Vol. 18, No.1, 2019. pp.27-38

後藤武俊（2022）「第7章　米国における高校中退者への教育機会保障の現状と課題」『教育機会保障の国際比較：早期離学防止政策とセカンドチャンス教育』勁草書房

国立教育政策研究所（2018）『OECD国際教員指導環境調査（TALIS）我が国の教員の現状と課題』https://www.nier.go.jp/kokusai/talis/pdf/talis2018_points.pdf

横井敏郎（2022）「第8章　韓国における学業中断防止・学校外青少年支援政策」『教育機会保障の国際比較：早期離学防止政策とセカンドチャンス教育』勁草書房

教育ニーズの多様化と学校の役割
―責任概念とガバナンス構想―

信州大学 **荒井 英治郎**

動揺する公教育と翻弄される学校[1]

　新型コロナウイルスの感染拡大を受けて，当時の首相の要請によって行われた 2020 年 2 月 27 日の全国一斉休校，そして，同年 4 月 16 日の全国への緊急事態宣言から 3 年以上が経過した。感染拡大に伴う休校の長期化や外出自粛は，子どもたちにさまざまな不安を与えた。ここでの不安とは，心の不安，体の不安，金銭的な不安，人間関係の不安，そして，学びの不安と枚挙に暇がなく，これらの不安を一身に受け止めた保護者の苦労は想像に難くない。

　コロナ禍の学校で懸念されたのは，教育関係者に提起された実践的問いに向き合わず思考停止に陥ることであった（荒井 2020）。例えば，「♯学びを止めるな」のスローガンが全国を駆け巡りこれまでの学びの「継続性」を保障できるかが焦点の一つとなったが，本来問われるべきは，これまで提供してきた学びの機会は適切，かつ，十分なものであったか，「止めるな」とされる学びの実質は，従来の学びのスタイルを再現するものでいいのかという，学びそれ自体の「妥当性」であった。また，学校再開後の関係者の脳裏には「取り戻さなくてはならない」という強迫観念にも似た焦りが付きまとった。しかし，「取り戻す」対象を学習進度の遅れと矮小化しては，子どもの育ちと学びに学校が果たしてきた役割を再考する機会を逸することを意味した。学習の進度は様々な工夫で取り戻し得るが，他者と共に学ぶといった姿勢や意欲，学ぶことの意味の自覚や認識は，一過性のコミュニケーションで取り

戻すことは困難であった。「取り戻す」べきは，学びの「進度」だけでなく，子どもと共に紡いできた心理的安全性を基盤とする学びの「深度」であったのである。

　感染症の拡大は，理論的問いも提起した。例えば，コロナ禍でこれまで等閑視されてきた「登校」概念や「授業」概念の曖昧さが顕在化した。また，学校が果たしていた機能の多義性（学力保障，健康保障，関係保障など）は，公教育を正当化してきた鍵概念（教育を受ける権利，教育の機会均等，教育の平等・公正・正義，公教育と私教育の関係など）の再検討を要請するものとなった。そして，公教育制度の動揺は，新型コロナウイルスの感染法上の分類が２類相当から５類感染症に移行した2023年５月８日以降も続いている。

　他方，昨今の国の政策はいかなる特徴を基調としているのか。例えば，文部科学省では，中教審が答申「『令和の日本型学校教育』の構築を目指して」で「令和の日本型学校教育」の実現を，経済産業省では，産業構造審議会教育イノベーション小委員会が「中間取りまとめ」で教育DX（学習資源の組み合わせ）と「場の選択肢」の多様化を，内閣府では，総合科学技術・イノベーション会議が「Society5.0の実現に向けた教育・人材育成に関する政策パッケージ」で「子供の特性を重視した学びの『時間』と『空間』の多様化」を謳っている。これに対して，学校は，「個別最適な学び」と「協働的な学び」の一体的充実を通じた「主体的・対話的で深い学び」の実現に向けた授業改善に取り組む一方で，内閣府や経産省が提起した多様化路線に対しては，「積極・待望論」と「消極・懐疑論」に二分されているように思われる[2]。特に，後者の心証は，学校組織に蔓延する多忙感や行使可能な権限範囲に対する認識の影響もさることながら，学校が多様化する教育ニーズに翻弄され，昨今の政策動向に向き合うこと自体困難となっていることに由来している可能性がある。

　本稿は，教育ニーズの多様化に着目しながら，学校が直面する実践的・理論的課題を指摘し，学校が果たすべき責任と役割のあり方を論じるものである。

1．教育と福祉の政策原理

　近年，方法としての「多機関連携」（interagency collaboration）のあり方が衆目を集め，行政機関間の「競争」から，「連携」を軸とした行政サービスへの転換が謳われている（伊藤編2019）。教育分野でも教育と福祉の連携のあり方が模索されているが，何のために（理念），誰に（対象），何を（方法）行うのか，目的と手段の関係は，混同されやすい。そこで以下では，教育と福祉の政策原理の異同を概観しておく（白川2014，荒井2017，荒井2022a）。

　第1に，教育政策は，教育の機会均等の名の下に，全ての子どもを包括的に捉えて形成されることが多い。ニーズを有する全ての人を一律に支援する「普遍主義」（universalism）に軸足を置く場合，その政策は要件を問わない「社会手当」的性格を帯びる。義務教育レベルの教科書無償制度は，その好例である。普遍主義的政策は富裕層も含め所得階層によらない支援を行うため，財政支出の合意が得やすい反面，財政規律の観点による批判が強い。また，「平等」な一律支援でも中長期的には社会階層の固定化や社会格差の拡大など「不平等」の帰結を辿る可能性もある。従って，普遍主義的政策は社会の平等化を必ず約束するわけではない。政策の「逆進性」や「逆機能」の問題である。真にニーズを有する当事者が実質的な利益を得ているか，政策実施後の定点観測が肝要となる。

　第2に，福祉政策は，憲法第25条（健康で文化的な最低限度の生活）が規定する生存権を保障すべく，全ての人が人間らしい生活を営むために講じられるものである。一定の条件を満たす個別事例を対象とする「選別主義」（selectivism）に軸足を置く場合，その政策は「公的扶助」的性格を帯びる。例えば，「最低生活保障の原理」や「無差別平等の原理」に基づいて，対象基準・方法をあらかじめ法令で規定した上で支給を行う生活保護は，その典型である。生活保護は，「申請主義」（希望者の申請に基づき保護が開始される）と「補足性の原理」（保護はあくまで補足として適用される）を前提に，世帯全体の収入・資産（預貯金や不動産など）の状況や扶養照会等の結果に

基づき運用されている[3]。しかし申請主義を前提とする運用では，どうして
も行政が当事者にアウトリーチしていく動機づけが乏しくなる。また，取り
こぼしを防ごうとする「漏給」的眼差しが，不必要な受給を厳しく取り締ま
る「濫給」的対応へと転化し，「包摂のセーフティネット」が「監視の門
番」へ豹変する事例も報告されている。こうした状況を踏まえて，福祉分野
では当事者の「自立」（independence）のみならず「自律」（autonomy）に
アプローチしながら，つながり続けていく「伴走型支援」の実践が積み重ね
られている（奥田・原田編 2021）。

　以上，教育と福祉の政策原理の異同を概観したが，次節の通り，教育ニー
ズの多様化に直面する学校では，福祉的専門性を有する機関との連携・協働
のあり方が喫緊課題となっている。

2．教育ニーズの多様化と多機関連携・協働

　学校には，多様な生活環境で育つ多様な特性を有する子どもが在籍してい
る。以下，教育ニーズの多様化の事例を概観しながら，学校組織マネジメン
トの課題を論じる[4]。

⑴　不登校児童生徒に対する支援

　第 1 は，指導要録上の長期欠席の子のうち，30 日以上登校しなかった不
登校の子ども又は不登校傾向の子どもである（荒井 2023）。文科省調査によ
れば，2021 年度に不登校と判断された小・中学生は 24 万 4940 人（前年度よ
り 24.9%増加）と，過去最多となった[5]。この結果は，2016 年制定の教育機
会確保法が果たす機能や感染症拡大に付随する現象（臨時休業，制限された
学校生活等）の影響も少なくない。とはいえ，「社会の映し鏡」としての不
登校現象は，もはや特定個人の例外事例ではなく，教育・福祉の機会保障の
あり方に連なる公共的課題である。例えば，登校意欲はあっても身体的不調
を訴える子，なんとなく学校に足が向かない子，明確に学校に対する拒否感
を表明する子，学校以外の学びを意識的に選択する「積極的不登校」の子，
子ども期の学び（学校に行く，教育を受けるなど）に価値を見出せない，あ
るいは，見出すことが困難な家庭で育つ「脱落型不登校」や「社会的不登

校」の子など，実態は多様化・複層化している。

　不登校支援のあり方としては，学校に登校することだけを目標にするのではなく，子どもが自らの進路を主体的に捉えて，社会的に自立していく過程に伴走していくことが重要であるという認識が，国・地方自治体・学校・保護者の共通理解となりつつある。背景には，不登校の時期が休養や自分を見つめ直す機会ともなり得るという捉えがある。他方，不登校の時期が長期化し，継続的な学びの機会が保障されない場合，学業の遅れ，キャリア発達上の不利益，社会的孤立へのリスク等を生じさせる可能性があることも事実である。

　これに対して，昨今，校内フリースクール，教育支援センター，不登校特例校（後に「学びの多様化学校」と名称変更），夜間中学の設置のほか，地域資源を活用した体験活動，ICT等を活用した学習の実施，フリースクール等民間施設との連携等が行われつつある。外部の支援主体の数が増えれば増えるほど，学校はメタ的視点による複合体マネジメントを行う必要性が高まる。学校外のいかなる活動が在籍校の「出席」や「評価」に値するのか，また，その取り組みが真に当事者の学習意欲に応え，社会的自立に向けた支援となっているのか，出席・評価権限を有する学校の責任や学校と教育行政の関係性が問われる場面が今後増すことは必至である。

⑵　外国由来の子どもに対する支援

　第2は，外国由来の子どもに対する支援である（荒井 2021b）。文科省調査によれば，日本語指導が必要な児童生徒は過去最多を更新し続けている。特に日本国籍でも日本語を母語としない子どもの増加が顕著であり，日本生まれ日本育ちの子どもを対象とした日本語支援（学び直し日本語）の需要も高まるばかりである。

　日本では外国籍の者に憲法第26条が規定する就学義務を課していないが，差別禁止・内外人平等待遇の原則によって，就学希望者には授業料不徴収や教科書無償給与など，日本人と同等の対応が制度的には保障されている。また，通級指導や取り出し指導により，在籍学級での指導以外に，「特別の教育課程」による日本語指導や教科の補習等（いわゆる「特別な指導」）が行

われているが，未だ十分ではない。特別支援学級が受け皿となっている事例もあるが，特別支援の専門性と日本語指導の専門性は相違点も多く，「個別最適」な学習環境が整備されているとは言い難い。

　外国由来の子どもの育ちは，アイデンティティーをめぐる葛藤の連続だが，日本語との付き合いが普遍的課題となる。課題は，「生活言語」としての日本語指導だけでなく，教科等の学習指導，いわゆる「学習言語」の習得である。生活言語とは表情やジェスチャーなど文脈依存度が高い「生きるための言葉」を，学習言語とは授業内容やテスト問題での指示文など，意味内容を理解する手がかりとなる非言語的要素を持たない，いわゆる学力に結びついた「学ぶための言葉」を指す。学習言語の習得は5〜9年ほど要するとされ，家庭内言語が日本語環境でない場合，その習得は自然習得できるほど容易ではない。従って，4技能（読む・聞く・書く・話す）や漢字を書くという一連のプロセスを経てもなお，教科につながる日本語習得には高いハードルが残る。これが，言葉は「育つ」ものではなく，「育てる」ものとされる所以である。

　学習言語の習得が困難な子どもにとって，学習不振は，学校不適応や不就学，自尊感情の低下や自己否定につながり得る。従って，高校入試において「特別配慮」（入試科目の免除や作文・面接といった代替措置，定員枠外での選抜）や「特別措置」（全問題にルビがふられるなど）が行われることにより進学できたとしても，後期中等教育をドロップアウトするリスクに常に晒されている。事実，外国由来の高校生等の中途退学率，就職者の非正規就職率，進学も就職もしていない者の率は，全高校生等との比較でいずれも高水準となっている。

　このように外国由来の子どもに対する支援は，日本語や教科学習の指導だけでは事足りず，社会に出る（た）際の就労相談や生活相談，心理的ケアなど，中長期的な伴走が不可欠となる。学校は，長期的視点に立って行政機関や民間団体との横断的連携を推進していくことが求められている。

(3)　貧困家庭の子どもに対する支援

　第3は，貧困家庭の子どもに対する支援である（荒井2021a）。「一億総中

流社会」は死語となり，「子どもの貧困」という用語は市民権を得た。「子どもの貧困」とは，子どもが経済的困難と日常生活を営む上で必要なものの欠乏状態に置かれ，成長段階の多様な機会にアクセスできなくなるなど，子どもとしての尊厳とウェルビーイングが剥奪された状態を指す。

　厚労省によれば，子どもの相対的貧困率は13.5%（2019年時点），実に7人に1人が貧困状態にあり，OECD加盟国中，最悪水準にある。これまで，母子世帯の貧困率は他の世帯形態（夫婦と未婚子世帯，三世代など）と比較して高水準にあること，世帯内での最高学歴者が中卒の子どもは高い貧困リスクに晒されていること，子ども数別で子ども3人以上の多子世帯の貧困リスクが高いことの他，貧困状態が健康状態，子育て環境，親子関係，虐待リスク，非行，学力，学校での疎外感，ストレス，幸福感等のデータと強い関係があることが指摘されてきた。

　事の重大さは，困難家庭の子どもは，認知的能力の習得だけでなく，生きる基盤となる非認知的能力を獲得する機会が刻々と失われていく点にある。子どもの貧困は，子どもの現在の生活を危機に陥らせるだけでなく，長期にわたり連鎖し次世代へと引き継がれる構造的問題として，未来の生活をも固定化するのである。これを「貧困の世代的再生産」と呼ぶ。貧困の固定化ほど，絶望感を与えるものはない。彼らは，夢や希望が「ない」のではなく，夢や希望という価値をまだ「知らない」可能性があるのである。

　子は「生まれ」を選べない。従って，子どもに責任はない。限界に達している「自助」に対して，現在，子ども食堂や子ども無料じゅくなど，衣食住のベーシックニーズを満たすことが困難な家庭に支援を行う「共助」のネットワークが広がりつつある[6]。経済的貧困から，身体的貧困を経て，精神的貧困に至る絶望のスパイラルを断ち切るためには，教育行政と福祉行政の連携を通じて，学習環境だけでなく生活環境を整える施策を展開していく必要があることは言うまでもない。学校に在籍する子どもに対して，「当事者主体の支援」を中核とする「ケア」とは何かが問われている（村上2021）。

(4)　ヤングケアラーに対する支援

　第4は，困難家族（身体・知的障害や精神疾患・依存症の父母，要介護状

態の祖父母など）の世話や介護，幼いきょうだいの見守りをしている18歳未満の子どもに対する支援である（荒井2021c）。大人が担うケア責任を引き受ける「ヤングケアラー」にとって，家事に追われる日々は，睡眠不足という健康問題を生じさせるだけでなく，自分の時間や勉強の時間，友人との時間など，子ども期の醍醐味である「青春」の1ページを刻むことさえ難しくする。当事者の多くは，「家族の世話を自分（だけ）が見るのは，普通で，当たり前である」と当然視し，大人の責任を引き受けている理不尽な状況に疑問を抱かなくなるなど，「非日常」が「日常」化していく。自分がケアラーであることを自覚していない子も一定数おり，「誰かに相談するほどの悩みではない」と，自身の境遇を無前提に受け入れがちとなる。こうして，ケアラーの心理は，時間の経過とともに，SOSを発信し支援を求める「切迫期」から，他者からケアラーとしてのレッテルを貼られる社会的スティグマ（不名誉な烙印）を忌避する「ジレンマ期」を経て，「相談しても状況が変わるとは思わない」と，無力感が日常化する「絶望期」へと辿り得る。「やりたくても，できないこと」が，「やらなくても，我慢できること」，「やるべきではないこと」，「やりたいことは特にない」へと変わっていくのである。

　学校だけでは実態の可視化が困難な事例に対しては，自治体別の実態調査とそれに基づく世代・ケアレベル別分析の他，各種公的サービス（介護保険や障害福祉など）の対象範囲の再検討，家事支援サービスやショートステイ・レスパイトサービスの補助・割引制度の導入，SNS等を活用したオンライン相談体制の構築，学校生活に留まらず日常生活を包み込む専門人材（ケアマネージャー，相談支援専門員，医療ソーシャルワーカー，スクールソーシャルワーカーなど）の確保・育成，認知度向上のための広報啓発の推進など，多機関連携（教育，医療，福祉，介護など）を前提とする新たな制度構築が不可欠である。

3. 責任概念とガバナンス構想―「担う責任」と「担わされる責任」

　学校の役割の再吟味や公教育制度の境界線の再考を要請する事例が示唆するように，多様な生活環境で育つ多様な特性を有する子どものウェルビーイ

ングを保障していく方法として，複数の主体が専門的な役割をそれぞれ果たしながら子どもの育ちと学びに関わっていくという多機関連携の推進が有力な選択肢として浮上する。しかしステークホルダーの数が増えれば増えるほど，責任の所在が不明確となる可能性が高まる。従って，各主体が果たすべき責任とは何か，その責任範囲はどこまでなのか，それをどのように操作可能な概念として定位し，検証可能なものとしていけるかが今後の課題となる。

　例えば，日本の公教育の政府間関係を踏まえた場合，教育分野の責任主体として，①教職員，②学校，③地方教育行政（市町村教育委員会），④一般行政（首長部局），⑤中央教育行政（文部科学省），⑥国などが想定できるが，いじめ事案への政策対応が物語るように（荒井 2014），教育分野の責任体制は十分に機能しているとは言い難い。「学校教育は誰がアカウンタブルかを明確にしなければ，責任を追及できないし，改善を求める相手も決まらない」（山本 2013：51）という指摘もすでに存在している。また，ガバナンスの定義を一義的に「組織が重要な決定や舵取りをするときに，誰が権限や責任をもつのか，また，その運営のチェックのメカニズムをどうするか規定すること」，すなわち，「意思決定やマネジメントに規律をもたらすメカニズム」と捉えた場合（曽根 2008：6-7），多様な子どもの学習権を保障するガバナンス構造が日本においてすでに確立・定着しているといった評価がなされることはほぼないであろう。しかし，今後，多機関連携を特徴とするメタガバナンス構想の実現を目指す場合には，民間機関も含め，アクター間関係のネットワークの網の目がより複雑化していくことが想定される。

　ここで日本における責任概念の受容と展開を概括する。日本の「説明責任」という用語は，1990 年代にアカウンタビリティ（accoutability）の訳語として登場した。当該用語は，1960-70 年代の米国において，政府が納税者たる国民に対して公会計上の使途の透明性を確保していく観点から生まれた会計学用語であった（井之上 2009：34-35）。先行研究を筆者なりに概括すれば，①日本では誰が何に対して責任を有するのかを事前に特定することを成立条件とするアカウンタビリティ概念が存在してこなかったこと，②米国では責任と権限を付与された主体を明確にし，事後的結果に対して懲罰を伴う

責任を追及する概念としてアカウンタビリティが捉えられているのに対して，日本では原語の持つ事後的責任や懲罰性の意味合いが消え，説得し理解を得ながら改善に向けた取り組みを行うなど，文字通り，説明をする責任として「説明責任」が用いられてきたことが明らかにされている（山本2013）[7]。そこでは，学校現場の事例として，自己評価を通じて情報を積極的に公表し，関係者（保護者や地域住民等）から理解と参画を得ていく学校評価の取り組みが挙げられており（山本2013：10），責任を求める行為を通じて教育の質を改善していこうとする政策はこれまでも存在してきた。しかし，責任を求める行為それ自体が教育の質の改善に直接つながるかは，必ずしも自明ではない。アカウンタビリティをめぐる改革メカニズムに関する研究も，まだ緒に就いたばかりである（高橋編2015）。

　では，多機関連携の責任論を展開していく場合，いかなる観点に基づく議論が重要となるか。例えば，百合田は，UNESCOが責任概念を①行為主体の自律的な裁量の下で，主体的に責任を担う応答責任概念としての「レスポンシビリティ」（担う責任）と，②外部からの期待や要請を受けて，予め設定された指標に照らして受動的に責任を担う説明責任概念としての「アカウンタビリティ」（担わされる責任）に峻別した議論を展開していることを紹介した上で，自律的判断が可能な主体が多様で複雑な価値の調整をその都度毎に行うことで成立する概念である責任概念を，次のように再定位している（百合田2022）。すなわち，①レスポンシビリティには，能動的レスポンシビリティ（行為に先行して目的に照らして行為の是非やあり方を判断する）の側面と，受動的レスポンシビリティ（行為に対して事後的にその意図や判断を省察する）の側面があるが，その責任は行為主体の自律的判断によってなされる合理性・正当性が対象となり，行為結果に左右されるものではないこと，②行為主体の内部構造である倫理に根拠を求めるレスポンシビリティは，価値基盤が個人単位の行為主体に際限なく細分化される可能性があるのに対して，行為主体の外側の論理で結果を判断する指標が予め設定されるアカウンタビリティは，判断基準それ自体の合理性・正当性や手続的妥当性の問題が残ることを指摘し，いずれも自律的主体間の対話プロセスを経た参照

軸が必要となることを指摘している。また，「個々の責任主体の内部構造に合理性と正当性の根拠を求める近代市民社会の責任は，多様な主体間の判断の曖昧さを調整する仕組みが十分機能しないときには，実践上の危うさを伴う」ことを指摘している（百合田 2022：105）。これらの指摘を本稿の課題意識に引き付ければ，ガバナンスのあり方を具体的に構想していく際に，適切な責任論を組み込んでいくことの必要性を喚起するものとして看取可能である。

　以上のことから，責任論は単独で存在・展開されるべきものではなく，「多様な主体間の判断の曖昧さを調整する仕組み」であるガバナンス構想とともに深められていく必要がある。責任論ないしガバナンス構想不在の多様化政策は，ナイーブな市場化を促進する形で格差拡大に寄与する公算が大きく，「誰一人取り残されない」社会の実現どころか，「誰も責任を負わない」自己責任論が跋扈する状況に陥りかねない[8]。このように捉えた場合，今後の学校に求められることは，「担う責任」と「担わされる責任」の区別を行いながら，①誰に対して（to whom），②誰が（who），③何について（about what），④なぜ（why）責任を負うのか，というアカウンタビリティの構成要素に関する議論を自覚的に展開すること（Bovens2007），そして，ステークホルダー同士の対話プロセスを経て主体的かつ自律的に設定した役割に関して「説明することの責任だけではなく，説明したことに対しても責任を持つ」（井之上 2009：76）という姿勢を表明していくことにあるといえよう。

4．新しい学校像と「リレーション・マネジメント」

　前例がなく唯一の解が存在しない予測困難な時代においては，立場や見解の相違を前提としながら，他者と対話し，学び支え合う社会を創っていく協働的な営みが求められている。学校は，「時代の変化への対応」といった抽象論，エビデンスなき精神論，コロナインパクトによる思考停止状態から脱却し，多様化する教育ニーズを適切に把握しながら，新しい学校像を創造していく必要がある。換言すれば，ステークホルダー同士で「子どもの最善の利益」という目的を共有し，協働的な実践を推進していく場の中核に学校が

位置づいていくことが期待されているのである。

　しかし，このことは，学校単体で全ての教育ニーズを充足し，課題解決を完結させていくことを意味するものではない。本稿の事例が示唆するように，その発想自体，非現実的であり，最善でもなく，得策でもない。複雑化する教育課題と多様化する家族を前に，学校の限界を適切に認識することが新しい学校の役割の範囲を見出す契機となるのであり，学校にはリソースやネットワークを効果的に活用し，ステークホルダーの利害・役割・価値を調整していく「リレーション・マネジメント」の実践が求められている（荒井2022b）。

　「学習する組織」として存在感を示す学校が協働的な実践を体現し，その学校を中核に据えた「学習するコミュニティ」が社会に根付いていく。ここに新しい学校像の本質がある。従って，今後，学校が子どもの育ちと学びに果たすべき役割の範囲は小さくなろうとも，その責任の比重はこれまで以上に大きくなる。新しい学校像の創造過程では，受動的に責任を担う説明責任概念である「担わされる責任」に翻弄される前に，責任を担う応答責任概念である「担う責任」の果たし方を主体的かつ自律的に構想し，その内実を表明していく必要がある[9]。協働的実践の積み重ねやステークホルダーとの対話プロセスを通じた問い直しを経てはじめて，子どもの学習権保障のためのメタガバナンス構想を具体化していく制度設計上の指針が得られることになるだろう。

[キーワード]

　教育ニーズの多様化（Diversification of Educational Needs），ガバナンス（Governance），レスポンシビリティ（Responsibility），アカウンタビリティ（Accountability），リレーション・マネジメント（Relation Management）

〈注〉

1　本稿は，荒井（2020，2021a，2021b，2021c，2022a，2022b，2023）の内容

と重複する部分があることをあらかじめ断っておく。

2 　内閣府や経産省の構想が「NPM 型改革」に位置づくかは，一つの論点となろう。構想を枠づけるガバナンス論議が十分に深められていないため現時点での判断は時期尚早であるが，次の指摘は一つの参照軸となろう（山本 2013：227-228）。

　　「NPM では市場原理を適用することから，国民・住民は行政サービスの受け手である顧客として位置づけられ，行政サービスの提供者を選択できるよう配慮される。いわば，サービス市場における消費者と供給者の関係が擬似的に作られ，<u>供給者間で競争状態が生まれるようにするとともに，個々の消費者が自らの選好にしたがって供給者を決定できることを意図する。顧客としての国民・住民が自律的に判断すること，それを可能にする情報が供給者から提供されること，市場機構が機能していることが前提になる。</u>」（下線—筆者）

3 　資格・親族要件を把握する資力調査（ミーンズ・テスト：means test）は，心理的コスト（申請行為に対する当事者の心理的ためらいや気恥ずかしさ）や受給によるスティグマ（負の烙印）を生じさせ得るとして，受給申請の抑制や捕捉率の低下の課題が指摘されて久しい。

4 　本稿で取り上げる事例以外にも，学習・行動面で著しい困難を示す発達障害又はその可能性がある子ども，知能指数のベルカーブの正規分布で IQ130 以上あり特定分野に特異の才能のある子ども（いわゆる「ギフテッド」）など，教育ニーズの多様化は止まることを知らない。柔軟性を欠く画一的な学習進度の限界を示唆するこれらの事例には，「困った子ども」ではなく「困っている子ども」として専門性を有するスタッフによるチーム支援が求められている。また，学校としては，受験塾への通塾や学校外教育への支出を惜しまず，高い学歴獲得を期待する「教育投資家族」の存在も無視し得ないであろう。合理的で正当な方法を用いて学力・学歴獲得競争に邁進する教育投資家族は，学校教育に対する満足度が相対的に低く，対価を支払いながら親子で共に努力する代償を厭わず「教育レース」に参加している（耳塚編 2013：1-11）。親の教育戦略の分化が先鋭化し社会の分断化が進行する中で，学校の役割規定の再考がこうした観点からも要請されていることは，より自覚されてよい。

5 　「不登校が過去最多」という報道が一人歩きしている感があるが，不登校の他に「病気」「経済的理由」「新型コロナウイルスの感染回避」を加えた「長期欠席者数」を射程に捉えた実態把握と施策展開，学校の取組が今後ますます重要となることは言うまでもない。

6 　他方で，「共助」というフレーズが醸し出す美名の罠に陥り，共助型のセーフ

ティネットに甘んじていては問題の本質を掴み損ねる。憲法上の要請である生存権保障の名宛人を問い直しながら，公助の仕組みの再編論議を行っていくことが要請されている。

7　なお，アカウンタビリティの構成要素を，①応答性（アカウンタビリティを課せられる主体がその決定およびその背景にある理由を報告する義務）と②制裁（アカウンタビリティを課せられる主体の優れた行為に報い，また悪い行為には罰を与えること）の２つから捉え，前者のみを持つ場合を「ソフト・アカウンタビリティ」，両方を持つ場合を「ハード・アカウンタビリティ」と定義する研究もある（高橋編 2015:6，25）。

8　人間の主体性に疑義を唱える小岩井は，「人間が主体的存在であり，自己の行為に責任を負うという考えは近代市民社会の根本を支える」ものであったのに対して，社会科学は「人間が自律的な存在ではなく，常に他者や社会環境から影響を受けている事実」を実証してきたとし，責任は社会的に生み出される虚構であり，虚構が真理として通用することで社会が成立し続けていることを主張している（小岩井 2020：4-7）。また，國分は，応答を意味する response を由来とする責任概念について，「意思の概念を使ってもたらされる責任というのは，じつは堕落した責任なのです。本当はこの人がこの事態に応答すべきである。ところが，応答すべき本人が応答しない。そこで仕方なく，意思の概念を使って，その当人に責任を押しつける。そうやって押し付けられた責任だけを，僕らは責任と呼んでいる」と述べている（國分・熊谷 2020：119）。

9　コクラン＝スミスらは，米国の教師教育改革の動向を論じながら，「強力な公正性」と「知的な専門職的応答責任」の２つが，民主的アカウンタビリティを構成する鍵となることを指摘している（Cochran-Smith et al.2018）。

〈引用参考文献〉

荒井英治郎（2014）「いじめ対策の政策過程―「通知」を通じた指導・助言から「法律」を通じたガバナンスへ」『日本教育政策学会年報』第21号

荒井英治郎（2017）「教育・福祉改革と制度設計の指針」末松裕基編『教育経営論』学文社

荒井英治郎（2020）「新型コロナ下での教育の在り方」『信濃毎日新聞』2020年10月14日

荒井英治郎（2021a）「子どもの７人に１人が貧困状態」『信濃毎日新聞』2021年2月3日

荒井英治郎（2021b）「日本語指導が必要な児童生徒５万人」『信濃毎日新聞』2021

年5月26日

荒井英治郎（2021c）「無力感日常化するヤングケアラー」『信濃毎日新聞』2021年6月30日

荒井英治郎（2022a）「子どもの貧困と福祉の視点」『信濃毎日新聞』2022年10月5日

荒井英治郎（2022b）「多様化する教育ニーズと学校教育」『教職研修』2023年1月号，教育開発研究所

荒井英治郎（2023）「不登校現象が投げかける問い―不登校は，問題行動なのか」『教職研修』2023年4月号，教育開発研究所

伊藤正次編（2019）『多機関連携の行政学―事例研究によるアプローチ』有斐閣

井之上喬（2009）『「説明責任」とは何か―メディア戦略の視点から考える』PHP研究所

奥田知志・原田正樹編（2021）『伴走型支援―新しい支援と社会のカタチ』有斐閣

小岩井敏晶（2020）『増補　責任という虚構』ちくま学芸文庫

國分功一郎・熊谷晋一郎（2020）『〈責任〉の生成―中動態と当事者研究』新曜社

白川優治（2014）「教育格差と福祉―子どもに対する支援制度の地域間格差をどう考えるか」耳塚寛明編『教育格差の社会学』有斐閣

曽根泰教（2008）『日本ガバナンス―「改革」と「先送り」の政治と経済』東信堂

高橋百合子編（2015）『アカウンタビリティ改革の政治学』有斐閣

耳塚寛明編（2013）『学力格差に挑む』金子書房

村上靖彦（2021）『ケアとは何か―看護・福祉で大事なこと』中公新書

山本清（2013）『アカウンタビリティを考える―どうして「説明責任」になったのか』NTT出版

百合田真樹人（2022）「レスポンシビリティとアカウンタビリティ」日本教師教育学会第10期国際研究交流部訳『ユネスコ・教育を再考する―グローバル時代の参照軸』学文社

Cochran-Smith, Marilyn, Carney, M. C., Keefe, E. S., Burton, S., Chang, W., Fernàndez, M. B., Miller, A. F., Sànchez, J. G., Baker, M., (2018), *Reclaiming Accountability in Teacher Education*, New York: Teacher College Press.

Bovens, M.（2007）. "Analysing and Assessing Accountability: A Conceptual Framework", *European Law Journal*, 13(4).

コミュニティ・スクールは「学校の福祉的役割」にどこまで寄与できるか
―コミュニティ・スクール導入の現状についての考察から―

常葉大学 堀井 啓幸

はじめに

　コロナ禍で出された中央教育審議会答申「『令和の日本型学校教育』の構築を目指して―全ての子供たちの可能性を引き出す，個別最適な学びと，協働的な学びの実現―」（2021年1月）では，「学校は，学習機会と学力を保障するという役割のみならず，全人的な発達・成長を保障する役割や，人と安全・安心につながることができる居場所・セーフティネットとして身体的，精神的な健康を保障するという福祉的な役割をも担っていることが再認識」され，特に，こうした学校の福祉的な役割を「日本型学校教育の強み」と指摘している。新型コロナウィルス感染拡大防止のために「当たり前に」子どもたちが学校に通えない状況になり，これまで国民にとって「当たり前」だった日本の学校教育の「広範囲の役割」の意義（ジャック・コリノー，1997）が「日本型学校教育の強み」として再評価されたといえよう。

　しかしながら，コロナ渦で過去最多を記録した不登校児童生徒数（2021年度は前年度から48,813人増の244,940人となり，過去最多を記録）や貧困ゆえに生活に困窮し，居場所をなくしつつある児童生徒の現状など，これまでの学校教育の枠組みだけでは対応できなかった課題に対して，学校や教育委員会はコロナ禍で思うような対応ができず，学校内外でのきめ細かく柔軟な対応や連携がこれまで以上に求められている。末冨（2020）が指摘するように，長期休校により困窮世帯の子どもたちを置き去りにしたとして，国，自治体，教育委員会の責任を指摘する声は少なからずある。

2023年3月の中央教育審議会答申「次期教育振興基本計画について」では，次期教育振興基本計画の統轄的な基本方針・コンセプトとして，「持続可能な社会の創り手の育成」及び「日本社会に根差したウェルビーイングの向上」が掲げられ，「日本社会に根差したウェルビーイング」[注]の重要な要素として「学校や地域でのつながり」の重要性が改めて指摘されている。

　本稿では，学校と家庭・地域との責任あるつながりを構築するために制度化され，コロナ渦においても全国的に進んできたコミュニティ・スクール導入の現状と課題を整理しながら，時間軸，空間軸において，幅広く多様な視点を有する「ウェルビーイング」の実現に関わる「学校の福祉的役割」について，コミュニティ・スクールがどのように寄与できるのか，その可能性について考察してみたい。

1．コミュニティ・スクール導入と学校・家庭・地域の新たな連携・協働

⑴　学校運営協議会と地域学校協働本部の一体的導入

　コミュニティ・スクール（学校運営協議会が設置された学校，以下，コミュニティ・スクール）を導入することで，学校の自主性・自律性の確立を理念として，学校と家庭・地域との関係再構築に向けた新たな仕組みづくりが進んでいる。

　コミュニティ・スクールは，2022年5月1日現在，全国で15,521校あり（幼稚園325，小学校9,121，中学校4,287，義務教育学校111，高等学校975，中等教育学校7，特別支援学校395），全国の学校の4割余り（42.9％）が導入したことになる。国は，すべての学校へのコミュニティ・スクールの普及を目標（努力義務化）としており，今後，さらなる拡大が見込まれる制度といえる。

　コロナ渦において，コミュニティ・スクールの導入が一気に進んだ静岡県においても，いまだに「学校と家庭・地域の連携がよくとれているのになぜ必要なのか」と問われることが多いコミュニティ・スクールは，制度化当初は「開かれた学校」という視点から，そして，東日本大震災以後は「地域と

ともにある学校」という視点から，その在り方が変わってきた。特に，2015年12月の中央教育審議会答申「新しい時代の教育や地方創生の実現に向けた学校と地域の連携・協働の在り方と今後の推進方策について」をきっかけにして，社会総がかりの教育として学校運営協議会と地域学校協働本部が一体的に取り組めるように，2017年4月に地方教育行政の組織及び運営に関する法律（地教行法）が改正され，今日に至っている。

　元々，2004年に制度化された学校運営協議会は，学校運営の見える化を図る「開かれた学校」のスローガンのもとで，地域住民の学校運営への参加，参画を図る仕組みであるのに対して，地域学校協働本部は，学校支援地域本部事業など以前からあった学校教育の支援活動の延長線上にあり，学校運営協議会とは異なる性質の活動である。しかし，現在では，国の施策とも関わって，コミュニティ・スクールの導入と一体化して地域学校協働本部も設置されるようになった。

　ちなみに，2022年5月1日現在，全国の公立学校において地域学校協働本部がカバーしている学校は20,568校（57.9%）であり，コミュニティ・スクール導入校よりも多く，コミュニティ・スクールと地域学校協働本部をともに整備している学校は11,180校（31.5%）となっている。また，教育委員会が社会教育法に基づき，地域学校協働活動推進員として委嘱をしている者は11,380人であり，そのうち，学校運営協議会委員も兼ねている者は8,954人（兼任率78.7%）と，教育委員会の施策に協力し，地域住民等と学校の情報の共有や学校教育の支援を図るための基盤もできつつあるといえる。

⑵　**学校の自主性・自律性の確立と学校・家庭・地域の役割分担のジレンマ**

　ただ，コミュニティ・スクールの導入は進んでも，学校運営協議会と地域学校協働本部の一体的な導入はどんな意味をもち，どんなビジョンをもって導入すべきなのか。志々田ら（2021）が指摘するように，（地域学校）「協働本部を中心とした社会教育の取組と，CSを中心とした学校教育の取組とは，そもそもの出発点が異なり，……一体的に推進するためのビジョンを描き出していくことに双方が苦慮している」状況にある。

　中央教育審議会答申「今後の地方教育行政の在り方について」（1998年9

月，以下，1998年答申）では，「学校が地域の教育機関として，地域住民や保護者の信頼を確保し，地域や学校，子どもの実態に応じて創意工夫を凝らした学校づくりに取り組むことができるよう」「教育委員会や校長の学校運営に関する権限と責任の明確化を図る観点，地域住民の意向の把握・反映，地域・家庭との連携協力の観点から，学校の自主性・自律性の確立について検討を行う」とある。すなわち，学校と家庭・地域との連携の制度化の構想は学校の自主性・自律性の確立と密接に関係しており，後に学校評議員制度や学校運営協議会制度が成立することになったのである。

この答申の背景には，2002年度からの完全学校週5日制の実施に向けての教育内容のスリム化，さらにいえば，生涯学習体系への移行というこれまでの学校教育を中心とした我が国の教育構造そのものの見直しの視点があった。そして，中央教育審議会答申「21世紀を展望した我が国の教育の在り方について（第一次答申）」（1996年7月）で提言された「第4の領域」（学校，家庭，地域社会につぐ活動の場という視点）や教育改革国民会議（2000年3月発足，同年12月最終報告）第二分科会において金子郁容主査が提案したコミュニティ・スクール構想に代表される従来のような地縁的地域性をもたないスクールコミュニティの捉え方（テーマコミュニティ）がそれなりに共感をもって受け入れられる現実もあった。こうした状況のもとで，各学校あるいは教師が，地域や児童生徒の実態（それに関わる家庭の実態）を踏まえるという教育活動の前提条件は，これまでの学校と家庭・地域との連携を超えて，それぞれの教育機能の役割分担を踏まえた新たな連携を図るという，新自由主義的な教育改革の視点を含んでいたといえる。

このような学校と家庭・地域の新しい連携を提言した教育改革の意味の解釈は，閉鎖的と言われてきた学校を改革するという点ではわかりやすいが，その一方で家庭や地域の教育力の低下，公教育の中心をなす学校の位置付けなどの現状から単純に肯定できない側面もあった。

一つには，学校で抱え込めなくなっている児童生徒への実際の対応に関わる側面である。例えば，地域で起こる様々な青少年問題に対しては，自治会の民生委員など従来の地縁的な連携のもとに解決が図られることが多いし，

不登校児童生徒の急増などに象徴される多くの児童生徒の学校離れに対しても，テーマコミュニティの視点から構想されるコミュニティ・スクールでは現実的な対応に限界があることである。もう一つは，これまでの学校の教育責任のとり方に関わる側面である。これまでの学校では，保護者との関係は，公的な責任と区別される「私」の自由性や多様性の問題として，また，地域との関係は，学校開放に代表される「公」的施設としての役割区分の問題（目的外使用）として捉えることで，ある意味で，学校と家庭・地域との関係において，教育の専門性の視点から一定の制限をかけながら児童生徒の学習権保障の中心機関として学校を位置付けてきたといってよい。それは，家庭や地域の教育力の低下が指摘される現状において，学校の教育責任を放棄しないという学校独自の意思表示でもある。家庭や地域の要望や価値観と切り離して成立してきた学校教育の一面が「日本型学校教育の強み」と認識されており，学校・教師，そして家庭や地域にとってわかりやすい教育責任の捉え方でもあった。それゆえ，家庭や地域が失った独自の教育力を学校の中に取り入れていく過程において，新井（1984）が「『在るもの』としての地域は教育的ではないので，学校が一身にすべての教育課題を背負わなくてはならないと考えたことに機能麻痺の原因がある」と指摘するように，急激に学校化する社会においては，これまでの「日本型学校教育の強み」が「日本型学校教育の弱み」に転じてしまったともいえるのである。

　仲田（2023）が指摘するように，学校評議員制度から学校運営協議会制度へと学校運営への保護者や地域住民の「参加」から「参画」を求める仕組みは，制度化されて20年余り経た現在でも，「活発であるが消極的」で「擬制的安定」の状況にある。それは，良くも悪くもこれまでの学校中心の教育責任の取り方に関わっている。学校と家庭・地域の連携や協働の重要性は自明のこととして理解できるとしても，実際には，それぞれの学校の児童生徒の実態や児童生徒を取り巻く家庭・地域の現実を踏まえて，どのように役割分担を図っていくか。自主的・自律的な学校経営の充実を図ることと連携・協働の具体的なあり方については依然みえにくいままになっている。

2. これまでの連携・協働的教育実践と新たに求められる地域教育経営

(1) 学校における連携・協働的教育実践と多忙化への懸念

　現実にある学校と家庭・地域とのつながり，教育改革のなかで学校に求められている新たな家庭・地域とのつながり（学校を離れた民生委員やスクールソーシャルワーカーなど地域福祉的な連携），そして，不透明な青少年問題のなかで求められる「ありうる」学校と家庭・地域の連携など，学校と家庭・地域との連携は，今日の子どもたちの実態を踏まえて様々なベクトルで考えられなければならなくなっている。留意すべきことは，コミュニティ・スクール導入を含めて，学社連携・融合のためのひも付き予算といわれる様々な行政的補助がつけられてもそれらを動かす人や組織の在り方については学校や地域任せになっていることである。

　以下に示すのは，北陸にある1学年1学級の小さな学校の学校支援員の状況である。調査時点においてコミュニティ・スクールは導入されていないが，「学校と家庭・地域の連携はよく取れている」（校長の回答）学校である。補助事業を活用しながら，ALTや地域住民など多様な外部人材によって学校教育が担われている現実があり，学校ではその多様性ゆえに教頭を中心に対応に細かく配慮していることがわかる。

　今日の学校は，スクールカウンセラー，スクールソーシャルワーカー，スタディメイト，少人数支援員，多人数支援員，心の相談員，新採指導者等，様々な人材が入っており，学習支援者として教科や総合的な学習の時間の指導者やボランティアなど地域人材を積極的に活用している学校も少なからず存在する。こうした学校では，事務運用面において，誰が給食を食べるのかの選別・確認，謝金の報告文書の作成等に追われ，教職員の要望と支援者の可能性をマッチングさせるだけの時間がとれないということも少なくない。

　中央教育審議会答申「今後の地方教育行政の在り方について」（2013年12月）をきっかけにして，地域連携担当教職員（学校教育法改正により施行された2017年4月から「事務をつかさどる」規定により事務職員が担当する

表　A小学校における2009年度学校支援者一覧と共通理解事項

	氏名	仕事の内容	勤務日時	対応の主務者	備考	経歴等
1	ALT 20代女性	外国語活動の指導	毎週木曜日，午後半日	教務主任	レッスンプランを月曜日にFaxで送る	JETプログラムにより派遣
2	30代女性	外国語活動支援	1・3週の月曜日5時間。毎週木曜日午後半日	教務主任（実際には，教頭）		ニュージーランドの高校を卒業。県の雇用対策により派遣
3	30代女性	図書司書	2・4週の水曜日	図書担当	読み聞かせなどの内容を事前に依頼する	司書の資格有り
4	60代女性	理科支援員 理科の指導，事前の準備等	年間3，4回から週1回程度まで，必要に応じて	教頭	6年生の植物・4年生の星座・1年生の生活科で予定	元教員。地域人材。県の理科支援事業で予算化
5	60代男性	環境整備	月5時間 水・金は6時間	用務員（教頭）	学校環境整備（草・窓・ペンキ等について計画的に仕事をしていただく）	県の雇用対策で派遣。会社を退職。国の補助あり
6	（非常勤講師）70代男性	農園・田・花壇づくりの指導	6月から10月の間で10時間	教頭	5年：田 1年：野菜づくり	地域のJA総代。農家
7	未定	情報支援	6月より学期に1・2回，連続1週間の午後勤務	情報担当	ホームページ更新等	民間企業からの派遣
8	60代男性	スクールガード・リーダー	年間6回まで（1回3時間）	教頭	安全指導	元警察官。国の補助あり

場合も増えている）や地域コーディネーターの配置が進み始めたが，コミュニティ・スクール導入によって，さらに学校の仕事が増えないかという懸念は学校内外でよく聞かれることである。個々の学校において「仕事をしてもらうために仕事が増えた」ということがないようにするには，「地域コーディネーター」や「地域学校協働本部」の人材や役割が問われることになるが，現状では，コーディネーターの養成や研修，地域学校協働本部の運営などそれぞれの地域任せでその充実に関わって課題が大きい。

⑵ 「新しい公共」創出のための地域教育経営の確立の必要性

コミュニティ・スクール制度が導入される以前，連携・協働的教育実践に関わる優れた取組は少なからず存在していた。それらの取組を概観すれば，多くの自治体で行われていた「行政主導型」の連携と，「総合的な学習の時間」などへの学校支援ボランティアの積極的な招へいの延長線上に「地域学校協働本部事業」をコーディネートする人や組織が育っている「学校内発型」の学校支援に大別できる。

首長部局のまちづくり施策との関わりにおいて，まちぐるみで対応することで，これまでの学校教育の枠組みだけでは対応できなかった課題に対して学校内外でのきめ細かく柔軟な対応や連携が可能になった事例も少なからずある。ただし，「学校内発型」の連携であっても，「行政主導型」の連携と同様に，学校と家庭・地域が連携しやすいように人的，物的条件として手厚く予算をつけたり，連携の風土を醸成するための学社連携・融合の指向性を強くもっていた（堀井，2002）。

今日，コミュニティ・スクールや地域学校協働本部の導入が一挙に進み，全国展開される過程で，第一に問われるのは，予算もついて，地域学校協働活動推進員の学校運営協議会委員への委嘱など社会教育が学校教育に出向いていく方向性は作られても，行政による連携の志向性や具体的な支援が脆弱な地域において，学校や家庭・地域の実態に応じてどのように連携の基盤整備を図るかである。特に，コミュニティ・スクール導入が学校運営におけるガバナンス改革であると同時に，一体的な導入が図られている地域学校協働本部の活動（学校支援地域本部事業）は社会教育関連予算としての補助事業としての総合政策であることに留意しなければならない。ここに，コミュニティ・スクール導入に関わって，教育行政が政策課題として担ってきた公共領域をローカル・オプティマムの視点から問い直すという意味でのガバナンス改革としてとらえる必要性がある。

また，学校支援のためにボランティアの活用が実践的に問われていることから，「学校・教員中心主義」から広く「生涯学習体系への移行」のあり様も問われる。それは，学校教育のみならず，「新しい公共」創出への保護

者・地域住民の参加・参画の問題としても具体的に問われなければならない。

　こうした改革の方向性は，中央教育審議会答申「新しい時代を切り拓く生涯学習の振興方策について─知の循環型社会の構築を目指して─」（2008 年2 月19 日）で示された「新しい公共の視点の重視」に収斂する。この答申で述べられる「連携・ネットワークと行政機能に着目した新たな行政」を具体的にどのように展開していけばいいのか。コミュニティ・スクール導入が一気に進む今日でも前提となる「新たな行政」像がみえにくい自治体も少なからずある。コミュニティ・スクール導入は，学校は誰のためのものか改めて問い直す契機になっており，「新しい公共」の創出と密接に関わっている。

　学校経営改革は，地方分権・規制緩和政策の下で学校の自律性の確立を理念として展開され，その中で学校と家庭・地域の関係に新たな仕組みづくりが進んでいる。例えば，学校評議員制度の創設，地域運営学校の創設，学校関係者評価の制度化，学校支援地域本部の設置などがある。学校と保護者・地域住民の関係において，これまでの公的な意思に基づいて教育サービスを提供する公的教育機関とその受け手という関係から，自律的に意思決定し活動に責任をもつ公的教育機関とその経営に参加し活動を支援しつつ責任を分担する関係に再構築されることが求められている。それは，保護者・地域住民の学校参加から学校参画，そして学校ガバナンスへの展開という学校経営上の新たな動きとしてだけでなく，「新たな公共」の創出に関わる地域教育経営が求められていることを意味する。

　北神正行（2009）は，臨時教育審議会以後の改革に関わって，「行政主導による生涯学習社会の取り組みに対して，学習者自身の主体性や自己主体性に立脚した『地域教育経営』という発想が改めて求められている」と指摘し，「地域社会を基盤とする生涯学習の総体を捉える理論」として地域教育経営の再検討を促している。「日本社会に根差したウェルビーイングの向上」のための「学校や地域のつながり」の構築のためには，地域教育経営を前提とした自律的な学校経営の明確なビジョンや体制づくりが不可欠である。しかし，首長部局の生涯学習課の創設が多くなる中で，社会教育と学校教育との関わりは，それぞれの自治体・教育委員会が縦割り行政の弊害を解消する努

力をしない限り，堅固なものにはならないだろう。

３．コミュニティ・スクールが創り出す「学校の福祉的役割」の可能性と課題

⑴　今日，求められる教育と福祉の関わりと学校

　教育と福祉の関わりについては，さまざまに論じられている。

　教育財政の視点から白石（2000）は，就学援助などの「教育のなかの福祉」と教育扶助などの「福祉のなかの教育」に区分し，末冨（2016）は，子どもの「多元的貧困」の視点から「教育の外の福祉サービスとのつながり，教育の中の福祉課題の改善」の必要性を指摘している。教育政策の私事化の視点から教育の福祉国家論を検証した高橋（2015）が述べるように，かつて教育と福祉の関係について，「教育への国家介入」として批判されたこともあったが，今日では，格差社会が進む中で手厚い財政支援や人材確保が求められている。学校では，総合的な学習の時間などにおいて福祉教育が進められているが，増田（2022）が指摘するように，今日の学校における福祉教育の貧困を懸念する声もある。

　勝野（2019）は，イギリスやアメリカにおける「包括的なサービスを提供するコミュニティ・スクール」を子どもたちの困難・不利益を直視し，政府による支援と民間との連携・協力のもとで社会的排除を抑制またはおしとどめ，社会的包括をめざす学校として紹介している。

　ちなみに，イギリスは，いろいろな政策の変遷があっても，社会福祉保障と教育に予算を厚くしてきた国である。例えば，2019年度予算では，社会保障費が全体の30.4%，教育費が12.2%を占めたのに対して，日本は社会保障費が全体の34.2%，教育費が5.4%であった。社会保障費の割合はそれほど変わらないように見えるが，日本では急激な高齢化に対する対応で社会保障費が急増しているのが現実である。小松（2000）が指摘するように，イギリスの公教育は，「ボランタリズムの流れの中で，庶民の子弟の教育を次第に公的に保障するという歴史的プロセスをたどったのであり」，学校における教育は，元々，子どものための福祉として位置づけられていたことを忘れ

てはならない。

　日本において，改正子ども・子育て支援法のもとで2019年10月から「社会保障を全世代型に転換するための重要な一歩」（安倍晋三首相）としてやっと幼児教育・保育の無償化がなされようとしている。しかし，「異次元の少子化対策」（岸田文雄首相，2023年1月）との関わりについて見通せないこともあって，実際に子どものウェルビーイングの向上に結び付く条件整備が可能なのか懸念されている。

　2013年6月に成立した「子どもの貧困対策の推進に関する法律」のもと，政府が定めた「子供の貧困対策に関する大綱」（2014年8月29日閣議決定）では，学校を「子供の貧困対策のプラットフォーム」として位置づけ，教育費の負担軽減を図るとしている。「プラットフォーム」とは学校を中心に貧困対策を考えるという志向性を持った政策であり，すべての子どもを排除しない教育が求められる。しかし，TALISの調査などで，他の国に比べて日本の教員が圧倒的に長時間勤務をしていると明らかにされた事実を踏まえ，学校・教（職）員にできる役割について限界設定をすることも求められている。

⑵　コミュニティ・スクールが創り出す「学校の福祉的役割」の可能性と課題

　足立区五反野小学校理事会の設立に深くかかわってきた小島弘道（2007）は，学校運営協議会を「新しいガバナンス」と呼び，企業経営におけるステイクホルダーになぞらえながら，「保護者・住民，そして子どもを学校の当事者としてステイクホルダーの一角，いや中核におき，ここに学校関係者等を加え，ここで学校の意思形成や決定を行っていこうとするものである」と捉えている。ステイクホルダーという視点から学校のあり方を考える原点は，学校は誰のためのものか改めて問い直すことにあり，「新しい公共性」の創出と密接に関わっている。

　コミュニティ・スクールとは，文科省が手引き等で定義するように，「学校運営協議会を置く学校であり，学校運営協議会とは，法律に基づき教育委員会より任命された学校運営協議会委員が，一定の権限と責任を持って，学

校の運営とそのために必要な支援について協議する合議制の機関」とすれば，学校，保護者，地域住民等がそれぞれ当事者意識をもって合議すること，そして，合議することでさらなる当事者意識をもって「子どものウェルビーイング」を図ることが求められる。その点，「新しい公共性」とは，合議への参加度に密接に関わっているように思われるが，合議において，家庭・地域の意見を吸い上げ，連携・協働を図る際に重要な要素であるそれぞれの当事者の主体的な意見を踏まえた「多様性」がどこまで生かされているのか問われよう。

　例えば，地域福祉においては，地域福祉計画を立てること以上に地域福祉計画をどのように具現化するかも問われてきた。学校運営協議会において，社会福祉士やスクールソーシャルワーカーを委員や委員長として任命することで，地域福祉の視点を生かして地域や家庭の環境改善を図る取組がこれまで以上に求められてもよい。

　柏木（2017）は，子どもの貧困問題にアプローチするために，「一人ひとりの子どもをケアする学校文化の創造が必要であり」，「ケアする学校では，教員を中心に，福祉・行政関係者，地域住民，NPO等との協働による活動が求められる」と指摘している。1998年答申において，学校と家庭・地域との連携の制度化の前提として示唆された「学校が地域の教育機関として，地域住民や保護者の信頼を確保」するためには，これまでの学校中心の教育責任の取り方について問い直す必要がある。

　コミュニティ・スクールのように，ある意味で国主導の改革の延長線上に位置づけられる改革においては，学校・教師が当事者意識をもってその文脈にある学校の主体性・自律性や協働性を受け入れられるのかが問われる。これまでの「小さな政府」への国の改革動向と重ねてみれば，学校と家庭・地域の連携を求めるという提言は改革の主体を不明確にし，家庭や地域の教育力低下という現実の中で児童生徒に対する教育責任の放棄につながる恐れもある。子どもの貧困問題などにアプローチするために，連携・協働が求められているからこそ，個別学校の教育責任が問われているという現実に目を向けなければならない。コミュニティ・スクールは家庭・地域と連携すること

で学校の教育責任を果たすという文脈で初めてその設置意義が認められるのであり，その意味で学校・教師の意識改革も含めたガバナンス改革は必須条件となる。

ただし，コミュニティ・スクール導入の現状を踏まえると，現時点で大切なことは，学校が負担感をもたず，家庭や地域に潜在的に存在する学校教育への正当な要求を発掘し，個々の学校の教育課程に効果的に生かすことができるか。そのために，学校，家庭，地域それぞれの「主体性」や「多様性」を生かすための「協働」のキイパーソンである「地域コーディネーター」をいかに養成するか。学校教育と家庭・地域の教育双方のベクトルを調整する「学校運営協議会」が機能するように，それらをマネジメントし，個々の学校をサポートする市町村教育委員会の機能をいかに発揮させ，地域に立脚した本来の地域教育経営を確立するかが問われている。

[キーワード]

ウェルビーイング（Wellbeing），学校の福祉的役割（Welfare Role of Schools），コミュニティ・スクール（Community Schools），当事者性（Person Concerned Sense），地域教育経営（Regional Education Management）

〈注〉答申では，「ウェルビーイングとは身体的・精神的・社会的に良い状態にあることをいい，初期的な幸福のみならず，生きがいや人生の意義など将来にわたる持続的な幸福を含むものである。また，個人のみならず，個人を取り巻く場や地域，社会が持続的に良い状態であることを含む包括的な概念である。」と定義している。

〈引用文献・参考文献〉

・新井郁男（1984）『学校教育と地域社会』ぎょうせい，163頁
・小島弘道（2007）「自律的学校経営の構造」小島弘道編『時代の転換と学校経営改革―学校ガバナンスとマネジメント―』学文社，58頁
・柏木智子（2017）「子どもの貧困・不利・困難の実態と理論的背景」柏木智子・

仲田康一編著『子どもの貧困・不利・困難を超える学校―行政・地域と学校がつながって実現する子ども支援―』学事出版，18〜19頁

・勝野正章（2019）「学校は『子供の貧困対策のプラットフォーム』になりうるか」『日本教育政策学会年報』第26号，学事出版，100〜108頁

・北神正行（2009）「『地域教育経営』論の再検討課題と教育経営学」『日本教育経営学会紀要』第51号，第一法規，32頁

・小松郁夫（2000）「イギリス　教育改革の新たな展開」黒沢惟昭・佐久間孝正編『世界の教育改革の思想と現状』理想社，40頁

・ジャック・コリノー（1997）『不思議の国の学校教育―外から見た日本の学校教育―』第一法規，22〜23頁

・志々田まなみ（2021）「序章　地域学校協働の定義とその課題」熊谷愼之輔・志々田まなみ・佐々木保孝・天野かおり『地域学校協働のデザインとマネジメント―コミュニティ・スクールと地域学校協働本部による学びあい・育ちあい―』学文社，5頁

・白石裕（2000）『分権・生涯学習時代の教育財政―価値相対主義を超えた教育資源配分システム―』京都大学学術出版会

・末冨芳（2016）「教育と子どもの貧困―『多元的貧困』の改善のための子どもの政策共同体へ―」『季刊　教育法』第190号，エイデル研究所，8〜17頁

・末冨芳（2020）「教育格差と子どもの貧困をどうする？」『季刊　教育法』第206号，エイデル研究所，46〜51頁

・高橋哲（2015）「現代教育政策の公共性分析―教育における福祉国家論の再考―」日本教育学会『教育学研究』第82巻第4号，13〜23頁

・仲田康一（2023）「学校経営の自律性と学校運営協議会―20年の展開をどう捉えるか―」日本教育経営学会編『日本教育経営学会紀要』第65号，第一法規

・堀井啓幸（2002）「学校経営制度の改革」日本教育制度学会編『教育改革への提言集』東信堂，188〜198頁

・増田京子（2022）「地域福祉教育の現状と課題―地域と福祉分野との連係の視点から―」日本教育制度学会編『教育制度学研究』第29号，東信堂，168〜173頁

第2部

自由研究論文

1. 奈良女子高等師範学校附属小学校の合科主義地理教育カリキュラム論
　　——鶴居滋一の理論と実践を事例にして

2. 学級通信が保護者の学校関与に及ぼす影響
　　——公立小学校における質問紙調査の統計的分析

奈良女子高等師範学校附属小学校の
合科主義地理教育カリキュラム論
―鶴居滋一の理論と実践を事例にして―

兵庫教育大学　福田　喜彦

1．問題の所在

　本稿の目的は，奈良女子高等師範学校附属小学校の鶴居滋一を事例に低学年の合科的な地理学習と高学年の地理科での地理学習への接続との関係性を明らかにすることである。

　周知のように，戦後の奈良女子高等師範学校附属小学校（以下，「奈良女高師附小」と略記する）には初期社会科の『学習指導要領』を完成させた重松鷹泰が主事として赴任した。重松は，「合科」と「学習法」の伝統を継承しながらも，同校のカリキュラムとして「けいこ」「しごと」「なかよし」の3つの教科横断的なカリキュラムを設定し，今日に至っている。重松が主導したいわゆるこの「奈良プラン」は戦後初期社会科のカリキュラムの一つとして社会科教育研究でこれまで高く評価されている。しかし，重松はなぜ「社会科」ではなく，こうした独自のカリキュラムを同校で開発したのであろうか。その疑問を解くひとつの鍵として戦前から同校が木下竹次を中心に取り組んできた「合科」と「学習法」の実践にその端緒を求めることができる。これまで社会科前史としての戦前期の初等社会科教育実践史においては，東京高等師範学校附属小学校の「郷土科」や東京女子高等師範学校附属小学校の「社会科」など特設科目として設置されたカリキュラムが主な分析対象となってきた。こうした特設教科としてのカリキュラム研究においては新設された教科の特質を解明することに重点が置かれている。それに対して，伊藤が生活科と社会科との接続・発展を図る授業づくりに関わる従来の優れた

研究や実践に学び，授業開発に生かしていくことに論及した[1]ように，「未分科」から「分科」へとつながる子どもの発達段階の連続性を踏まえた学習の発展をカリキュラムの視点で歴史的に分析する必要もあろう[2]。

　奈良女高師附小の鶴居の従来の先行研究を整理すると，合科や学習法に着目したアプローチ[3]と教科の視点からアプローチ[4]した研究に大きくわけることができる。前者の研究では，遠座によるプロジェクト・メソッドに焦点を当てた研究が代表的なものであろう。遠座は，合科学習におけるプロジェクト・メソッドの導入によって，鶴居がどのように「学習訓練」や「題材選択」にみる学習観を形成したのかを考察し，「生活」概念の解釈をもとに鶴居の合科学習の意義を明らかにしている[5]。それに対して，後者の研究では永田が鶴居の地理学習の特質に焦点を当てている。永田は，地理研究の手法を取り入れた合科地理学習が社会認識的な色彩の強い独自の地理カリキュラムを誕生させた点に鶴居の地理学習としての意義を見出している[6]。こうした先行研究での鶴居の分析を踏まえると，近年，環境整理に対する認識の変容過程に着目しながら，鶴居の指導観がどのように転換したのかを望月も考察しているように，単なる合科教育や学習法の授業実践者[7]という側面だけではなく，授業実践を試行錯誤することによって，独自のカリキュラムを生み出していった「カリキュラムメーカー」としての教師の可能性も展望することができるのではないだろうか。そこで，本稿では，新井が定義した翻案・授業・省察において積極的な活動である教材研究を翻案過程に加え，効果的な省察を行う新しい教師像である「カリキュラムメーカー」としての教師の歴史的存在に着目した[8]。社会科前史における「カリキュラムメーカー」としての教師のモデルである鶴居の理論と実践は戦前と戦後の合科主義とカリキュラムをつなぐ具体的事例を提供するものである。国定教科書や教授要目によって国家が求める教育を体現することを今日よりも強く求められた時代に独自のカリキュラムを生み出すことができた奈良女高師附小の置かれた成立期の歴史的環境を松本は分析しているが[9]，鶴居はどのような学習を児童と追求していたのであろうか。特に，奈良女高師附小の低・中学年には存在していなかった「地理」を合科的な視点から再編した鶴居はこうした

「カリキュラムメーカー」としての教師の有り様を考察するのに適した分析対象である。では，奈良女高師附小の低学年から出発した合科学習を段階的に研究する中で鶴居は高学年の地理学習へとつながるカリキュラム開発へとどのように歩んだのかみてみよう。

2．鶴居滋一の地理教育のカリキュラムと学習内容の編成

(1) 鶴居のカリキュラム観と「地理」の内容編成の原理

　鶴居はなぜ，低・中学年における「地理」に注目して，低学年にはなかった「地理」のカリキュラムの内容を編成したのであろうか。鶴居は，人が自然と社会との環境に順応したり，自然と社会との環境を創造したりして，自己や自己の所属する社会・国家・人類を発展させることが「生きる」ことであると捉えていた。そのため，鶴居にとっては，「生きる」ということが「生活」と同じ意味をもつものであった。さらに，「生活」は，精神的・物質的な観点に分けることができるが「生きる」ということのどのような点に中心目標を置くかによって，道徳的・科学的・芸術的・宗教的・政治的・経済的など様々な「生活」が生じると鶴居は考えていた(10)。鶴居は，「教科課程といふものは單なる材料の配當ではない」(11)と述べ，「地理」カリキュラムをどのように編成すればよいのかを構想していた。こうした鶴居のカリキュラム観の基底にあったのが「生活」という概念であった。

　鶴居にとって，人生の生活の根本につながる環境としての地人の相互関係を学習することが，小学校での「地理」においての学びの対象となるものであった。鶴居は，あらゆる生活の各部面を通して，人と土地とが交渉する点を理解させることによってのみ，「地理」の目標が達成できると考えていた。しかし，地理の時間に地理教科書と地理書附図を指導するだけでは，この目標を達成することはできないと鶴居はいう。そのためまず，鶴居は，①児童の現在生活を満足させながら，無理なく不自然なく次第に土地（自然）と人（社会）とを交渉する理法を会得させること，②尋常科5年以上の地理学習の準備となるように指導することの2点を低学年での「地理」学習のねらいに定めていた(12)。その次に，鶴居は，尋常科4年までの地理教育の題材は児

童が最も多く疑問を起こしやすいという心理的事実をもとに自然地理的なものと人文地理的なもの２つの題材に着目していた。

　例えば，尋常科の１年や２年の児童の生活環境として最も多くの親しみの感情を抱くのが，生後以来自己を育んで来てくれた家庭という環境と新しく自己の前に展開されてきた学校である。そこで，鶴居による１年生の春季の地理的指導では，遠足が愉快なことを感得させるとともに，遠足地の方位・道順・見学の場所・距離などを学習させ，秋季には時刻・時間・旅費などの計算に関するものをカリキュラムに取り入れている。一方，２年生の春季には，方位・距離の測定・交通機関の利用などをカリキュラムに加え，秋季には見学の場所・道順などの略図の描写を行うように指導している。そして，尋常科の３年や４年になると心身の発達に伴って生活環境が拡張され，家庭や学校以外に郷土という社会との交渉も多くなるため国家や人類という広範なものも環境として認識できるようになると鶴居は考えていた。このように鶴居の低・中学年での「地理」カリキュラムでは，児童の身近な生活環境を学習の題材にすることで高学年での「地理」の学習に無理なく接続できるようカリキュラムの内容を合科的に編成する視点を意図的に組み込んでいたのである。

⑵　鶴居の「合科学習」の題材選択の視点と児童の指導方法

　合科主義地理教育において，児童の「興味」を重視しながらも，独自学習と相互学習を進めることは困難さをともなうものであった[13]。なぜなら，ただ単に児童の「興味」に随うだけでは「学習」は成立せず，「未分科」の視点を児童の学習環境に組み込むには教師に深い学問的基盤が求められたからである。そこで，鶴居は「地理」を軸に合科的な視点でカリキュラムを編成するために，学習環境を次のような手順で再構成している[14]。

　まず，児童から惹起する「興味」をもとに鶴居は，低学年から中学年の「地理」カリキュラムのスコープとして，「Ａ　家庭生活から出てゐる題材」「Ｂ　學校生活から出てゐる題材」「Ｃ　社會生活から出てゐる題材」「Ｄ　自然現象及び自然事象から出てゐる題材」「Ｅ　社會現象及び社會事象から出てゐる題材」「Ｆ　郷土の地理から出てゐる題材」「Ｇ　郷土の歴史から出

てゐる題材」「H 風俗習慣から出てゐる題材」「I 偶發事項から出てゐる題材」「J 童話傳説から出てゐる題材」「K 讀本教材から出てゐる題材」「L 一般讀物から出てゐる題材」の12個の題材を選定している。次に，鶴居は12個のスコープを研究対象としていた尋常科1年生から3年生までの「修身」「国語」「算術」などの教科と組み合わせてシークエンスを設定した。鶴居の「地理」カリキュラムは児童の多様な「興味」に合わせて独自学習と相互学習を進めることができるよう構想されていた[15]。

しかし，低・中学年の児童の「未分科」的な生活を合科学習へと結びつけるためには独自学習の質をどのように高めて相互学習に取り組ませるのかが重要な点であった。そこで鶴居は独自学習が児童の「興味」に基づくことで内容に偏りが出ないようにカリキュラムのどこに児童の「興味」が位置づくのかを見通して独自学習と相互学習を構成している。

だが，鶴居の初期の合科学習は尋常科1年生から3年生までを対象としており，4年生の合科学習の位置づけは十分なものではなく，そのため，鶴居の実践は必ずしもうまくいったわけではなかった[16]。では，低学年から中学年までの合科学習を高学年の分科学習に架橋するために鶴居は「地理」を軸に児童の学びをどう接続しようとしたのだろうか。

3．鶴居滋一の地理教育のカリキュラムと「低学年」 での合科学習の実践プラン

⑴ 低学年での「地理」カリキュラムと学習内容
①尋常科1年での「地理」カリキュラムと学習内容の構成

では，鶴居は低学年での「地理」をどのように学習すべきだと考えていたのであろうか。【資料1】は，鶴居の「地理」カリキュラムの全体像を示したものである。鶴居の尋常科1年生の「地理」カリキュラムでは，「家庭生活」が2個，「学校生活」が3個，「社会・国家生活」が7個，「自然生活」が13個の総計25個の単元で構成されている。尋常科1年生の単元全体の学習内容の構成をみてみると，「春」「夏」「秋」「冬」といった季節に関するもの，「雨降り」「虹」といった自然現象に関するものなど「自然生活」の単元

【資料1　鶴居の尋常科4年生までの［地理］カリキュラムと学習とのつながり】

題目・類型	自然生活	社会・国家生活	学校生活	家庭生活
尋一の材料	1春　4雨降り　5摘み草　8山上り　9箱庭　11夏　13虹　14夕立　17十五や　18秋　23冬　24雪の日　25春の彼岸	3汽車・電車　10牛と馬　12すきな食べ物　15私の着物　16お寺お宮　20取入れ　21年の暮れ	6私の學校　7春の遠足　19秋の遠足	2うちの人　22お正月
尋二の材料	1今は　4四方　8つばめとがん　11梅雨　12水のたび　13夏の日　14海　15風　17秋の野山　22冬の空	5停車場　7鹽　9乗り物　16手紙とはがき　18私の服　19虫干し　25電氣とガス	3天長節　6春の遠足　10私の學校　20私の學校	2私のうち
尋三の材料	12梅雨　13夏至　14七夕様　15かみなり　16雲　17二百十日　18秋の彼岸　19夕焼　20露と霜　23火山と温泉　24地震　25水の力　26冬至　27昼と夜	1祝日・祭日　2大日本　3日本一のもの　5私どもの村（町）　6食べ物飲み物　7着物　8看板　9分業　10市場	4春の遠足　21明治節　21秋の遠足　22私の學校　26紀元節	11私の家
尋四の材料	1お日様とお月様　2四季　3天氣豫報　4海と陸　5海の生物　6陸の産物　23世界　24地圖	7工業と商業　8通信と交通　9選挙　10租税　13私どもの村（町・市）　14私どもの縣（府）　15お隣　16六大都市　17日本　18大連と旅順　19我が南洋諸島　20ハワイとブラジル　21支那とアメリカ　22五大國	12私の學校	11私の家

鶴居滋一「尋四迄の地理教育」東洋図書、1931年、454-485頁より筆者作成

が最も多く配列されている。そして，「自然生活」の単元を軸に，「うちの人」「お正月」といった「家庭生活」や「私の学校」「春の遠足」「秋の遠足」といった「学校生活」に関するものが季節や行事の進行に合わせて配列されている。それに対して，「社会・国家生活」の単元では，「汽車・電車」「牛と馬」「すきな食べ物」「私の着物」「お寺お宮」「取入れ」「年の暮れ」といった学習内容が設定されている。鶴居の尋常科1年生の「地理」カリキュラムの特徴は，「学校生活」のスコープをもとにして，「春の遠足」と「秋の遠足」の二つの学習内容が構成されている点である。例えば，「春の遠足」においては，遠足地と学校との「方位」「道順」「距離」「見学場所」などが学習事項となっているが，「春の遠足」までに学ぶ学習内容が関連づけられている。特に，「電車・汽車」の学習内容では，「1　郷土に通ずる汽車や電車を利用する場合」「2　これ等の交通機關を利用せる經驗」「3　これ等の交通機關の起點，終點及び沿線の名所等」の3つの観点が示され，「春の遠足」の学習と結びつけられている。また，合科的な視点としては，国語との連携を図るものとなっている。さらに，「秋の遠足」においては，国語・修身・算術・図画へと合科的な視点が広がり，シークエンスに配慮したカリキュラムとなっていることがわかる。

②尋常科2年での「地理」カリキュラムと学習内容の構成

　鶴居の尋常科2年生の「地理」カリキュラムでは，「家庭生活」が1個，「学校生活」が6個，「社会・国家生活」が8個，「自然生活」が11個の総計26個の単元で構成されている。尋常科2年生の単元全体の学習内容の構成をみてみると，「梅雨」「水のたび」といった自然現象に関するもの，「夏の日」「海」「風」といった気候や地形に関するものなどの「自然生活」に関する単元も多いが，「天長節」「明治節」「紀元節」といった「学校生活」に関するもの，「停車場」「乗り物」といった交通手段に関するものなどの「社会・国家生活」が増えている。鶴居の尋常科2年生の「地理」カリキュラムの特徴は，1年生のカリキュラムと比較してみると，1年生で学んだ「電車・汽車」の学習内容と2年生での「停車場」「乗り物」の学習内容が継続的に配列されている点である。例えば，「停車場」では，「1　停車場の内部

－待合室・出札口・改札口・プラットホーム・ブリッヂ・ポイント・シグナル・吸上げポンプ・轉車臺・機關庫－等について」「2　交通機關としての汽車の種類（客車・貸車・混合車等）」「3　速度の上より列車の種類（普通列車・急行列車・特急列車・超特急列車等）」の3つの学習内容が示され，「此の停車場に發着する汽車が何處を起點終點とするか」「沿線には如何なる名所があるか」といった尋常科1年のときの学習内容の問いが共有されている。また，合科的な視点では，図画・手工・修身・算術・国語などと連携させたカリキュラムとなっている。一方，「乗り物」では，汽車・電車・汽船・自動車・馬車・人力車・飛行機といった交通機関としての乗り物の種類に着目させて，「乗り物の種類と数量とによつて土地の状況の大體が窺はれる」といった乗り物と地域の関係を捉えさせる視点で児童の「興味」を惹起する学習内容が構成されている。

⑵　低学年での「地理」カリキュラムと授業実践プラン

　例えば，「ハコニハ」の単元では国語読本にある「ハコニハ」に関する挿絵から合科学習に入るのではなく，粘土や木箱などがたくさん準備された校庭の一隅にある砂場という学習環境から児童の興味関心を引き出している。鶴居は，児童の空間的な認識が広がるよう児童が思い思いのイメージで製作した箱庭を注意深く観察しながら学習を進めている。

　特に，鶴居が「ハコニハ」の学習で地理的要素として重視していたのが箱庭を描写するときにどのように平面図や側面図におこすのかという点であった。鶴居は，これらを「地理」の学習の要と捉えて，「ここで尺の目盛，測り方等の練習をやらせたところが，彼等は前には全く形態だけの描寫で満足してゐたものが，今度は實物の綿密な實測にはいつてそれを描かうとしたものであるから，ノートの紙面が狭くて描けなくなつた」[17]と述べている。

　鶴居は，単に砂場で児童が好きなものを製作するだけでなく，そこから児童が製作したものを地理的な視点から捉えさせるために，自然的地形や社会的事物の位置や場所を箱庭から立体的に考えさせている。そして，立体的な箱庭を平面的に描写する方法として「縮尺」の必要性を児童に生起させている。鶴居は，児童が生活の中で視覚的に認識しているものを箱庭で表現し，

合科的に結びつけることで地理的な合科学習を実践したのである。

４．鶴居滋一の地理教育のカリキュラムと「中学年」での合科学習の実践プラン

⑴　中学年での「地理」カリキュラムと学習内容
①尋常科３年での「地理」カリキュラムと学習内容の構成

　鶴居の尋常科３年生の「地理」カリキュラムでは，「家庭生活」が１個，「学校生活」が３個，「社会・国家生活」が９個，「自然生活」が14個の総計27個の単元で構成されている。尋常科３年生の単元全体の学習内容の構成をみてみると，「大日本」「日本一のもの」「私どもの村」といった地理的範囲や特徴的な地形に関するもの，「分業」「市場」といった労働や商業に関するものなど「社会・国家生活」の単元に空間的な広がりをみることができる。また，「自然生活」では，「夕焼け」「露と霜」「火山と温泉」「地震」といった自然現象の変化に関するもの，「家庭生活」では，「私の家」で家の職業や生活施設に関するものを配列したものとなっている。鶴居の尋常科３年生の「地理」カリキュラムの特徴は，低学年のカリキュラムと比較してみると，「春の遠足」「秋の遠足」を年間の学習計画に組み込んでいることに共通点がみられるが，「１　田舎より都會に出る時は，都會の文化的施設・交通機關・建築物・産業特に商工業並に其の都會の位置・地形・發達原因等に着眼させる」「２　都會より田舎に行く時は，山川・平野の布置・聚楽の状態，産業特に農業・牧畜・林業・漁業・鑛業等に注意せしめる」「３　山地より海岸に出る時は，海の景色・海水・海岸地形，港湾の有様・船舶の出入・漁場・鹽田・水産工場等を見學させる」「４　海岸より山地へ行く時は，山・谷・川・瀧・池・森林（自然林・植林）・伐木・運材・製材・地層・採鐵・精練等を學習せしめる」といったように，空間を移動する際に着眼させる地理的な視点が明確に示されている点である。また，鶴居が，低学年で学んだ学習内容を地理的学習に段階的に向上させていくカリキュラムを企図し，合科的な視点も国語・算術・図画・唱歌などより複数教科に跨がる視点を提示していたことがみてとれる。

②尋常科４年での「地理」カリキュラムと学習内容の構成

　鶴居の尋常科４年生の「地理」カリキュラムでは，「家庭生活」が１個，「学校生活」が１個，「社会・国家生活」が14個，「自然生活」が８個の総計24個の単元で構成されている。「工業と商業」「通信と交通」「選挙」「租税」といった社会制度に関するもの，「私どもの村（市・町）」「私どもの県」「六大都市」「日本」といったコミュニティに関するものといった「社会・国家生活」の単元が３年生よりも精緻化されたものになっている。鶴居の尋常科４年生の「地理」カリキュラムの特徴は，３年生のカリキュラムと比較してみると，空間的にも「大連と旅順」「我が南洋諸島」「ハワイとブラジル」「支那とアメリカ」「五大国」といったように世界へと拡大している点である。例えば，「五大国」では，「１　世界に於ける五大國の位置」「２　海運國としてのイギリスと首府ロンドンの繁盛」「３　我が國とイギリスとの關係及び類似點」「４　産業國としてのアメリカと首府ワシントンの概況」「５　美術工藝國としてのフランスと首府パリーの壮麗」「６　養蠶國としてのイタリヤと首府ローマの有様」などの国際的な発展を遂げている国々に関する学習内容が提示され，当時の世界情勢を把握できるようなカリキュラムとなっている。一方，「世界」といった「自然生活」の単元でも，「１　我が國と關係の深い諸國を中心に世界のアウトラインをつくらせる」「２　兒童の心邊を圍繞せるものの中には世界的の關係をもつものが多い。此の點から國際的親善の必要を知らせ，人類協調の精神に培はしめる。此の點から人種問題に觸れさせてもよい」といった視点が学習内容に示され，日本と世界の主要国との関係を地理的な視点で捉えさせようとするカリキュラムで構成されていたのである。

⑵　中学年での「地理」カリキュラムと授業実践プラン

　例えば，「私どもの町」の単元は，「奈良と佐保」「奈良市と奈良県」，春秋の二季四回の遠足，「西の京」「木津」「笠置」「法隆寺・龍田」といった郷土地理を学び，３年生の終わりには，「日本」の単元で総括的にわが国の位置・成立・面積・人口・地勢・気候・産業・交通などを学習する授業実践のプランとして構想されている。鶴居は，低学年の合科学習の研究をもとに

「地理」カリキュラムを学年の進行とともに体系化していったために，3・4年でカリキュラムに位置づけている単元も低学年段階から実践を始めていた。前述した「ハコニハ」の単元での「縮尺」の学びもすぐに定着したのではなく，児童が活用できるようになるには時間がかかるものであった。その点を鶴居は，「其の中略圖描寫の練習をはじめたのは尋常一年の「私どもの町」からであつたが，それが全體的に行き渡つたのは第二年第一學期第六週の木津方面遠足のときからであつた」と述べている[18]。

　しかし，この模型地図の最初の製作もこの時には全く失敗に終ってしまった。鶴居は，3年生の3学期の第4・5週目に実践した「奈良市と奈良県」の学習に至って，ようやく奈良市だけのものが成功したのであったと振り返っている。こうした実践の試行錯誤を繰り返しながら，合科的な視点で「地理」カリキュラムを鶴居は構築していった。このように鶴居は実践を積み重ねながら，尋常科1年生から4年生までの合科学習と5・6年生の分科学習をどのように接続するかを地理的な視点から体系化しようとしていたのである。

5．鶴居の「地理」カリキュラムによる高学年での「合科学習」と「地理学習」の接続

⑴　「合科」の視点を踏まえた導入期の地理科の学習目的への接続

　これまで考察した低学年・中学年での「地理」カリキュラムを踏まえ，高学年の地理学習の導入期を二つの学習を結ぶ重要な時期と鶴居は捉えていた。鶴居は尋常科第5学年の導入期の地理科の児童の学習の進め方について，教科書の学習内容そのままで学ぶか，郷土の視点から学ぶかを課題と認識していた。しかし，5年生の児童がこれまで経験したことのない地域を教科書通りに学ぶのは困難であると鶴居は考えていた。そのため，「想像」や「類推」を慎重に学習に取り入れた地理学習をしなければ価値が少ないものになると述べている[19]。また，教科書を使って地理を学習する児童が地図や参考資料を有効に活用できていないことも問題だと捉えていた。特に，鶴居は単なる国語的読解学習に陥ることに留意していた。そこで，鶴居は教科書に記

載されている区域・地勢・気候・産業・交通・都邑といった区分毎に学習を順序よく進めていくのではなく，地図を読むことから地理の学習を始め，フィールドワークの学習も取り入れながら「想像」「類推」させて，最後に教科書で確認するような地理学習を考えていた。そうすることで，鶴居は導入期の地理学習においても「独自学習」と「相互学習」の学びを取り入れた地理学習を試みたのである。さらに，鶴居は教師が問題を与えて独自学習を行わせるのも一つの方法であるとしながらも地図をよく読まなければ有機的関係の考察を促すことができないと考えていた。そこで，教師が児童自ら学ぶ機会を捉えながら必要に応じた地理の指導を行うことで児童の導入期の地理学習が本質を踏まえた学習となるようカリキュラムを構想したのである。

⑵ 「合科」の視点を踏まえた導入期の地理科の学習内容への接続

　続いて，鶴居は導入期の地理学習で学ぶ内容を地理科の目的に合わせて，郷土・社会・国家・世界の視点から地理的環境を学び，地理生活を通して国民的人格の発展を図ることをねらいに定めていた。それによって，鶴居は生活常識や社会的識見を子どもが身につけることができると考えていた。鶴居は地理学習において，実験や実測を重んじたり，描写を奨励して読図力を養ったり，推理・思考・想像等の能力を高めて，地理的能力の涵養を図ろうとしたりすることも地理学習の目的を達成するためであると考えていた[20]。そのため，教師による教科課程の研究を重視したのである。鶴居は導入期の地理学習が充実した学習となるためには，低学年・中学年での地理的な学習をカリキュラムの視点から関連性を捉えることが必要であると考えていた。特に，鶴居は低学年・中学年で地理的な学習を始める前に，知識や系統の視点からの関連性を図ることを重視していた。そこで，鶴居は低学年から中学年で取り組んできた「合科」を高学年での地理と結びつけたのである。また，鶴居は尋常科第４学年までに「合科」の視点から郷土の自然や人文の地理的環境や地図の読み方を学習することが必要であると考え，「未分科」から「分科」へと至る学習の視点を導入期の地理学習にも取り入れている。このように，鶴居は導入期の地理学習において教科書の最初にある学習内容を学ぶためには，低学年や中学年での児童の学習段階との隔たりがあるため，高

学年での組織的・系統的な地理学習に入るためには連続性の観点からその基礎を郷土地理の学習において有機的に学ぶことが必要だと考えたのである。

(3) **低学年の合科的な地理学習と高学年の地理科での地理学習への接続との関係性**

では，鶴居は低・中学年と高学年の地理学習をどのように結びつけようとしていたのであろうか。【資料２】は「合科」の観点から高学年での地理的要素を抽出して，地理科での学習とどのように連続性をもたせて学習していくかを鶴居がまとめたものである。まず鶴居は，自然生活，社会・国家生活，学校生活，家庭生活などの低学年から中学年へとつながる合科的な学習の視点と高学年での地理的要素を関連づけている。それによって，低学年から中学年までの合科的な学びをもとにして，高学年の地理科においては生活の常識と社会への識見を身につけることを初等教育段階の地理の独自の目的と捉えていた。次に，鶴居は低学年から中学年までの「合科」の視点を生かして，高学年では地理教育だけでなく，歴史教育とも関連を持たせた地理学習を構想していた。そうすることで鶴居は地人相関の事実から国勢を理解し，現在の社会を正しく読む眼を開かせる学習になると考えたのである。このように鶴居は地理学習の潜在的目的と顕在的目的を社会を読む眼という目的とつな

【資料２　低学年と高学年の地理学習への接続との関係性】

イ	我が國の地表上に於ける自然的位置（巻七，世界）
ロ	我が國の世界に於ける國勢的地位（巻七，世界）
ハ	我が國と最も關係深き諸外國（巻八，揚子江，同，アメリカだより）
二	我が國の山系（巻三，ふじ，巻六，日本の高山）
ホ	河川と人生（巻六，賀茂川）
ヘ	我が國の良港（巻七，横濱）
ト	我が國の都邑（巻五，東京停車場・東京，巻六，賀茂河・京都，同，伊勢神宮・宇治山田，巻七，横濱，同，大阪，巻八，名古屋市）
チ	我が國の陸上交通（巻五，東京停車場）
リ	我が國の海上交通（巻七，横濱）
ヌ	我が國の名所（巻五，日本三景）
ル	我が國民の義務（巻八，税）

鶴居滋一「地理生活の発展的指導内容」『學習研究』第8巻11号，目黒書店，1929年，245頁より筆者作成

げることで達成しようとしたのである。

6. 成果と課題

　本稿では，奈良女高師附小の鶴居の合科主義地理教育カリキュラム論を低学年と高学年の地理学習の接続との関係性から考察してきた。本稿で明らかにしたのは次の4点である。

　第一に，合科学習に基づく低学年での地理教育のカリキュラムが鶴居によって「家庭生活」「学校生活」「社会・国家生活」「自然生活」の視点から体系化されたことである。当時の国定のカリキュラムにおいては，尋常科の5年生と6年生にしか地理科は設定されていなかった。鶴居はこうした地理教育のカリキュラムに疑問を呈し，どのようにすれば低学年から高学年の地理教育を連続的に児童が学ぶことができるのかを模索していた。そのため，児童の環境と生活をもとに学校や地域を題材にした低学年の合科学習の成果を生かしたカリキュラムを創出した。しかし，鶴居は，単に国定教科書の内容から離れた独自のカリキュラムを主張するのではなく，国定教科書も踏まえながら地理的な要素を抽出し，合科の特質を生かしたカリキュラムを『尋四迄の地理教育』において開発したのである。

　第二に，低学年の担任として鶴居が「合科教育」と「学習法」に取り組むことで合科主義地理教育に関する理論が構想されたことである。鶴居は，低学年での合科学習の原理を『学習研究』を通じて継続的に発表し，その研究成果を『合科学習の実施と其の一般化の研究』にまとめた。鶴居は「合科」という概念を「分科」に対比させたものと捉えるのではなく，「未分科」といった低・中学年児童の特質を踏まえた学習によって成り立つものと捉えていた。しかし，児童の学習したい題材がどのようにすれば奈良女高師附小での学びとなるのか苦心の連続であった。そこで，こうした児童の自然的な生活をなるべくそのまま導入して教育することで児童の生活と学習とを段階的に結びつけようとしたのである。そのため，児童が選択する学習の題材と国定教科書の内容とを検討しながら12のタイプに類型化し，低学年の合科学習のカリキュラム・プランに整理した。それによって，学習の環境と児童の

生活を各教科での学びへとつながるように意図的に再構成したのである。

　第三に，低学年での合科学習のカリキュラムを基軸にして，地理的な要素を学びに取り入れることで児童に合科主義地理教育を実践したことである。尋常科4年生までの低・中学年での「ハコニハ」「私どもの町」の単元にみられたように，それぞれの学年の学期毎に学習した内容がつながるように鶴居は実践を積み重ねていた。こうした学習が，「奈良と佐保」「奈良市と奈良県」といった次学年での学びとなり，春と秋の遠足を経て，「西の京」「木津」「笠置」「法隆寺・龍田」といった学習によって空間的に広がっていった。また，4年生での総括的な「日本」の学習においては，これまでの合科的な地理学習を生かして，わが国の位置・成立・面積と人口・地勢と気候・産業と交通・大都会・名所・国勢の比較など地理的な要素を各学年での学習に関連づけていた。鶴居は，郷土科のような新たな特設の教科を設定するよりも学習の発展や児童の疑問に合わせて学びを組織するほうが効果的だと考えていた。そのため，それぞれの地理的な要素を含めた合科学習においては，学びの核となる問いをもとにして児童の独自学習と相互学習を促していたのである。

　第四に，高学年の地理学習では地人相関の事実をもとに国勢を理解し，現在の社会を正しく読む眼を開かせることをねらいにしていたことである。鶴居はこうした学びから生活の常識と社会への識見を身につけることを初等教育段階の地理の独自の目的と捉えていた。そこで，鶴居は教科書に記載されている区域・地勢・気候・産業・交通・都邑等の区分毎に学習を順序よく進めるのではなく，導入期では地図を読むことから地理の学習を始め，フィールドワークの学習も取り入れながら「想像」「類推」させて，最後に教科書で確認するような地理学習を構想していた。さらに，鶴居は導入期の地理学習が充実した学習となるためにはカリキュラムの視点から低学年・中学年での地理的な学習との関連をもたせることが必要であると考えていた。そこで，鶴居は低学年・中学年で地理的な学習を始める前から高学年での地理学習での知識や系統との体系的な関連性を図ることを重視したのである。

　本稿での考察をもとに戦前期の高師附小の地理教育論の比較検討が今後の

課題であろう。

[キーワード]

合科主義（Integrated subject principle），学習法（Learning method），
地理教育（Geography education），カリキュラム（Curriculum）

〈注〉

(1) 伊藤裕康「生活科と社会科との接続・発展を図る授業構成に関する基礎的研究－実践史研究の視角から－」『文教大学教育学部紀要』第55号，2021年，151-164頁。

(2) 谷本は社会科「前史」の観点から桜田国民学校の日下部による「社会科」実験授業をもとに戦前の「未分科教育」との具体的な関係を解明している。谷本美彦「1920〜1930年代における横川尋常小学校の「未分科教育」の考察－桜田国民学校における「社会科」実験授業の「前史」の解明－」『社会科教育研究』第121号，2014年，103-114頁。

(3) 吉村敏之「奈良女子高等師範学校附属小学校における「合科学習」の実践－教師の「学習」概念に注目して－」『東京大学教育学部紀要』第32巻，1992年，275-283頁。

(4) 三村真弓「奈良女子高等師範学校附属小学校合科担任教師鶴居滋一による音楽授業実践－進歩主義と本質主義との接点の探求－」『日本教科教育学会誌』第22巻第2号，1999年，55-65頁。

(5) 遠座知恵『近代日本におけるプロジェクト・メソッドの受容』風間書房，2013年，219-279頁。

(6) 永田忠道『大正自由教育期における社会系教科授業改革研究』風間書房，2006年，108-127頁。

(7) 望月ユリオ「鶴居滋一における指導観の変容」『日本の教育史学』第65集，2022年，19-32頁。

(8) 新井美津江「カリキュラムメーカーとしての数学教師の実践的知識に関する研究」『日本数学教育学会誌』第101号（R113），2020年，17-23頁。

(9) 1924年頃には教科書や法規に関する文部省からの干渉を受けるようになったが，木下は「独自学習」「相互学習」「合科学習」などの内容・方法・機能を明確にして，「学習法」を再構築した『学習各論』（1926年）を刊行し，この状況を打開したことが描かれている。松本博史「池田小ぎくの「合科学習」－奈良

女子高等師範学校附属小学校における最初期「合科学習」の実践 –」『神戸女子大学文学部紀要』第 38 号，2005 年，85-97 頁。

⑽　鶴居滋一「地理學習指導上の諸問題」『學習研究』第 1 巻第 7 号，目黒書店，1922 年，70 頁。

⑾　鶴居滋一『尋四迄の地理教育』東洋図書，1931 年，447 頁。

⑿　同上書⑾，449 頁。

⒀　鶴居は「学習法」の転換期に赴任した最初の 6 年生を担任した教育報告書において学習指導の理想と現実の齟齬に悩み，「学習指導を思ひつつも何時の間にか，古型の教授に逆轉してみたことも幾度であらうか」とその心境を吐露している。鶴居滋一「大正十年度教育報告書」（保存史料整理番号「D - Ⅲ -2」奈良女子大学文学部附属小学校），3 頁。

⒁　鶴居滋一『合科学習の実施と其の一般化の研究』東洋図書，1926 年，181-182 頁。

⒂　鶴居滋一「地理科に於ける相互学習の指導」『學習研究』第 4 巻第 11 号，目黒書店，1925 年，108-131 頁。

⒃　鶴居滋一「大正十四年度尋常第四學年教育報告書」（保存史料整理番号「D - Ⅲ -4」奈良女子大学文学部附属小学校），8 頁。

⒄　鶴居滋一「幼學年に於ける地理的材料と其の取扱について（一）　合科學習の實際」『學習研究』第 4 巻第 5 号，目黒書店，1925 年，49 頁。

⒅　前掲書（14），435 頁。

⒆　鶴居滋一「新學年最初の地理」『學習研究』第 8 巻 4 号，目黒書店，1929 年，95-99 頁。

⒇　鶴居滋一「新學年に於ける尋五最初の地理學習」『學習研究』第 9 巻 5 号，目黒書店，1930 年，50-56 頁。

学級通信が保護者の学校関与に及ぼす影響
―公立小学校における質問紙調査の統計的分析―

東京都新宿区立四谷小学校 **菊池 友也**

日本女子大学 **藤田 武志**

1．問題の所在と研究の目的

　日本ではすでに小学生段階から経済的文化的な格差，学力や教育期待などの格差，地域や学校による格差など，教育格差の拡大が進行しており，その格差は保護者の出身階層や社会関係資本によって生じていることが指摘されている（松岡2019など）。また，神原（2001）は，家庭の階層や環境の違いが子どもの学業成績に影響するという格差を是正する施策は，きわめて不十分な形でしかなされず，日本の不平等化が進行したと述べている。こうした教育格差の課題を解消するため，学校には，すべての子どもをエンパワーする「効果のある学校」としての役割が求められている（志水2014）。では，その役割を果たすにはどうしたらいいだろうか。

　教育格差の克服に関する研究の多くは，子ども自身を対象として考察したものだが（数実2017など），格差の是正のためには，保護者も視野に入れた実践も有益である。というのは，学校や学習に対する保護者の意識や行動が，子どもの学習への構えや学力に影響を与えているからである。実際，西（2021）は，小学校25校を対象とした調査をもとに，学校と家庭が連携していることが，子どもの学力にプラスの影響を及ぼしていることを明らかにしている。そうだとすれば，保護者への何らかの働きかけによって，学校と保護者の連携が高まることで，子どもにもポジティブな効果を与える可能性がある。

　では，学校と家庭との連携として何が望まれるのだろうか。前述の西

（2021）が効果を確認したのは，学校に対する保護者の意識という側面よりも，学校行事への参加やボランティアでの学校支援など，行動を伴うような連携であった。しかし，西（2021）の研究は，学校との連携度の高い家庭とそうではない家庭を比べたものであり，連携を高めるような働きかけを検討してはいない。それに対し，城内（2015）は，保護者と学校との信頼関係づくりとして，保護者を対象としたグループワークを実践したところ，授業支援員の募集がすぐに充足できたり，保護者同士のつながりが高まったりしたことを報告している。しかし，保護者の社会経済的背景によって学校への関わり方が異なる点（城内・藤田 2011）については検討されていない。

　一方，社会経済的背景に着目して，教師による保護者への働きかけを検討したものに，中村（2019）による研究がある。中村（2019）は，社会経済的に困難な子どもの割合が高い学校であるほど，教師が保護者とのコミュニケーションにかける時間が多く，子どもたちの家庭での生活や家族の状況を積極的に把握して支援する教師役割を主体的に獲得していることを見いだしている。しかし，このような教師の役割取得は，社会経済的に困難な子どもの割合の高い学校で経験を積むことでなされていくものとされ，どの学校でも同様だというわけではない。

　では，学区の社会経済的状況にかかわらず，教師が取り組んでいける手段にはどのようなものがあるだろうか。本研究では，学校が保護者との関係をよりよくするための取組の一つとして学級通信に着目する。学級通信とは，学級担任が学級の保護者に向けて発行する通信誌であり，学校での子どもの様子，および担任から保護者への連絡事項等が記された印刷物を指す。

　学級通信に着目する理由は，第一に，ある調査によれば，学級通信の発行は77％と多くの教師が行っており，学級通信は，保護者とのコミュニケーションツールとして中心的な役割を果たしているものだからである（学校における各種通信の実態と教育効果に関する調査研究会 2018）。第二に，大多数の教師が，学級通信を発行したほうがいいと考えており（必ず発行したほうがいい＝35％，できれば発行したほうがいい＝57％，合計＝92％），教師自身が積極的に取り組もうと考えている手段だからである（学校における

各種通信の実態と教育効果に関する調査研究会 2018）。第三に，何よりも，学級通信が「信頼」「安心」への公共的な回路を作り出すことで，保護者と学校の関係を改善する可能性をもつことが先行する質的研究で指摘されているからである（大日方 2008）。そのため，学級通信の及ぼす効果が，教育に熱心な保護者など特定の者にだけではなく，どの保護者に対しても同様にみられる可能性が指摘できれば，学級通信の発行は，教育格差を埋める即時性ある取組として有意義であることが実証されるだろう。

したがって，本研究は，保護者の事例を量的調査により検討し，学級通信が保護者と学校の関係に正の影響を及ぼすことを実証することを試みる。学級通信は，保護者の学校関与行動を促進し，さらに，発行する学級担任に対して保護者は高評価を与えていることを明らかにし，保護者と学校の関係改善に関する示唆を得ることを目的とする。

2．仮説の設定

以上の検討から，確かめるべき課題を整理し，仮説を設定する。課題の第一は，学級通信が保護者の学校に対する意識や行動にポジティブな影響を及ぼすかどうかを確認することである。ただ，学級通信といってもその内容はさまざまである。そのため，第二に，どのような内容の学級通信に効果があるのかを検討する必要がある。また，保護者については，社会経済的状況によって学校との関わりが異なるという先行研究の知見を踏まえ，第三に，保護者の状況を考慮して分析する必要がある。そして，学級通信が，信頼と安心の回路を通して効果をもつという先行研究の指摘を踏まえれば，第四に，学級通信が保護者にどのように影響を与えるのかを確かめる必要がある。

そして，これらの4つの課題を実証するために以下の3つの仮説を設定する。

> **仮説1**：学級通信を受け取った経験がある保護者の方が，学校への意識や行動が積極的である。そして，事務連絡情報よりも，子ども情報を多く含む学級通信を受け取った経験がある保護者の方が，学校への意識や行動が積

> 極的である。

　仮説1は，上記の第一と第二の課題を検討するものである。学級通信という手段により保護者に働きかけることが，保護者の意識に影響を与えるのかどうか検討する。保護者の意識や行動は，上述のように，保護者の行動を伴うような連携に効果があるという先行研究の指摘（西2021）や，保護者との信頼関係づくりの実践（城内2015）を踏まえて，学校への関与度と，担任への信頼という2つの側面から考察する。

　一方，学級通信の内容については，前述の大日方（2008）は，教室の様子，子どもの姿，教師や保護者たちの思いを掲載することで，「信頼」「安心」への公共的な回路を作り出していたことを指摘している。また，山口（2021）は，教師と保護者の間には，社会文化的距離や職業的距離など，理解や連携を阻む分断（＝情緒的地形）が存在しているものの，教師と保護者の間にいる「子どもの成長への効果的な働きかけという志向」によってその距離を縮めているという。これらの研究からは，教師と保護者との関係が子どもを媒介としながら成立していることがうかがわれる。そこで，学級通信の内容を，子ども情報と事務連絡情報に分けて比較する。

> **仮説2**：保護者の「教育する家族」という特性にかかわらず，学級通信を受け取った経験がある保護者の方が，学校への意識や行動が積極的である。

　仮説2は，前述の第三の課題を検討するものである。先行研究の指摘（西2021および城内・藤田2011など）を踏まえれば，保護者の社会経済的状況を考慮した分析が求められる。しかし，社会経済的状況を質問紙調査で捉えることは困難であることから，ここでは代替指標として，階層が高く，子どもの学歴獲得のために家庭教育に邁進する家族を意味する「教育する家族」（沢山1990，広田1999および神原2001）という概念を用いることにする。仮説1で検討した学級通信が保護者の意識に及ぼす影響が，保護者自身の特性による疑似相関ではないことを確かめるため，保護者の「教育する家族」

という特性を統制したうえで，保護者の意識に対する学級通信の影響を検討する。

> **仮説3**：学級通信を受け取った経験は，担任への信頼を媒介して学校への関与に影響する。（担任信頼モデル）

仮説3は，第四の課題を検討するものである。前述の通り，学級通信は担任教師の言葉を通して保護者に学級や子どもの様子を知らせることにより，担任教師への保護者の信頼感を醸成する。そのことが，学校に関与しようという保護者の動機づけを高める可能性をもつと考えられる。それを「担任信頼モデル」と名づけ，仮説3として検討する。

3．方法

(1)　調査対象者

東京都X区立小学校15校に子どもを通わせる全保護者3,658家庭を対象に質問紙調査を行い，2,730家庭（74.6%）から有効回答を得た。

(2)　調査内容

①保護者の学校関与の実態

「学校公開（授業参観）によく行く」「保護者会に毎回，参加する」「PTA活動や学校ボランティア（読み聞かせ，校外学習の引率補助など）をよくおこなう」などの6項目を用い，「とてもあてはまる（4点）」「まあまあてはまる（3点）」「あまりあてはまらない（2点）」「まったくあてはまらない（1点）」の4件法で回答してもらった。

②保護者の信頼する学級担任への意識

本研究では，保護者からの信頼を保護者による学級担任への信頼と捉え，学級通信が，保護者による学級担任への信頼にどのような影響を及ぼすかを検討する。学級担任への信頼は，「これまでにあなたのお子さんを担任した先生のうち，あなたがもっとも信頼する先生についておうかがいします」と学級担任について尋ねた設問の，「授業では子どもたちが活発に発言する」

「子どもの成績が上がった」などの6項目を用い，「とてもあてはまる（5点）」「まああてはまる（4点）」「どちらともいえない（3点）」「あまりあてはまらない（2点）」「まったくあてはまらない（1点）」の5件法で実施した。

③保護者が学級通信を受け取った経験

　具体的な調査項目として，まず，「これまでにあなたのお子さんを担任した先生のうち」「もっとも信頼する先生についてうかがいます。その先生は『学級だより』を出していましたか」を用いる。回答は「はい」「いいえ」「わからない」の3件法で答えてもらい，「はい」と回答したものを，学級通信を受け取った経験ありとした。続いて，「いいえ」「わからない」と回答した者を対象に，「これまでに，その先生以外から『学級だより』を受け取ったことはありますか」の質問を行った。この項目に対する回答も「はい」「いいえ」「わからない」の3件法である。「はい」と回答したものを，「学級通信を受け取った経験あり」とし，「いいえ」「わからない」と回答したものは，「学級通信を受け取った経験なし」として分類した。

　次に，保護者が受け取った学級通信の内容について明らかにするため，「学級だよりにのっていた内容についてお聞きします。あてはまる番号一つに○をつけてください」という質問を設けた。選択肢として，先行研究で行われた調査を参考に，学級通信に載っていた内容について9つの選択肢を用意した。回答は，9項目それぞれについて「よくのっている」「ときどきのっている」「あまりのっていない」「まったくのっていない」「わからない」の5件法でおこなった。

④子どもの教育に対する保護者の意識

　子どもの教育に対する保護者の意識については，「あなたの考えにいちばん近いものについてうかがいます」と尋ねた設問の，「子どもが，今よりも優秀な成績をとるために学習塾や家庭教師を利用している（利用するつもりだ）」，「子どもには大学に進学してほしいと思う」，「私は，子育てや教育に関する本をよく読むほうだ」という3つの項目を使用した。これらの回答について，「とてもあてはまる（5点）」～「まったくあてはまらない（1点）」

の5件法で回答してもらった。

⑶　手続き

　各小学校の学級担任を通じて，密封用テープが付いた回収用封筒といっしょに質問紙を児童に配付した。質問紙の回収にあたっては，回答者が特定できないよう密封した状態で，便宜的に各小学校の学級担任を介して回収した。調査時期は2020年2月中である。

⑷　倫理的配慮

　本調査は，慶應義塾研究倫理要項を遵守し，調査対象者の人権，特に個人情報の保護を配慮した。具体的には，質問紙の冒頭に，個人が特定されることはないこと，研究目的以外では使用しない旨を明記し，実施した。また，回収した質問紙及びその内容は，個人が特定されるような情報が研究担当者以外に知られることのないように厳重に管理した。

4．結果

⑴　尺度構成

①学校関与度

　保護者の学校関与の実態に関する設問6項目について探索的因子分析（最尤法，プロマックス回転）を行い，2因子を得た（表1）。第1因子は，学校で保護者同士が関わり合う項目で負荷量が高く見られたため，学校関与度因子（以下，学校関与度）と名付けた。第2因子は，「学校公開によく行く」「学校行事は必ず見に行く」など，学校行事への参加に関する項目で負荷量が高く見られたため，行事出席度因子と名付けた。得られた2つの因子のうち，行事出席度因子は $a = .625$ とやや低い値であったため，本研究では用いなかった。学校関与度は，$a = .701$ であり，これを保護者の学校への関与度を示す変数として採用した。

②担任信頼

　保護者の学級担任への信頼は，学級担任について尋ねた設問6項目に対して主成分分析（回転なし）を行い，すべての項目の第1主成分負荷量が.400を超えるようにしたところ，すべてが採用された（表2）。信頼性の検討に

表1　保護者の学校関与に関する因子分析の結果

項目	1	2
PTA・学校ボランティア活動をよくおこなう	.724	.006
PTA・学校ボランティア活動は負担よりもやりがいが大きい	.712	-.075
クラスに相談できる保護者がいる	.341	.155
学校公開によく行く	-.088	.883
学校行事は必ず見に行く	.025	.515
保護者会に毎回参加する	.309	.433
信頼性係数（α）	.701	.625

表3　学級通信の内容に関する因子分析結果

項目	1	2
作文や詩	.841	.018
工作や絵	.840	.072
授業中の発言	.793	-.047
子どもたちが映った写真	.785	-.077
子どもたちの名前	.739	.025
休み時間中の会話	.692	.021
必要な持ち物	-.017	.879
保護者へのお願い	-.030	.707
時間割	.069	.595
信頼性係数（α）	.902	.724

表2　主成分分析の結果（1）

項目	
もう一度担任になって欲しかった	.842
私の話をよく聞いてくれた	.835
ほとんどの保護者が好感をもっていた	.827
保護者と気さくに話をする	.826
授業では子どもたちが活発に発言する	.668
子どもの成績が上がった	.640
因子寄与	3.63

表4　主成分分析の結果（2）

項目	
優秀な成績のために学習塾や家庭教師を利用する	.814
子どもには大学に進学してほしい	.767
子育てや教育に関する本をよく読む	.654
因子寄与	1.68

おいて α = .865 であったため，これを用いた。得られた第1主成分の主成分得点を「担任信頼」とした。

③学級通信を受け取った経験

　調査対象となった保護者2,594名のうち，1,866名（71.9%）が，子どもの担任から学級通信を受け取った経験があった。

④学級通信の内容

　学級通信の内容に関する9つの質問項目について，探索的因子分析（最尤法，プロマックス回転）を行い，2因子を得た（**表3**）。いずれの因子も信頼性係数は.700以上であったため，採用した。第1因子は，学校生活を送

る子どもの姿に関する情報の項目で負荷量が高く見られたため，「子ども情報通信因子」（以下，「子ども情報」）と名付けた。第2因子は，学校生活を送る上で必要な事務連絡に関する情報の項目で負荷量が高く見られたため，「事務連絡情報通信因子」（以下，「事務連絡情報」）と名付けた。このあとの分析では，子ども情報と事務連絡情報それぞれの因子について，平均値より＋1標準偏差以上のグループを「情報の多いグループ」，平均値より－1標準偏差以下のグループを「情報の少ないグループ」と分類したものを用いる。

⑤**子どもの教育に対する保護者の意識**

　子どもの教育に対する保護者の意識については，「あなたの考えにいちばん近いものについてうかがいます」と尋ねた設問3項目に対して主成分分析（回転なし）を行い，3項目すべての項目の第1主成分負荷量が.400を超えるようにしたところ，すべてが採用された（**表4**）。信頼性の検討において$a = .784$であったため，これを用いることにした。得られた第1主成分の主成分得点を「教育する家族得点」（以下「教育する家族指標」）とした。なお，このあとの分析では，平均値以上のものを「教育する家族指標の高い保護者」，平均値未満を「教育する家族指標の低い保護者」とした。

⑵　**仮説の検討**

①**学級通信を受け取った経験による保護者と学校の関係**

　まず，「学級通信を受け取った経験がある保護者の方が，学校への意識や行動が積極的である」という仮説1を検討する。検討にあたっては，保護者の意識は，学校への関与度と，担任への信頼という2つの側面から考察する。学級通信を受け取った経験については，学級通信を受け取ったことがあるかどうかと，受け取った学級通信の内容という2つの側面からとらえる。

　学級通信を受け取った経験の有無が保護者の学校への関与度に影響を与えているか調べるため，受け取った経験のある保護者（n = 1,866）と受け取った経験のない保護者（n = 728）の平均値を比較したところ，受け取った経験のある保護者の平均値の方が高く（経験あり = 7.69，経験なし = 7.32），対応のないt検定の結果，受け取った経験ありの得点の方が有意に高かった（$t (2036) = 4.57$, $p = .000$）。担任への信頼に対しても同様に比較したとこ

ろ，受け取った経験のある保護者の平均値の方が高く（経験あり＝25.1，経験なし＝24.5），対応のない t 検定の結果，受け取った経験ありの得点の方が有意に高かった（t（1901）＝4.53，p ＝.000）。

　以上から，学校関与度と担任信頼について「学級通信を受け取った経験がある保護者の方が，学校への意識や行動が積極的である」という仮説1は支持されたと考えられる。

②学級通信の内容による学校関与度と担任信頼の違い

　仮説1の検証の一環として，学級通信の内容による違いを検討するため，説明変数を学級通信の内容として一元配置分散分析を行った。その結果，子ども情報と事務連絡情報のいずれも情報が多いグループの方が学校関与度と担任信頼の平均値が高い値を示し（**図1－1～1－4**），学級通信の内容による主効果が有意になった。このことから，学級通信の内容を子ども情報と事務連絡情報に分け比較した場合，いずれの内容もその情報が多いほど，学校

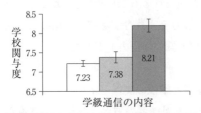

図1－1　子ども情報が学校関与度に
　　　　及ぼす影響

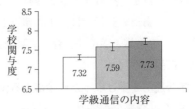

図1－2　事務連絡情報が学校関与度
　　　　に及ぼす影響

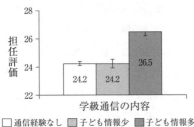

図1－3　子ども情報が担任信頼に
　　　　及ぼす影響

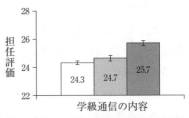

図1－4　事務連絡情報が担任信頼に
　　　　及ぼす影響

関与度と担任信頼に及ぼす効果が大きくなる傾向が確認できた。

　次に、「事務連絡情報よりも、子ども情報を多く含む学級通信を受け取った経験がある保護者の方が、学校への意識や行動が積極的である」点について調べるため、Holm法による多重比較を行ったところ、子ども情報が多い場合の方が事務連絡情報の多い場合と比べ効果量が大きく（子ども情報多－通信経験なし：$p = .000$，$d = .481$；子ども情報多－子ども情報少：$p = .000$，$d = .408$；事務連絡情報多－通信経験なし：$p = .001$，$d = .207$；事務連絡情報多－事務連絡情報少：$n.s.$，$d = .072$）、学級通信を発行する場合は、事務連絡の内容だけでなく、学級の子どもたちの姿や様子に関する具体的な情報を伝えるほうが効果的であると実証された。

③学級通信が学校関与度に働きかけるメカニズム

　「保護者の『教育する家族』という特性にかかわらず、学級通信を受け取った経験がある保護者の方が、学校への意識や行動が積極的である」という仮説2を検討する。そこで本項では、教育する家族指標を統制した上で、学級通信経験ダミーと担任評価がそれぞれ有意な効果を及ぼしているのかを確かめるため、学校関与度を被説明変数とした重回帰分析を行う。説明変数として投入するのは、モデル1では、教育する家族指標および学級通信を受け取った経験あり群に1を割り当てた学級通信経験ダミーの2つの変数である。モデル2では、教育する家族指標と担任信頼の2つの変数を投入した。

　表5は、説明変数として、教育する家族指標と学級通信経験ダミー、そして担任信頼をそれぞれ投入しておこなった階層的重回帰分析の結果である。

この表から、教育する家族指標を統制したうえでも、学級通信経験ダミーと担任信頼はそれぞれ0.1％水準で有意であり（$p = .000$）、学校関与度に正の影響を及ぼしていることがわかる。このよ

表5　学校関与度を被説明変数とした重回帰分析

	モデル1	モデル2	モデル3
説明変数	β	β	β
教育する家族指標	.202***	.168***	.168***
学級通信経験ダミー	.077***		.056**
担任信頼		.244***	.239***
adj. R^2	.047	.099	.102
p	.000	.000	.000

***$p < .001$, **$p < .01$, *$p < .05$　数値は標準化偏回帰係数

うに，学級通信経験と担任信頼は，それぞれ教育する家族指標とは独立して学校関与度を高める効果を発揮していることが確認できた。以上から仮説2は実証された。

　次に，仮説3「学級通信を受け取った経験は，担任への信頼を媒介して学校への関与に影響する。（担任信頼モデル）」を検討するため，モデル1・モデル2とモデル3を比較したところ（**表5**），モデル1と比べモデル3の学級通信経験ダミーの標準化偏回帰係数は.021減少していることがわかる。「担任信頼」は，モデル2と比べモデル3の標準化偏回帰係数は.005とわずかな減少であった。このことから，学校関与度に対する学級通信経験の効果の一部が担任信頼に媒介された可能性が示唆される。そこで，学級通信を受け取った経験が学校関与度に及ぼす影響について，担任信頼が媒介するかどうかを確かめるため，媒介分析を行った。その結果，担任信頼は学校関与度を有意に予測し（$b = 0.14$, $SE = 0.01$, t $(2651) = 14.1$, $p = .000$），学級通信を受け取った経験の効果も有意になった（$b = 0.24$, $SE = 0.08$, t $(2651) = 3.07$, $p = .002$）。間接効果の検定（Bootstrap法，2000回）の結果，95%信頼区間（$[0.06, 0.15]$）は0を含んでおらず，担任信頼の有意な部分媒介効果が認められた（**図2**）。学級通信を受け取った経験が学校関与度に及ぼす影響を担任信頼が部分媒介することが確認された。

　仮説1の検討では，事務連絡情報よりも，子ども情報を多く含む学級通信を受け取った経験がある保護者の方が，学校への意識や行動が積極的であることが検証された。そこで，担任信頼モデルについても，学級通信の内容の影響を確かめよう。説明変数として用いる学級通信の内容は，子ども情報の多い群に1を割り当てた子ども情報ダミー，事務連絡情報の多い群に1を割り当てた事務連絡情報ダミーである。

　表6は，学校関与度を被説明変数とした階層的重回帰分析の結果である。説明変数には保護者の教育する家族指標と担任信頼，そして，子ども情報ダミーを用いた。モデル4は，モデル5から担任信頼指標を除いたものである。モデル5では，担任信頼が学校関与度に対して0.1%水準で有意な正の影響を与えている。子ども情報ダミーに目を向けると，モデル4では学校関与度

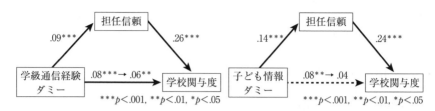

図2 担任信頼による媒介効果（1） **図3 担任信頼による媒介効果（2）**

に対して5％水準で有意な差が認められているが，モデル5では子ども情報ダミーの回帰係数値が減少し，有意差は認められなかった。

　この結果を踏まえ，子ども情報ダミーが学校関与度に及ぼす影響を担任信頼が媒介するかを確かめた結果が**図3**である。担任信頼は学校関与度を有意に予測し（$b = 0.13$, $SE = 0.25$, $t (1690) = 5.71$, $p = .000$），一方で，子ども情報ダミーの効果は非有意になった（$b = 0.25$, $SE = 0.14$, $t (1689) = 1.80$, $p = .073$）。間接効果の検定（Bootstrap法，2000回）の結果，95％信頼区間（$[0.13, 0.25]$）は0を含まず，担任信頼の有意な媒介効果が認められた。では，説明変数に事務連絡情報ダミーを用いた場合にも同様の結果が得られるであろうか。**表7**は，被説明変数を学校関与度，説明変数には教育する家族指標と担任信頼，そして事務連絡情報ダミーを用いて階層的重回帰分析を行った結果である。モデル6は，モデル7から担任信頼指標を除いたものである。この表から，モデル7では，担任信頼が学校関与度に対して0.1％水準で有意な正の影響を与えていることが確認できる。一方，事務連

表6 通信内容別の階層的重回帰分析（1）

説明変数	モデル4 β	モデル5 β
教育する家族指標	.142***	.122***
子ども情報ダミー	.332*	.180
担任信頼		.116***
adj. R²	.050	.092
p	.000	.000

*** $p < .001, p < .01, p < .05$　数値は標準化偏回帰係数

表7 通信内容別の階層的重回帰分析（2）

説明変数	モデル6 β	モデル7 β
教育する家族指標	.144***	.123***
事務連絡情報ダミー	.064	-.010
担任信頼		.118***
adj. R²	.047	.091
p	.000	.000

*** $p < .001, p < .01, p < .05$　数値は標準化偏回帰係数

絡情報ダミーについては，モデル6，モデル7ともに学校関与度に対し有意な差が認められなかった。

5．結論と考察

(1) 結論

本研究では，学級通信が保護者の学校への意識にどのような影響を与えているかを検討した。その結果は以下の4点に集約される。

第一に，学級通信を受け取った経験のある保護者は，受け取った経験のない保護者と比べて学校関与度・担任信頼が高いことが明らかになった。特に，子ども情報を多く含む学級通信を受け取った経験のある保護者は，子ども情報が少ない学級通信を受け取った保護者と比べて学校関与度・担任信頼が高いことを明らかにした。

第二に，保護者の教育する家族指標を統制した上でも，第一で述べた点は当てはまる，ということである。すなわち，学級通信の内容は，教育する家族指標とは独立して学校関与度と担任信頼に正の影響を及ぼす可能性が示唆されたことである。ここで得られた結果から，学級通信発行という取組は，学歴獲得志向が高くそのための行動を具体的にとれるような家庭の保護者に対してだけでなく，保護者全体に対して関係を改善するための具体的な働きかけの1つとなりうる可能性が見えてくる。

第三に，学級通信を受け取った経験が保護者の学校関与度に及ぼす影響は，担任信頼が部分媒介している，ということである。学級通信を受け取った経験によって担任信頼に正の影響が及ぼされ，その担任信頼が学校関与度にも影響を及ぼしている。

第四に，子ども情報ダミーが学校関与度に及ぼす影響は，担任信頼が媒介している，ということである。決定係数の数値からは，学級通信が保護者の学校関与度に影響を及ぼす主要な要因であるとは言えないものの，学級通信が保護者と学校の関係を改善する背景には，事務連絡情報ではなく，子ども情報を含む学級通信を発行する取組によって，保護者が学級担任への信頼の度合いを増すことで，学校への関与度が高まるというメカニズム（担任信頼

モデル）が存在していることが示唆される。

⑵　考察

　以上の結論から，学級通信に関する今後の研究や教育実践にはどのような展望が開かれうるだろうか。本研究の知見から得られる示唆について考察したい。

　第一に，格差是正に関する先行研究は，社会経済的状況の厳しい子どもの割合が高い学校等に着目するものが多かったが，本研究は，そのような特徴のない学校における取組についても，探究の道を開いたと言えるだろう。学級通信の発行や家庭学習への協力要請など，学校で日常的に行われているさまざまな実践が，格差是正にそれぞれどのような効果をもつか検討を積み重ねることが重要である。それによって，効果的な実践を明らかにするだけでなく，格差是正に対し逆効果かもしれない実践を把握できる可能性もあるだろう。

　第二に，先行研究で指摘されていた，教師と保護者の間にある分断（情緒的地形）について，学級通信による架橋という可能性が見いだされた。先行研究では，教師たちが，子どものためという志向によって保護者への距離を縮めていることが指摘されていた。本研究に即せば，学級通信で，事務的な情報を伝えるよりも，子どもを描写したり，子どもの様子を保護者に伝えようとしたりしている教師の姿勢が，保護者との距離を縮めている可能性がある。そして特に，そのような働きが，教育熱心な保護者に限らずに生じていることは重要である。

　先行研究では，質的な研究によって，学級通信が「信頼」「安心」への公共的な回路を作り出すことが指摘されていた。その点について，第三に，本研究では，学級通信が担任への信頼を媒介して保護者の学校への関与を高めるというメカニズム（担任信頼モデル）を統計的に検討した。今後は，この担任信頼モデルが，学級通信の発行に限らず，学校のどのような取組によって起動させうるのか，そして，保護者の学校関与にとどまらず，保護者にどのような効果をもたらしうるのかを探究することが求められるだろう。

　先行研究において，学級通信は多くの教師が取り組んでいる／取り組みた

いと考えているものであることが示されている。本研究では，日本の教師た
ちが実践を積み重ねてきた学級通信の機能の一端を探究したが，第四に，学
級通信には，それ以外にもどのような可能性を秘めているのか，改めて追究
する必要があるだろう。また，情報通信手段の高度化が進む現在，これまで
のような紙媒体での学級通信のみならず，学級通信の多様なあり方や，その
効果に関する検討も求められる。

[キーワード]

　保護者の学校関与（Parents' Involvement in School），学級通信の影響
（Effect of classroom newsletter），子ども情報の重要性（Significance of
information about students），担任信頼モデル（Mediation model of trust
in homeroom teachers）

〈注記〉

大日方真史，2008，「教師・保護者間対話の成立と公共性の再構築―学級通信の事
　　例研究を通じて」，『教育学研究』第75巻4号，381-392頁。
数実浩祐，2017，「学力格差の維持・拡大メカニズムに関する実証的研究―学力と
　　学習態度の双方向因果に着目して―」，『教育社会学研究』第101巻，49-68頁。
学校における各種通信の実態と教育効果に関する調査研究会，2018，『学校におけ
　　る各種通信の実態と教育効果に関する調査研究最終報告書』理想教育財団。
神原文子，2001，「〈教育する家族〉の家族問題」，『家族社会学研究』第12巻2号，
　　197-207頁。
沢山美果子，1990，「教育家族の成立」，中内敏夫他編『教育―誕生と終焉』藤原
　　書店，108-131頁。
志水宏吉，2014，『「つながり格差」が学力格差を生む』亜紀書房。
城内君枝，2015，「学級担任による保護者との信頼関係づくりの工夫」，『学校教育
　　研究』第30巻，110-117頁。
城内君枝・藤田武志，2011，「階層と社会関係資本が保護者の学校参加に及ぼす影
　　響―S小学校の事例調査を通して」，『学校教育研究』第26巻，87-98頁。
中村瑛仁，2019，「学校環境の違いによって教師役割はいかに異なるのか？―校区
　　の社会経済的背景に着目しながら―」，『教師学研究』第22巻1号，1-11頁。

西徳広，2021，「家庭の学校連携が学力の階層差に与える教育効果の検討」，『大阪大学教育学年報』第26号，27-37頁。

広田照幸，1999，『日本のしつけは衰退したか「教育する家族」のゆくえ』講談社。

松岡亮二，2019，『教育格差：階層・地域・学歴』ちくま新書。

山口真美，2021，「教師の保護者への共感的な理解を支える要素―厳しい社会経済的背景を持つ小学校の事例から―」，『教師学研究』第24巻1号，1-10頁。

第3部

実践的研究論文

小学校学級担任による教科等間の比較・関連的な指導の現代的意義

―各教科等を学ぶ意義に対する児童の認識の変容を手がかりに―

東京学芸大学　大村　龍太郎

1　研究の背景と目的

　教師の専門性，必要な資質・能力とは何かについては Schön（1983）をはじめとして様々な議論があり[1]，日本の小学校教師のそれについても検討されてきた。例えば岩田ら（2013）[2]は，教員養成において育むべき小学校教員としての多様な資質・能力の具体を全体的に網羅するような「小学校教員養成スタンダード」として可視化することを試みている。小学校教員に必要な事項を 57 項目に設定しているが，「教科等の学習指導に関する専門性」に焦点化して見るならば，それは各教科等に分化したそれぞれについての目標・内容・指導方法に対する知見が深いことであるという前提に立っている。

　昨今では，中央教育審議会（2021）「「令和の日本型学校教育」の構築を目指して～すべての子供たちの可能性を引き出す，個別最適な学びと，協働的な学びの実現～（答申）」[3]やそれをうけた文部科学省（2021）「義務教育 9 年間を見通した教科担任制の在り方について（報告）」[4]等が示され，小学校高学年の教科担任制導入が注目されている。同答申では，「中・高学年以上では各教科等の内容を徐々にその中核的な概念を使って指導することにより，見方・考え方が鍛えられていくことを踏まえることが重要」であり，「特に高学年においては指導の専門性の強化が課題であり，教科担任制の導入などが必要である」という見解が示されている。つまり，特定教科の深い見識と指導力こそが「指導の専門性」であるため，高学年においては教科担任制の

推進が必要であるという論理である。

　一方，小学校の基本体制と言える学級担任制については，下村（1982）[5]，児島（1990）[6]，日俣（2002）[7]，木原（2004）[8]らが，様々な研究をもとにその意義や課題について整理している。例えば下村が意義の一つとして「生徒の性格・個性・特徴がよく理解され，生徒を総合的に把握できる」としたことを，児島は「個々の子どもの資質なり個性を総合的に理解している」，木原は「彼らをさまざまな側面から理解し，評価することを教師たちに可能にしてくれる」，日俣は「学級の成員と学校生活をともにしていることから，児童一人ひとりの性格・個性などの理解ができる」とするなど，その他も含めて意義や課題の知見はほぼ共通している。教科等指導面に絞ってみると，意義としては「学習指導における各教科間，各領域間の関連をとることができるとともに，児童の得手不得手等を考慮した指導ができること」「学級内のカリキュラムを柔軟に取り扱うことができること」，課題としては「教師が全教科を十分に指導できる実力を備えていることが前提となり，専門能力と言う点で無理が生じやすいこと」とまとめられる。つまりここでも，学級担任制の意義を認めながらも，課題の一つとして「専門能力の不十分さ」が挙げられており，ここでいう専門能力とは特定の教科の知見や指導力という意味で用いられている。

　確かに，専門という言葉は一般的に，限られた分野の学問や職業にもっぱら従事することであり，限られた分野や学問を特定の教科と見るのならば，それに限定して見識を深めたり，研究，授業準備を行ったりすることが授業の質を高めることに貢献することは事実であろう。ショーマン（Shulman,L.1987）は，専門職である教師が持つべき知識類型として7つを挙げているが，そのうち特に教科教育に関するものは，「内容についての知識（C）」と「教授法についての知識（P）」との特殊な融合物とする「PCK（pedagogical content knowledge）」[9]である。特定の教科教育に限ったPCKならば，それだけを専門に経験を積む方が身につくとも言える。教科担任制の導入そのものについても，教師の負担軽減，複数の教師で見ることによる多角的な児童理解やその共有，児童が多様な教師と接する機会の保障，中1

ギャップの解消等の面でも効果が期待できる。よって，学級担任制と教科担任制のハイブリッドを推進するという方策自体は妥当であろう。

　しかし，ここで問題としたいのは，学級担任制の意義や課題の知見を含め，このような一連の動向に見られるように，「教科等指導に限るならば，学級担任制よりも教科等ごとに各専門として分担する方が指導の質は高いものになり，児童の学びにとって効果的である」というテーゼが前提となっている点である。そのことと小学校学級担任制の意義としての知見を掛け合わせるならば，「各教科等間の関連をとれることが児童の学びやすさや教師の指導のしやすさにはよい面もあるが，教科等ごとの特質を踏まえた学びを考えると分担された指導の方がよい」ということになる。学習指導要領において，教科等を学ぶ本質的な意義の中核とされる「見方・考え方」を働かせたり鍛えたりすることが重視される昨今において，これは疑いのないことなのであろうか。教科ごとに区切るという専門ではなく，多数の教科等を指導すること自体が専門であるという小学校学級担任の立場は，児童の各教科等の資質・能力を育成すること，また教科等固有の見方・考え方を意識したり働かせたり鍛えたりすること自体に関して，教科担任制にないような特有の意義はないのだろうか。またあるとすればその意義が発揮される方法はいかなるものだろうか。

　このような問題意識から，本研究では，多数の教科等を指導する立場を生かすからこそそれぞれの教科等固有の学びに寄与する方法及びその効果を，児童の「教科等を学ぶ意義」に対する認識に焦点をあて，実践的に検討することを目的とする。具体的には，「教科等間の比較や関連づけを日々の授業で適宜促すことが可能な立場を生かせば，むしろ児童の各教科等の見方・考え方の固有性及び共通性に対する認識を深められるのではないか」との仮説をもってその指導を徹底した学級の1年間を対象とし，その方法と児童への効果をもとに考察する。前述のように，見方・考え方が教科等を学ぶ中核的な意義をなすものであるならば，その固有性や共通性の認識を深めることで，児童は「他では味わえない視点や方法をその教科で学ぶことができる」という意義を見出していくものと考える。

2　研究の方法

　本研究では，2015年A小学校第6学年26名（内，1名は2学期後半より転入）の学級担任としての1年間の実践記録（家庭科のみ専科教員がおり，担当外）を対象とする。まず，多数の教科等を指導する立場を生かして行った「教科等間の比較・関連的な指導」の具体的な方法を事例をもとに整理する。次に，児童の学びへの影響を分析するが，本研究では児童への効果については，「各教科等の見方・考え方に対する認識を深めることに影響しているか」に焦点化して検討する。その理由は，それが現在の学校教育で教科等を学ぶ本質的な意義の中核と言われているものであり[10]，それに対して，教科ごとの分化ではなく，多数の教科等を指導する立場とその指導方法の意義が見出されるかどうかを検討したいためである。現行学習指導要領では「見方・考え方」を「「どのような視点で物事を捉え，どのような考え方で思考していくのか」というその教科等ならではの物事を捉える視点や考え方」[11]としており，当時もそれと同定義のものとして各教科等ならではの視点や考え方を最重要視して実践している。ただし，現在のように学習指導要領で各教科等の見方・考え方が具体的に言及されていたわけではない。そのため，実践時に意図したものと学習指導要領の言及するそれと完全には一致しない部分もある。各教科等の見方・考え方の厳密な内実自体の検討は重要であるが，本研究の主題は，多教科等を指導する学級担任が比較・関連的な指導を行うことにより，児童が「各教科等にはその特質に応じた視点や考え方が存在し，価値がある」という認識を高めうるかを分析するものである。そのため，現行の学習指導要領が言及する見方・考え方と完全に一致するか否かは本研究の目的には直接は影響しない。

　児童の各教科等に対する見方・考え方の認識への効果については，第6学年4月当初と指導を通した3月にそれぞれ同児童らが記述した「各教科等を学ぶ理由」についてのアンケートを比較し，どのような変容が見られるかを分析し，考察を行う。

　尚，授業実践は，比較・関連的な指導を行うことによって，そうしないと

きよりも授業時間が超過するなどして児童への負担が増すことのないよう，十分に配慮して実施した。

3　研究の実際と考察

3－1　手立ての実際

　本実践では1年間を通して，継続的に以下の2つの具体的な手立てを講じている。

①　比較・関連の視点で各教科等の見方・考え方の固有性・共通性を検討する教材研究

　表1のように，各教科等の授業準備を行う際，それぞれの教科等のねらいだけでなく，常に比較・関連の視点をもって教材研究（授業構想・準備）を行った。

表1　4月第4週の「週間授業見通しメモ」
（文言は変えずに抜粋し，表に再整理したもの）[12]

社会	算数	理科	体育
【大陸に学んだ国づくり】◆7世紀から9世紀にかけて，命がけで中国へ渡っていた遣唐使の事実→「なぜ，そこまでして中国を目指したのか」の問いを考える。→「大陸とどのようにかかわり生かしながら日本の国造りは行われたのか」という学習問題を作り，予想する。→遺跡や文化財，地図や年表などの資料で調べ，とらえていく。	【文字と式】◆「○や□」で表していたことをXやYで表現することやその技能→一次関数の文字式において，一方が定まればもう一方が定まるという関数の見方を具体的に理解できるようにする。→それを計算で確実に求める技能を高める。	【ものの燃え方】◆物を燃やし，物や空気の変化を調べることを通して，燃焼の仕組みについて考えることができるようにする。気体検知管，石灰水で調べ，酸素の一部が使われ，二酸化炭素ができることを確認し，理解できるようにする。	【走り高跳びとわたしの体】◆ゴム跳びを段階的に高くしながら行う。→より高く跳ぶにはどのような動きをすればよいのかという課題を見出し，局面ごとの動きを作ろうという大きなめあてづくりをする。→助走，踏切，振り上げ足，抜き足，空中姿勢など，個々人の課題をつくり，友達と見合いながら動きづくりをする。
比較・関連による見方・考え方の固有性・共通性について			
社会科（歴史）でも理科でも，事実を関係づけて考えをつくるという部分は共通している。しかし，社会科（歴史）における今回の資料は，「諸説あり」など正			

しいとは限らないものもある。また，出来事だけでなくそれに関わる人物たちの心情や意図を想像し，社会的事象の意味を考察する重要性と楽しさがある。一方で，理科は実験・観察を通して実証性・再現性・客観性が担保されてはじめて科学的と言えるのであり，自然の法則は人の心情や意図では変化しないことに社会とは異なる特質がある。この理科と社会の考え方の共通点や相違点を，授業の中の「遣唐使に関する資料」や「ろうそくによる実験場面の結果」を終末で話題に挙げながら意識させてみる。…（中略）…
算数はこれまでに学習した内容をいかに活用して新たな数理を導き出していくかが重要な考え方なので，文字と式でも○や□を使っていた学習と本単元のつながりを意識させ，その価値をほめる。体育も同様に，今の自分の体ができる動きを生かし拡張していくことは共通している。しかし，算数はそこから簡潔・明瞭・的確で一般化できる数理を導き出していくが，体育は一人一人体の大きさも課題も異なる。自分に合った目標や自分の体に合った助走幅などを自分で探って動きをつくっていくところに算数とは異なる体育科個人種目の大切さや楽しさがある。そこを $X \times 3 + 350 = Y$ の場面や高跳びの課題の違いなどを比較・関連的に取り上げながら授業終わりに話す。

「比較・関連による見方・考え方の固有性・共通性について」は，1週間の各教科等の授業展開を見通したうえで，教師自身が比較・関連的に見ることで，それらに共通する視点や考え方は何か，また固有性は何かを検討している。多数の教科等の指導は負担が大きいという見解が一般的であるが，このように同時期に同一の教師が指導するからこそ，「どこでどのような教科固有の見方・考え方や他教科等との共通性があり，それに気づかせられるか」という視点が教材研究や省察に加わることになる。これは児童への指導効果の期待はもちろん，教師自身がその教科等の中核を見出すための手助けにもなると言える。

② ①をもとにした，**授業中の児童の発言の取り上げや問いかけ，価値づけ**
　資料1・2のように，各教科等の具体的な授業場面において，児童の発言を取り上げ，他教科の見方・考え方との比較・関連の視点で問いかけたり価値づけたり，各教科等の見方・考え方の固有性や共通する部分を補足説明したりした。その時間の教科のねらいを中軸にしながらのはたらきかけであるため，途中で児童の課題解決の思考の流れを混乱させないように，展開としては終末のまとめやふりかえりの場面を中心に行った。そのため，終末部分を抜粋している。

資料1　2015.6.15 国語科の授業発言記録
（終末の抜粋。下線は本研究のために加筆。以下同様）

C：今日は，あの…，「お父さん」は，「ひろし，それ，中辛だぞ。」とか「「ひ
　　ろしも中辛なのか。そうかそうか。」とうれしそうに」とかの言葉を結んで
　　考えると，中辛じゃなくて，ひろしの成長を喜んでいるって読めて①，仲直
　　りのきっかけになっていて，（中略）というのがぼくの読みのまとめです。
T：なるほど。今のSが言ったことは，読みの中身だけでなくて，国語として，
　　いろんな言葉を結び付けながら心情を考えるという，物語の「読み方」を
　　ふりかえっていたね。国語は言葉と言葉の関係を考えたり結び付けたりし
　　ながら心情を想像して味わう学習なんだね。②
C：今日はやっぱり「ひろし」と「お父さん」の会話が根拠になっているのが
　　多かった…
T：そうだね。ちなみに，先週の音楽で合唱した「星空はいつも」でも，歌詞
　　の言葉をよく見たよね。何が似てて何が違うんだろうね。③
C：それはあの…（ほとんどの児童がいろいろな発言をする）
T：Kさんのを聞いてみよう
C：あのー，音楽はね，歌詞，あの言葉から想像するのは一緒だけど，国語は
　　言葉にこだわって結び付けながら「ひろし」とか，作者の重松様（Cn：笑
　　いが起こる）…あ（笑），重松さんの意図とかを考える。で，音楽はってい
　　うと…歌詞だけじゃなくてこの前出てきたメゾフォルテの記号とか，メロ
　　ディの感じとかそういうのも見たり感じたりして，…自分の思いとか，6の
　　1のみんながこうしたいっていう歌い方を工夫しようって考える。私は音楽
　　のその…なんだっけ，あ，そう，「自分たちの意図」をもってメロディにの
　　って工夫して歌うのが…好き。④
C：わかるけど，おれ，国語の読むことの方が実は好きなんよねえ，意外と。
　　（Cn：それ意外（笑））
T：なるほどお…。どちらも情報をもとに考えるのは同じだけど，言葉を結び
　　付けて考える国語と，メロディや記号やあなたの思いを生かして表現する
　　音楽。違う楽しさがあると考えているんだね。⑤

資料2　2015.9.28 算数科の授業発言記録

T：Yくん，つまり？
C：「道のり＝速さ×時間」でいつでも求められる。⑥
T：いつでもいちばん簡単に求められそう？
Cn：うん。
T：そうかあ。昨日の学習からいつでも使えるものを導いたあなたたちはすご
　　い。⑦ じゃあさ，さっきの社会の時間にやった，黒船の来航に対する政府の
　　対応は，いつでも正解はなんだったのかね。⑧
C：いやいや，そんなのないやろう。

T：どういうこと？

C：社会の場合，幕府とか，いろんな人たちは，いろんな考えをもってて，戦もしてきたし，まあ，がまんして従う人もおったやろうけど，なんていうか，そのときはそれが世の中でいいと思って…

C：そうそう。判断するしかない。

T：じゃあ，算数も社会も，考えて答えを出すのは同じだけど，社会は好き勝手でいいってこと？[9]

C：いや，そうじゃなくて…いろんな，その，授業やったらいろんな資料とか，調べたりとかして，事実をつなげて…（Cn：考える）そう，歴史やったら，時代の流れとか，それが起こった原因がその前にあるとか，そういうのから，世の中の問題に対してこうかなと判断するのが大事っていうか。[10]

C：うん。なんやったっけ。絶対正しい答えというより，いろんな状況を調べたうえで考えて決めるっていうか。世の中ってそうやん？…算数みたいにいつもこれで答えが出るってはならんと思う。[11]

T：算数は答えを筋道立てて一つに導く場合も多いけど，社会はいろんな事実を関連付けて考えることが大事で，その時点で納得する答えを出していくしかないときがあるってことかあ。なるほどねえ。

　下線①や⑥のように，その授業のねらいに迫る発言がなされたとき，教師が下線②や⑦のようにそれを価値づけつつ，他教科の見方・考え方との比較・関連の視点で③や⑧⑨を投げかけている。それにより，国語の時間には④⑤のように国語と音楽の共通性や固有性を児童なりに考えつつ，そのよさや好みを語っている。また，算数科では⑩⑪のように社会科との考え方の違いを児童なりに見出していることがわかる。

３−２　継続的な指導による児童の各教科等を学ぶ意義に対する認識の変容

　４月と３月に，アンケートにて以下を問い，両者を比較した。

> Q：小学校でいろいろな教科等（道徳や総合もふくみます）に時間が分かれて学ぶのはなぜだと思いますか。自由に書いてください。

　まず，学級全体の傾向から特徴的だととらえた３名の回答記述をもとに考察する。H児，R児，K児は，４月と３月で表２のように回答が変容した。

　下線⑫のように教科を知識や技能の実用性のみで考えているH児は，３月では下線⑬のように，様々な教科等はそれぞれに特有の対象世界や課題に

表2　3名の4月と3月のアンケート記述

児童	4月	3月
H児	<u>将来，どんな仕事をするかわからないので，国語で字をちゃんと書けたり，算数で計算ができたり，音楽で歌ったり，体育でうまく体を動かしたり，いろんなことができた方がいいからだと思います。</u>⑫	6年生になって，国語は何が大事なのか，算数はどうやって考えるのか，他の勉強と何がにていたりちがっているのかをいろんな授業の終わりとかでけっこう考えてきて，考えるくせがついた気がします。私は音楽が一番好きだし，それは5年生までもそうだったけど，今は一番好きなのが音楽なだけで，他の教科もおもしろいと思うようになりました。なぜかというと，<u>国語は国語らしい考えのもち方みたいなのがあって，たとえば，説明文も，ひっ者の意図が言葉や段落をつなげて考えるとわかってくるとか，図工だったら，材料の手ざわりとか空想とかで自由な発想を生かすとか，算数は，自分が求められる面積を変形させれば新しいのも求められるとかです。社会は，人の心とか自然とか歴史とか生産者と消費者の立場とかが関係しているから，それをむすびつけると考えがいろいろになる場合があるとかもです。</u>みんな頭を使うのはいっしょだけど，比べるとどういうふうに使うのかがちがう。先生が言っていたように，<u>いろんな教科のやり方で世界をみると同じものでもちがって見えるから，いろんな考えができるようにいろんな教科を学ぶんだと思います。</u>⑬
R児	<u>わたしは，高校や大学に行きたいと思っているけど，そのときのテストにはいろんな種類があります。それをためされるので，大変だけどがんばって学ばないといけないからです。</u>⑭	それぞれに別の考え方の大切さがあるから。<u>たとえば，理科は，同じじょうたいで何回やっても同じ結果が出る（再げんせい）かどうかをきちんと実験でたしかめるけど，体育は自分の体の感覚を大事に，他の人とは違う自分だけのコツのようなものを見つけたりする。お手本は見るけど，体が違うから自分の動きと「そのときの感じ」を合わせて。</u>⑮　どちらも，<u>これから困ったことややりたいことがあったときに，それに合わせて役立つやり方とか考え方があるから，いろいろ勉強したほうがいいと思う。違う大事さがあるってことです。</u>⑯
	わからないけど，音楽は歌を歌うし，算数は計算をやらないといけないから，同じにする	たしか同じことを6年生になったばかりのときに書きましたよね？覚えてないけど，よくわからないからてきとうに書いたと思います。でも，今ははっきり言いたいことがあって，1年間で他のとは何がちがうんだろうみたいなことを，よく考えたと思います。5時間目に家庭科をやっていて，自分の家族の好みとかを考えて野菜を小さく

| K児 | と勉強しづらそうだから。[17] | 切ったときに，先生が「Kくん，もっと大きくして，クラスでみんな同じ大きさにすればいいやん」と言われたときに，「算数じゃないんやから，みんなの公式をおれの家族には使えん」と言ったら，めちゃくちゃ先生がほめてくれました。算数には算数の便利さがあって，家庭科には家庭科の大事な考え方があることを上手に言っていると言ってくれました。[18] つまり，そーゆー大事な考え方があってちがう楽しさをじゅぎょうで味わうために種類で分けているんだと思う。[19] |

応じた視点や思考の方法があり，その楽しさがあるという自分なりの教科観を，比較しながら更新していることがわかる。R児は，下線[14]のように進学等の通過手段としてとらえていたものが，3月では下線[16]のように，それぞれに特有の見方や考え方があり，それを学ぶことが生きていくうえで役立つととらえている内容に変容している。K児は，下線[17]のようにあいまいな認識だったものが，下線[18]のように，授業における文脈の中での比較・関連的な視点での指導をうけたことで，下線[19]のような，その教科ならではの考え方の味わいがあるという認識に変容している。同様に学級全員の4月当初と3月の記述内容を分析すると，**表3**のように整理でき，それぞれの割合が明らかとなった。

　表3より，H児ら同様，4月にはほぼ見られなかったエやオの内容が3月には記述されるという変容がほとんどの児童に見られることがわかる。上記は重複もあるが，エ・オのいずれにも言及していない児童はいなかった。つまり，各教科等にはその特質に応じた見方・考え方があること，だからこそ学ぶ意義や楽しさがあるという認識に変容しているといえる。また，3月は26名中25名が，教科や学習内容の具体例を挙げ，それらを比較的に示しながら記述していた。これは，多数の教科等を指導する教師が，年間を通して常にそのときどきの学習内容やその前後を比較したり関連付けたりして各教科等の固有性や共通性を考える機会を促したことに起因すると考えられる。

　これらのことから，比較・関連的な指導は，児童が各教科にはその教科ならではの見方・考え方の楽しさや生かし方があるという「教科を学ぶ意義」

表3　学級全体の４月と３月の記述内容の変化（N=26, 重複あり）

記述内容	４月	３月
ア　下線⑰のように，「よくわからない」あるいは「勉強しづらそう」ととらえている内容	3名 (11.5%)	0 (0%)
イ　下線⑭のように，「教科ごとに行われるテストの対策など，進学や就職のための通過手段」としてとらえている内容	11名 (42.3%)	0 (0%)
ウ　下線⑫のように，「それぞれの知識・技能が将来の仕事やその選択に役立つから」ととらえている内容	14名 (53.8%)	9名 (34.6%)
エ　下線⑬⑲のように，「特有の見方や考え方が学びや世界の見え方を楽しくすることにつながる」ととらえている内容	1名 (3.8%)	18名 (69.2%)
オ　下線⑯のように，「それぞれに特有の見方や考え方があり，それを学ぶことが生きいくうえで役立つ」ととらえている内容	2名 (7.6%)	20名 (76.9%)
カ　下線⑬⑭⑱のように，複数の教科等の具体例を挙げながら比較的に述べているもの	10名 (38.4%)	25名 (96.1%)
未実施	1名 （途中転入） (3.8%)	0 (0%)

の認識を形成していくことに効果的であることが示唆された。それは同時に，学級担任が，各教科等の見方・考え方の固有性や共通性を比較・関連的にとらえて指導していくことを専門的な指導力としてもつことの意義や必要性も示唆されているといえる。

3－3　全体考察

　学級担任制では，これまでも教科等間を関連させやすいことや児童の実態を横断的に見て授業や生徒指導に生かせることがよさとして語られてきた。しかし，今回の児童の認識の変容は，単に学級担任が多数の教科等を指導するだけでは至らないだろう。表1に示したように，見方・考え方という視点（その教科固有の，あるいは共通する視点や考え方）で1日や週間の複数の学習内容を見通し，教師自身が常に各教科等間を比較・関連付けて考えることを習慣化して教材研究・授業づくりしたこと。そして，授業中も教師が見方・考え方の固有性や共通性につながる児童の発言や行為を取り上げ，思考

を促したり価値づけたりしたことによって，それが児童にも投影されたものと見ることができる。これは，多数の教科等を同一教師が指導する際に，その教科等固有の，あるいは共通する見方・考え方とは何かを常に問い続けながら日々の授業を運営していくという指導方法論が，「特定教科の専門」ではなく，「多数の教科等を指導する専門」としての要件となりうる可能性を示唆している。

　当然，単一教科の目標・内容・方法の深い見識を生かしやすいのは専科教師であろうし，専科教師ほどの深い教材研究や授業は学級担任には困難である。しかし，見方・考え方の固有性や共通性を多様な授業の中で比較・関連的に取り上げて考えさせることで形成される認識があることもまた，児童の認識からは示唆されている。複数の教科等で働かせている見方・考え方を比較的に見てその共通性や固有性を見出しつつ，それを授業の状況や児童の実際の姿と照らし合わせて，いつ，どの児童の何を取り上げ，どのように紹介したり問い返したりするかを判断することは，教科担任制での別々の教師では不可能に近い。カリキュラム・マネジメントを駆使してできるかぎりの連携をしたとしても，限られた時間の中で日々そのような多様で複合的な文脈を複数の教師で完全に共通理解することは不可能だからである。

　また，多数の教科等を指導することによる教師の負担の面においても，各教科等をならべたりつなげたりして比較・関連的に教材研究や授業を行っていくことは，それぞれを個別に行うそれよりも，各教科等の核心は何なのかを見出そうとする姿勢を生み出すと考えられる。比較する視点をもつからこそ「ならではの見方・考え方」は浮き彫りになりやすい。これは，教材研究や授業準備の効率化につながるものと言えよう。

4　結論と今後の課題

　本研究では，児童の「教科等を学ぶ意義」に対する認識に焦点をあて，多数の教科等を指導する学級担任の立場だからこそなしうる方法やその効果について，実践的に検討することを目的とした。検討の結果，以下の二つが，児童が教科等を学ぶ意義（見方・考え方にかかわる価値）の認識に効果的で

あることが示唆された。

　一つは，教師自身が一日や一週間で学習する教科等群の単元やその学習内容やそれと連動した「見方・考え方」を比較・関連的に見ることで，それらの共通性や固有性は何か，その共通性や固有性，価値をどのように授業の中で児童の認識につなげうるかを，事前の教材研究・授業準備の段階で検討し続けることであった。

　二つは，それを生かしながら，実際の授業において，その学習内容の直接的なねらいだけでなく，見方・考え方の共通性や固有性を見出す機会になりうると判断した児童の発言や様相を取り上げて，他教科の見方・考え方との比較を促す問いかけをしたり，児童なりの教科等の見方・考え方に対する考えを価値づけたりすることである。これを年間を通して行い続けることで，児童の教科等を学ぶ意義の中核と言える見方・考え方への認識を強めることが本実践からは示唆される。

　これら二つの手だてを図化すると図1のようになろう。これは，教師と児童両者が，教科間の比較・関連付けの視点で見方・考え方の共通性や固有性，価値を見出し続ける手立てといえる。確かに多数の教科等を指導することは，単一教科を担当する専科教員ほどの深い教材研究が現実的に困難であるし，地道にそれぞれの教科について学んでいくことも要求される。しかしこのような手立ては，各教科等の本質的な意義としての固有性・共通性を見出そうとする姿勢と目を教師と児童の双方に養う。それは単一教科を深く学ぶだけでは養われづらいと思われる。その点で多数の教科等指導を行う教師の比較・関連的な指導は，教科による専門の分化にはない教科等教育としての意義が見出される。多数の教科等を指導する立場でこそ見取れる児童の多様な学習活動や発言を，授業中の文脈に即してつなぐことでこそ可能になる指導だからである。特に小学校段階は，教科にはそれぞれどのような特質や魅力があるのか，単に知識や技能を身に付けるだけでなく「対象世界をどのように見て，どのように考えるのか」といった，それぞれの知の組み立て方やその楽しさの固有性や共通性を味わったり認識したりすることが，その後の学びに強い影響を及ぼすものと思われ，重要な経験と言えよう。

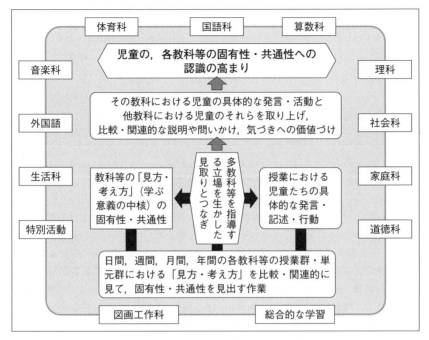

図1 多教科等の指導における比較・関連的な指導

　これは，学級担任制と教科担任制のどちらがよいかという議論ではない。既に述べたように教科担任制も複数の面で意義がある。ここで肝要なのは，学級担任制（多数の教科を同一教師が指導する体制）には，児童が各教科等を学ぶ意義を考えるという教科教育の側面で見ても，方法によって教科担任制にはない意義があることが示唆されたことである。そのこともふまえて各学校の実態に応じた最適な体制づくりを考えていく必要がある。

　本研究では，児童の教科学習の意義の認識に焦点を絞った。しかし，教科担任よりも学級担任が行いやすい指導である教科等横断的な指導は，比較・関連的な指導だけでなく，合科的な指導もある。今後はそれによってそれぞれの見方・考え方をより豊かにすることができるのか，そうであればどのような方法によってかについても検討していきたい。

[キーワード]

教科等の見方・考え方（discipline-based epistemological approach），学級担任制（class-based teacher assignments），比較・関連的な指導（Teaching to compare and relate subjects to each other）

【註】

(1)　教師の専門性に関する研究は，認知プロセス・思考様式の側面としては "Schön, D.A., The Reflective Practitioner: How Professionals Think in Action. New York: Basic Books, 1983." や "Korthagen,F.A.J., Reflective teaching and preservice teacher education in the Netherlands. Journal of Teacher Education, 9(3),317-326,1985." の省察的実践，「吉崎静夫「授業における教師の意思決定モデルの開発」日本教育工学雑誌 12 巻 2 号，1988 年，51-59 頁」の意思決定，「佐藤学，岩川直樹，秋田喜代美「教師の実践的思考様式に関する研究 -1- 熟練教師と初任教師のモニタリングの比較を中心に」東京大学教育学部紀要 30 号，1990 年，177-198 頁」の実践的思考様式などの研究，知識としての側面では "Elbaz,F., Teacher thinking: A study of practical knowledge. London: Croom Helm,1983" などの経験的個人的知識，"Leinhardt,G., Situated knowledge and expertise in teaching. In J. Calderhead(Ed.) Teachers professional learning. London: The Falmer Press,1988,146-168." の状況的知識，"Shulman,L., Knowledge and Teaching: Foundations of the New Reform, Harvard Educational Review．Vol.57(1)，1987,1-22." の PCK などの研究，信念・コミットメントの側面としては「久冨善之『教師の専門性とアイデンティティ』勁草書房，2008 年」などの研究，情動・動機の側面としては「木村優『情動的実践としての教師の専門性』風間書房，2015 年」の研究など，多岐にわたる。しかしここでは，小学校教師における専門性，その中でも特に教科等教育に関する専門性に焦点化した問題意識として議論を展開する。

(2)　岩田康之，別惣淳二，諏訪英広編『小学校教師に何が必要か』東京学芸大学出版会，2013 年。

(3)　中央教育審議会「「令和の日本型学校教育」の構築を目指して〜全ての子供たちの可能性を引き出す，個別最適な学びと，協働的な学びの実現〜（答申）」2021 年 1 月 26 日。

(4)　義務教育 9 年間を見通した指導体制の在り方等に関する検討会議「義務教育 9 年間を見通した教科担任制の在り方について（報告）」文部科学省，2021 年 7 月。

⑸　下村哲夫『教育学大全集14　学年・学級の経営』第一法規出版，1982年，190頁。

⑹　児島邦弘『学校と学級の間　学級経営の創造』ぎょうせい，1990年，171-175頁。

⑺　日俣周二「学級担任制」安彦忠彦他編『新版　現代学校教育大事典1』ぎょうせい，2002年，423頁。

⑻　木原俊行「小学校における教科担任制の新展開」児島邦宏『特色ある学校づくりのための新しいカリキュラム開発 第5巻 確かな学力をはぐくむ教育組織の多様化・弾力化』ぎょうせい，2004年，88-96頁。

⑼　Shulman,L., Knowledge and Teaching: Foundations of the New Reform, Harvard Educational Review. Vol.57(1)，1987,1-22. では，専門職である教師が備えるべき知識類型として，「内容に関する知識」「一般的な教授法に関する知識」「カリキュラムに関する知識」「PCK（pedagogical content knowledge）」「学習者に関する知識」「教育文脈についての知識」「教育目標・価値とその哲学・歴史的根拠に関する知識」の7つを挙げている。また近年では，Mishra and Koehler（2006）が，PCKの理論的枠組みを援用し，ICT等の活用技術も含めた「技術と関わる教育的内容知識」としてTPACK（Technological Pedagogical Content Knowledge）という概念を提唱し，その概念を用いた研究も進められている。（Mishra,P., and Koehler,M.J. Technological pedagogical content knowledge: A framework for teacher knowledge. Teachers College Record,108(6),2006,1017-1054.）

⑽　文部科学省『小学校学習指導要領（平成29年告示）解説　総則編』東洋館出版社，2018年，4頁。また，奈須正裕『資質・能力と学びのメカニズム』（東洋館出版社，2019年，46頁）においても，奈須が「見方・考え方」が教科の本質であることを述べている。尚，総則編76頁に「各教科等において…（中略）…学習の対象となる物事を捉え思考することにより，各教科等の特質に応じた物事を捉える視点や考え方（以下「見方・考え方」という。）が鍛えられていくことに留意し」とあるように，見方・考え方はその教科の本質として，資質・能力と相互の関係として「働かせ」ながら「鍛え」ていくものであることが示されている。

⑾　文部科学省，同上，4頁。

⑿　4月第4週で授業者は，教科等の中で特に社会科，算数科，理科，体育科の学習内容及び方法が，比較・関連的な指導を行ううえで効果的であると判断して指導計画を立てていた。そのため，その4教科を取り上げて表にしている。

VR動画の教育効果と活用について
—工場見学における VR 教材と動画教材との比較を通じて—

関西外国語大学短期大学部 **西村 泰長**

Ⅰ はじめに

1）研究の背景

　バーチャルリアリティー（以下 VR）技術を使った教育コンテンツは，仮想現実の下での『模擬体験』をとおした学びの機会の提供であり，受動的に視聴する通常の動画と違い，自分の関心に応じて，視聴者が仮想空間内を自由に移動し，対象物に触れたり，動かしたりする等，自発的に何らかの動作や行為を行う能動的な操作による学習が可能である。

　2019 年からの新型コロナウイルスの感染拡大により，中止を余儀なくされた工場見学の対応策として，多くの企業が導入した VR 動画[注1] による工場見学は，外出制限下であっても仮想現実の下，気軽に自宅での工場見学を可能にした。

　「工場見学」は従前から教育現場においても，実社会の見学・体験を通した学習理解の深化や知的好奇心の向上，キャリア教育の一環等，小学校から大学まで多様な目的により導入されてきた。とはいえ，実際の工場見学は受講学生の交通費負担や前後の時間割の関係で一部の学生が参加できない等の問題で実施のハードルが高い。また，工場見学は決められた見学コースを順路に従って見学する必要があり，見学不可の場所や機械の停止等により，見学者の行動が制限される場合もある。

　その点，VR 動画による工場見学は，自分が興味のある製造工程から見学することや，機械が動いている時の様子を動画で見ることができ，仮想現実

の下とはいえ，実際の工場見学よりも制限なく自発的な行動が可能である。

　授業時間内でも手軽に実施できるVR動画は，授業運営上での物理的な利便性に優れていることは明らかであるが，このような能動的な操作で得られる学習が，知識の深化や学習意欲の向上といった教育効果に繋がるかが検証されなければ教育コンテンツとしての活用は難しい。

　先行研究をみると，今井（2020 p53-62）[1]が360度映像を利用した教材を小学生と教員に視聴させて，その実用性についてアンケート調査を行い，360度映像の能動的な操作によって視聴者の知的好奇心を向上させることを示した。同様に瀬戸崎（2017 p15-24）[2]も能動的に操作を行う全天球パノラマVR教材と呼ばれる学習教材を使用した調査で，学生たちの関心や意欲，理解度や実感といった項目で高い評価を得たことを示した。

　実際の工場見学による教育効果の先行研究では，燕（2019 p31-36）[3]が，長岡市の名産である米菓について，学生に手焼きによる米菓作りを体験させた後，米菓工場の見学を行うことで，学生に主体的に学ぶ姿勢を身につけさせ，活発な意見交流を可能にした授業形態を実現し，主体的対話的な学習効果があったとしている。また，高橋（2013 p211-216）[4]は，キャリア教育の一環として工場見学を実施し，見学後の報告書とアンケート結果から，学習に対するモチベーションの向上と，それに伴う工場見学の前後で成績上昇が見られたことを示した。

　これらの先行研究は，VR技術を使用した教材であっても，実際の工場見学であっても授業で学習した知識について，見学や体験（VR体験を含む）を通じて，さらに深化させ，学習意欲の向上に繋げる効果があることを示している。

２）研究の目的

　これまでのVR技術を使った教育コンテンツに関する先行研究は，主に小学校教育に係る研究成果が多く，高等教育での活用を念頭においた研究は少ない。

　本稿では大学生を対象に，清酒製造に関するVR動画（以下VR教材）と動画視聴（以下動画教材）を交互に使用したうえで，アンケート調査を実施

し，その考察から製造方法についての理解の深化と学習意欲の向上に関する効果を明らかにするとともにVR教材の活用方法についても検討する。

　具体的には，第1に能動的な操作による学習が可能なVR教材と一方的に動画を視聴し，受動的に学習する動画教材とで，その学習方法の違いが清酒の製造工程に係る理解や学習意欲にどのような違いを生むかを考察する。第2にVR教材と動画教材を組み合わせることによって，理解や学習意欲にどのような変化があるかを考察する。第3に組み合わせの順序によって，理解度や学習意欲に違いが生じるのかを考察する。最後にこれらの考察を踏まえて，VR教材の活用方法を考える。

　当該研究により，例えば，高等学校や大学における就職活動時の企業研究の理解や就職活動に向けた動機づけ等キャリア教育に活用されることも期待できる。

Ⅱ　調査のための準備

1）授業科目『ツーリズム』について

　関西外国語大学で筆者の担当する『ツーリズム』の授業科目は2クラス（クラス⑦およびクラス⑧）で，講義形式で行われ，動画や写真を補助教材としながら観光の成立過程を様々な観点から考察し，多角的にツーリズムを理解することを目的としている。本稿ではこの2クラスを対象としてアンケート調査を実施した。

　当該授業において，VR教材として清酒業を選択した理由は以下の2点である。

　第1に，伝統産業である清酒業は，資料館や酒蔵見学等，近年では酒蔵ツーリズムの担い手として，地域観光の中心的役割を果たしており（西村2013 p273-276）[5]，伝統産業が地域の観光資源として活用され観光地が形成されるという成立過程を理解するのに有意義な事例であること。

　第2に，清酒を観光資源化するための要素として，清酒の伝統的な製造方法を理解することが重要となるが，清酒が米，米麹および水を主原料に発酵させた後，上槽（こす）し，熟成する（秋山1994 p38-77）[6]という順序立て

た製造工程によって醸造されている点である。前述のとおりVR動画による工場見学は，自身の関心に応じて各製造工程を自由に見学することが可能であるが，順序立てた製造工程が確立されている清酒の製造方法を理解するためには最終的にすべての製造工程を見学する必要がある。これにより，製造工程順に順序だてて説明する動画教材とそうでないVR教材との比較が成り立つと考えられるからである。

２）授業で使用するVR教材と動画教材について

　履修者の大半が清酒に関して初学者であるため，本講において工場見学を行う意義は，①製造方法に関する知識の獲得とその理解，②清酒に対する関心を高め，さらなる学習意欲の向上を促すという２点である。

　両動画を視聴する目的はどちらも上記２点であるが，その学習方法は，一方的に動画を視聴する受動的な学習と能動的な操作による学習で異なる。

　授業で使用するVR教材は，秋田県にある日の丸醸造株式会社[7]のホームページ上のバーチャル工場見学を使用する。当該ホームページにアクセスし，画像を読み込むとVR動画がスタートする。VR動画になると，閲覧者は自由に工場内を360度見渡すことができ，興味のある場所を拡大したり，画面上の丸印部分をクリックして，作業の様子や作業工程の詳しい説明を見ることができる（**図１，図２**）。閲覧者は同じ要領で，仕込蔵，釜場，酒母室，麹室，槽場，洗米場等，重要な作業工程を順次見学することができる。ゆっくり見学しても20分程度で終了する。

　学生は，清酒の製造工程順に見学することも自身の関心に応じて工場内を見学することも可能である。自発的に工場内を回りながら学習し，製造工程

図１，図２　VR工場見学の様子①，②

等を理解していく。

　授業で使用する動画教材は，日本酒造協同組合連合会が作成したDVDで，『日本酒が出来るまで』[8]を使用する。清酒の製造方法を製造工程順に工場内の各作業場での作業風景を紹介しながら解説をする15分程度の動画である。学生は映像と解説を受動的に視聴し，メモを取りながら製造工程等を理解していく。

3）アンケートの実施方法および内容

　当該アンケートは『ツーリズム』のクラス⑦とクラス⑧の2クラスで実施する。アンケート内容については図3と図4のとおりである。

　実施方法については概要を表1にまとめている。当該アンケートは分析を深めるために2段階に分けて実施し，第1段階では，クラス⑦がVR教材を，クラス⑧が動画教材を視聴し，両クラスともアンケート①を回答する。

　アンケート①は，問1から問6までは清酒の製造方法に関する知識理解を，問7から問10は学習意欲の変化をそれぞれ分析するために質問を設定している。これはそれぞれの動画教材を初見の段階で，能動的な操作で得られる学習と一方的に視聴する受動的な学習で，知識理解と学習意欲に関する回答にどのような違いが生じるのかを検証するためである。

　第2段階は，アンケート①の回答後，クラス⑦は動画教材を，クラス⑧はVR教材を視聴しアンケート②を回答する。

　アンケート②の問1から問10はアンケート①と同じ質問を設定している。これは2つの狙いがある。1つ目に両方の動画教材を組み合わせることで，各クラスの第一段階と第二段階で回答にどのような違いが生じるかを検証するためである。2つ目に両動画教材の使用順序の違いが回答にどのような影響を与えるかを検証するためである。

　アンケート②の問11から問15はVR教材と動画教材との比較を様々な観点から質問している。これは学習者自身が，どちらの学習教材が，知識理解や学習意欲の向上に貢献したと感じているかを検証するためである。問16と問17は，VR教材について，能動的な操作による学習行動のメリットをさらに掘り下げるために設定した。問18では統計的な結果に表れない意見

ツーリズム授業外学習①-1

学籍番号（　　　　　　　　　）
氏　　名（　　　　　　　　　）

0. 事前アンケート
問1　年齢は？
　　　□20歳未満　□20歳以上
問2　清酒の工場見学に行ったことがあるか？
　　　□行ったことがある　□行ったことがない
問3　清酒の飲用について
　　　□よく飲む　□飲んだことはある　□飲んだことがない
問4　清酒製造方法について（動画視聴またはVR工場見学を行う前）
　　　□かなり知っている／□知っている／□あまり知らない／□知らない
問5　清酒について興味がある（動画視聴またはVR工場見学を行う前）
　　　□強くそう思う／□そう思う／□あまりそう思わない／□そう思わない

＊＊＊
Ⅰ．動画視聴またはVR工場見学を行ったうえで，次の質問に答えてください（問1～10）
　　（チェックボックスにチェックを一つ入れる）
問1　①麹造り（麹菌を増やす）②仕込み（蒸米，酵母，麹を混ぜる）③浸漬（米を水に浸す）
　　　④酒母造り（酵母を増やす）⑤上槽（しぼる，こす）の工程のうち，最初に行う工程（作
　　　業）は？
　　　□麹造り／□仕込み／□浸漬／□酒母造り／□上槽
問2　①麹造り（麹菌を増やす）②仕込み（蒸米，酵母，麹を混ぜる）③浸漬（米を水に浸す）
　　　④酒母造り（酵母を増やす）⑤上槽（しぼる，こす）の工程のうち，最後に行う工程（作
　　　業）は？
　　　□麹造り／□仕込み／□浸漬／□酒母造り／□上槽
問3　以下に挙げる道具のうち，搾り（しぼり）に使用しない道具を一つ答えてください。
　　　□槽（ふね）／□甑（こしき）／□酒袋（さかぶくろ）／□自動圧搾機（じどうあっさくき）
問4　麹が造られる専用の部屋を何といいますか
　　　□麹場／□釜場／□槽場／□麹室／□酒母室
問5　清酒製造工程（流れ）についてどの程度理解できましたか。（一番近いものにチェック）
　　100　　90　　80　　70　　60　　50　　40　　30　　20　　10　　0　　（%）
　　├──┼──┼──┼──┼──┼──┼──┼──┼──┼──┤
　　□　　□　　□　　□　　□　　□　　□　　□　　□　　□　　□
問6　各製造工程の作業内容（作業風景）についてどの程度理解できましたか。（一番近いもの
　　にチェック）
　　100　　90　　80　　70　　60　　50　　40　　30　　20　　10　　0　　（%）
　　├──┼──┼──┼──┼──┼──┼──┼──┼──┼──┤
　　□　　□　　□　　□　　□　　□　　□　　□　　□　　□　　□
問7　もっと清酒について深く学びたい。
　　　□強くそう思う／□そう思う／□あまりそう思わない／□そう思わない
問8　清酒の歴史など，製造方法以外についても学びたい。
　　　□強くそう思う／□そう思う／□あまりそう思わない／□そう思わない
問9　清酒以外の酒の製造方法についても学びたい。
　　　□強くそう思う／□そう思う／□あまりそう思わない／□そう思わない
問10　実際の製造現場を見学したい。
　　　□強くそう思う／□そう思う／□あまりそう思わない／□そう思わない

図3　アンケート①の内容

ツーリズム授業外学習①-2

学籍番号（　　　　　　　　　）
氏　名（　　　　　　　　　）

Ⅰ．動画視聴またはVR工場見学を行ったうえで，次の質問に答えてください（問1～10）
　　（チェックボックスにチェックを一つ入れる）

問1　①麹造り（麹菌を増やす）②仕込み（蒸米，酵母，麹を混ぜる）③浸漬（米を水に浸す）
　　　④酒母造り（酵母を増やす）⑤上槽（しぼる，こす）の工程のうち，最初に行う工程（作
　　　業）は？
　　　□麹造り／□仕込み／□浸漬／□酒母造り／□上槽

問2　①麹造り（麹菌を増やす）②仕込み（蒸米，酵母，麹を混ぜる）③浸漬（米を水に浸す）
　　　④酒母造り（酵母を増やす）⑤上槽（しぼる，こす）の工程のうち，最後に行う工程（作
　　　業）は？
　　　□麹造り／□仕込み／□浸漬／□酒母造り／□上槽

問3　以下に挙げる道具のうち，搾り（しぼり）に使用しない道具を一つ答えてください。
　　　□槽（ふね）／□甑（こしき）／□酒袋（さかぶくろ）／□自動圧搾機（じどうあっさくき）

問4　麹が造られる専用の部屋を何といいますか
　　　□麹場／□釜場／□槽場／□麹室／□酒母室

問5　清酒製造工程（流れ）についてどの程度理解できましたか。（一番近いものにチェック）

100	90	80	70	60	50	40	30	20	10	0	(%)
□	□	□	□	□	□	□	□	□	□	□	

問6　各製造工程の作業内容（作業風景）についてどの程度理解できましたか。（一番近いもの
　　　にチェック）

100	90	80	70	60	50	40	30	20	10	0	(%)
□	□	□	□	□	□	□	□	□	□	□	

問7　もっと清酒について深く学びたい。
　　　□強くそう思う／□そう思う／□あまりそう思わない／□そう思わない

問8　清酒の歴史など，製造方法以外についても学びたい。
　　　□強くそう思う／□そう思う／□あまりそう思わない／□そう思わない

問9　清酒以外の酒の製造方法についても学びたい。
　　　□強くそう思う／□そう思う／□あまりそう思わない／□そう思わない

問10　実際の製造現場を見学したい。
　　　□強くそう思う／□そう思う／□あまりそう思わない／□そう思わない

Ⅱ．動画とVR工場見学を比較して回答してください。
　　（チェックボックスにチェックを一つ入れる）

問11　理解しやすかったのはどちらの教材ですか
　　　□動画視聴／□VR工場見学／□どちらも同じ

問12　おもしろかったのはどちらの教材ですか
　　　□動画視聴／□VR工場見学／□どちらも同じ

問13　酒造りへの関心が高まったのはどちらの教材ですか
　　　□動画視聴／□VR工場見学／□どちらも同じ

問14　工場見学に行きたくなるのはどちらの教材ですか
　　　□動画視聴／□VR工場見学／□どちらも同じ

問15　清酒が買いたくなるのはどちらの教材ですか
　　　□動画視聴／□VR工場見学／□どちらも同じ

Ⅲ．VR工場見学について回答してください。

問16　工場見学に行かなくても VR 工場見学で代替できる。
　　　□強くそう思う／□そう思う／□あまりそう思わない／□そう思わない
問17　VR 工場見学をして，良かった点は何ですか（複数選択可）
　　　□実際の作業工程を確認しながら，授業で学習した知識を整理できたこと
　　　□実際の作業風景をみることで，学習知識を深めることができたこと
　　　□関心がある作業工程を主体的に見学できること
　　　□「清酒」について，さらに関心が高まったこと
　　　□臨場感があり，リアルな酒造りの様子がわかったこと
　　　□工場全体の様子がわかったこと
　　　□その他（　　　　　　　　　　　　　　　　　　　　　　　　）
　　　□特になし
Ⅳ．バーチャル工場見学を体験した感想を自由に書いてください。

図4　アンケート②の内容

表1　クラス⑦とクラス⑧の実施方法の概要

	『ツーリズム』クラス⑦	『ツーリズム』クラス⑧
開講学部	大学全学部 1 回生〜 4 回生	大学全学部 1 回生〜 4 回生
曜日・時限	月曜 3 限，金曜 3 限	火曜 3 限，金曜 4 限
履修者数	67 名	71 名
実施方法	課題・Blackboard に提出	課題・Blackboard に提出
実施期間	6/20 〜 6/24 正午	6/24 〜 6/28 正午
視聴順序	① VR 教材⇒②動画教材	①動画教材⇒② VR 教材

を収集するために自由記述を設けた。

　また，アンケート①の回答前に，事前アンケートとして，年齢，清酒の飲用歴，工場見学の経験の有無等，アンケート分析をより深めるために回答者の属性を尋ねている。

　両クラスとも授業内容は同じであり，アンケートは Blackboard[注2] 上で実施した。

Ⅲ　アンケートの結果と考察

　両クラスともアンケート①と②はセットであり，片方しか提出していないものは回答者数から除外している。アンケート①，②の両方を提出し，一つの問いに対して複数回答しているものや（アンケート②問 17 を除く），チェ

ック漏れがある場合は，回答者数の母数には含めるが，未回答として処理している。その結果，クラス⑦は履修者数67名に対してアンケート回答者は57名で回収率が85.1％，クラス⑧は履修者数71名に対してアンケート回答者は57名で回収率が80.3％となった。

1）事前アンケートについて

表2は事前アンケートの問1から問5の回答をまとめている。

これをみると飲酒が可能な20歳以上は68.4％と7割近くになるが，「今までに清酒を飲用したことがない」との回答は65.8％であり，20歳以上であってもその約半数が清酒の飲用経験がないと回答している。清酒への興味に

表2　事前アンケート問1から問5の回答結果

質問	回答	クラス⑦	クラス⑧	合計	
				人数	割合
問1 （年齢）	20歳未満	17	18	35	30.7％
	20歳以上	39	39	78	68.4％
	未回答	1	0	1	0.9％
	合計	57	57	114	－
問2 （工場見学に 行ったことがある）	行ったことがある	1	2	3	2.6％
	行ったことがない	55	55	110	96.5％
	未回答	1	0	1	0.9％
	合計	57	57	114	－
問3 （清酒飲用に ついて）	よく飲む・飲んだことはある	17	20	37	32.5％
	飲んだことがない	38	37	75	65.8％
	未回答	2	0	2	1.8％
	合計	57	57	114	－
問4 （清酒製造方法 について）	かなり知っている・知っている	1	3	4	3.5％
	あまり知らない・知らない	54	53	107	93.9％
	未回答	2	1	3	2.6％
	合計	57	57	114	－
問5 （清酒について 興味がある）	強くそう思う・そう思う	21	30	51	44.7％
	あまり思わない・思わない	32	26	58	50.9％
	未回答	4	1	5	4.4％
	合計	57	57	114	－

表3　問1から問4までの正解率の平均値の比較

| | I 問1〜問4の正解率（平均値） | | 差異
(b-a) | t | P | 有意差 |
	a）アンケート①	b）アンケート②				
A）クラス⑦ （n=57）	64.5	76.8	12.3	3.4099	0.0012*	あり
B）クラス⑧ （n=57）	74.6	81.1	6.5	2.6681	0.0100*	あり
差異（B-A）	10.1	4.3				
t	1.8560	1.0208				
P	0.0661**	0.3095				
有意差	なし	なし				
クラス⑦SD	30.3	25.6				
クラス⑧SD	27.1	19.5		$*P<0.05, **P<0.1$		

ついては，年齢に関係なく約半数が「興味がない・あまりない」と回答した。清酒の製造方法についての知識は93.9％が「知らない・あまり知らない」と回答し，96.5％が工場見学の経験がなかった。受講する学生たちは，清酒製造に関する知識はほぼなく，こうした清酒の製造を授業内での動画で初めて見る学生が大半である。清酒を製造した経験や資料館・工場を見学したことのある学生は少ない。

2）アンケート①および②の問1から問4までの結果および考察

　表3はアンケートの①および②の問1から問4までの回答と，それを分析した結果である。問1から問4は清酒の製造方法の簡単な知識を問う質問であり，表3では問1から問4までの正解率の平均値を示している。これをみるとVR教材を先に視聴したクラス⑦より，動画教材を先に視聴したクラス⑧のほうが，正解率が高いことがわかる。

　また，VR教材と動画教材の両方を組み合わせることによって，アンケート①よりもアンケート②のほうが，クラス⑦で12.3ポイント，クラス⑧で6.5ポイントの上昇がみられた。クラス⑦とクラス⑧の比較ではアンケート①，②ともにクラス⑧の方が高い数値を示したが，有意差は確認できなかった。

3）アンケート①および②の問5の結果および考察

表4　問5の正解率の平均値の比較

	問5		差異 (b-a)	t	P	有意性
	a) アンケート①	b) アンケート②				
A) クラス⑦ （n = 57）	52.8	65.3	12.5	3.7803	0.0004*	あり
B) クラス⑧ （n = 57）	67.2	76.8	9.6	2.9922	0.0041*	あり
差異（B-A）	14.4	11.5				
t	3.3098	3.3448				
P	0.0013*	0.0011*				
有意性	あり	あり				
クラス⑦SD	20.2	20.9				
クラス⑧SD	25.5	15.4	*P < 0.05, **P < 0.1			

　表4はアンケート①および②の問5の回答の平均値と，それを分析した結果である。問5は製造工程の流れの理解を問う質問である。これをみると，先に動画を視聴したクラス⑧のほうが，アンケート①で14.4ポイント，アンケート②で11.5ポイント高い数値を示した。最初の学習コンテンツがVR教材か，あるいは動画教材か，による差は大きく，両方を組み合わせた場合（アンケート②）でもクラス⑦が12.5ポイント，クラス⑧が9.6ポイント上昇するが，その差は僅か2.9ポイント縮小するに止まった。このことは，動画教材が清酒の製造順に説明されていくのに対して，VR教材は製造順に見学することもできるが，能動的な操作が可能な分，自身の興味に応じて工場見学ができるために起きたことと考えられ，全体的な流れや全体像を把握するのは動画教材での学習のほうが向いていると考えられる。また，クラス⑦の動画教材視聴後の数値（アンケート②）が，クラス⑧の動画教材視聴後の数値（アンケート①）を下回っていることから，クラス⑦ではVR教材による理解が進まなかったことを示している。こうしたことを踏まえると，まず動画教材で清酒製造の流れを把握したあと，VR教材により工場見学を行ったほうが効果的といえる。

4）アンケート①および②の問6の結果および考察

　表5はアンケートの①および②の問6の回答の平均値と，それを分析した

表5　問6の正解率の平均値の比較

	問6		差異 (b-a)	t	P	有意差
	a）アンケート①	b）アンケート②				
A）クラス⑦ （n=57）	56.5	68.1	11.6	3.0853	0.0032*	あり
B）クラス⑧ （n=57）	73.0	77.7	4.7	3.1493	0.0026*	あり
差異（B-A）	16.5	9.6				
t	4.3588	2.9019				
P	0.0000*	0.0045*				
有意差	あり	あり				
クラス⑦SD	21.5	21.1				
クラス⑧SD	18.4	13.2	*P < 0.05, **P < 0.1			

結果である。

　問6は各作業内容の理解を問う質問である。問6についても，クラス⑧のほうが，アンケート①で16.5ポイント，アンケート②で9.6ポイント高い数値を示した。両方を組み合わせた場合，その差は約7ポイント縮小するものの，依然として10ポイント程度クラス⑧が高い数値を示す。このことは，製造方法の知識を初めて理解するには，製造方法を順序立てて説明している動画教材の方が優れているという結果を示している。

　問6においても問5と同様に，クラス⑦の動画教材視聴後の数値（アンケート②）が，クラス⑧の動画教材視聴後の数値（アンケート①）を下回っていることから，1回目の視聴において，VR教材による理解が進まなかったことを示した。また，動画教材とVR教材を組み合わせて視聴した場合，両クラスともに数値の上昇がみられるため，両教材を組み合わせて学習したほうが効果が大きいことがわかった。加えて，動画教材を先に見せて，VR教材を後に見せた方がその逆より高い数値を示した。

　これらを踏まえると，動画教材により知識理解や学習の動機付けを行ったうえで，VR教材を使用したほうが知識理解の数値が高まることが明らかになった。VR教材が新しい知識を体系的に学習するといった教科書のような使用方法ではなく，一度学習した知識の確認や知識を深化させる教材に適し

ているといえる。

5）アンケート①および②の問 7 から問 10 の結果および考察

　表6は問 7 から問 10 の回答を示したものである。問 7 から問 10 は清酒に対する学習意欲に関して質問したものである。VR教材または動画教材を視聴する前に清酒に対する興味を質問した事前アンケートの問 5 では，清酒に興味があると回答した割合が50％未満であったのに対して，両教材視聴後

表6　問 7 から問 10 までの回答の比較

質問	回答	アンケート①				アンケート②			
		クラス⑦	クラス⑧	合計		クラス⑦	クラス⑧	合計	
				人数	割合			人数	割合
問7（清酒について深く学びたい）	強くそう思う・そう思う	42	50	92	80.7%	43	49	92	80.7%
	あまりそう思わない・思わない	14	6	20	17.5%	13	6	19	16.7%
	未回答	1	1	2	1.8%	1	2	3	2.6%
	合計	57	57	114	−	57	57	114	−
問8（清酒の歴史など，製造方法以外についても学びたい。）	強くそう思う・そう思う	32	44	76	66.7%	39	47	86	75.4%
	あまりそう思わない・思わない	24	11	35	30.7%	16	8	24	21.1%
	未回答	1	2	3	2.6%	2	2	4	3.5%
	合計	57	57	114	−	57	57	114	−
問9（清酒以外の酒の製造方法についても学びたい。）	強くそう思う・そう思う	44	50	94	82.5%	47	49	96	84.2%
	あまりそう思わない・思わない	12	6	18	15.8%	10	8	18	15.8%
	未回答	1	1	2	1.8%	0	0	0	0.0%
	合計	57	57	114	−	57	57	114	−
問10（実際の製造現場を見学したい。）	強くそう思う・そう思う	42	46	88	77.2%	43	48	91	79.8%
	あまりそう思わない・思わない	14	10	24	21.1%	14	9	23	20.2%
	未回答	1	1	2	1.8%	0	0	0	0.0%
	合計	57	57	114	−	57	57	114	−

のアンケート①の結果では，どの問いに対しても66.7％から82.5％の高い値を示しており，両教材で学習意欲が高まっている結果を示した。

　アンケート②では，問7は同値であったものの，問8から問10は数値が上昇しており，VR教材と動画教材を組み合わせることによる学習意欲の向上がみられた。問10は動画教材，VR教材ともに実際の工場見学に行きた

表7　アンケート②問11から問15の回答結果

質問	回答	クラス⑦	クラス⑧	合計 人数	合計 割合
問11 （理解しやすかった 教材）	動画教材	49	41	90	78.9%
	VR教材	2	8	10	8.8%
	どちらも同じ	5	6	11	9.6%
	未回答	1	2	3	2.6%
	合計	57	57	114	－
問12 （おもしろかった教材）	動画教材	24	17	41	36.0%
	VR教材	27	38	65	57.0%
	どちらも同じ	6	2	8	7.0%
	未回答	0	0	0	0.0%
	合計	57	57	114	－
問13 （酒造りへの関心が 高まった教材）	動画教材	35	32	67	58.8%
	VR教材	9	15	24	21.1%
	どちらも同じ	12	10	22	19.3%
	未回答	1	0	1	0.9%
	合計	57	57	114	－
問14 （工場見学に行きたく なった教材）	動画教材	17	8	25	21.9%
	VR教材	32	45	77	67.5%
	どちらも同じ	8	4	12	10.5%
	未回答	0	0	0	0.0%
	合計	57	57	114	－
問15 （清酒が買いたくなる 教材）	動画教材	35	30	65	57.0%
	VR教材	5	11	16	14.0%
	どちらも同じ	17	15	32	28.1%
	未回答	0	1	1	0.9%
	合計	57	57	114	－

いとの回答が8割にも上っている。このことは，実際の工場見学と比べると物足りなさを感じる学生が多いともいえるが，両教材による学習意欲の向上が，実際の工場見学を促す機会になったとも考えられる。

また，クラス⑦とクラス⑧を比較すると，先に動画教材を視聴したクラス⑧のほうが，いずれの問いに対しても高い値を示した。

6）アンケート②の問11から問15までの結果および考察

表7はアンケート②の問11から問15までの結果を示したものである。問11から問15まではVR教材と動画教材を比較した質問である。これをみると，清酒の製造方法に対する理解や関心の高まりは動画教材のほうが高い値を示し，「おもしろかった教材」や「工場見学に行きたくなった」という質問にはVR教材のほうが高い値を示した。

その一方でアンケート②の問16では，工場見学に行かなくても，VR工場見学で代替できるか否かを質問しているが，「代替できない」とする意見が60％強であった。この矛盾した結果は，VR工場見学には工場見学を代替するまではいかないが，実際の工場見学へと行動を促す効果があることを示している。

表8はアンケート②の問17のVR工場見学をして良かった点を複数回答した結果である。当該結果をみると，問16でVR工場見学の代替性に対し

表8　VR教材の良かった点（複数回答）

質問項目	クラス⑦ （n=57）	クラス⑧ （n=57）	合計	
			回答数	構成比
学習知識の整理	18	26	44	14.0%
学習知識の深化	19	24	43	13.7%
関心のある作業工程を主体的に見学できる	17	28	45	14.3%
清酒に対する関心の高まり	16	11	27	8.6%
臨場感，リアルな酒造りの様子がわかる	31	40	71	22.5%
工場全体の様子がわかる	40	43	83	26.3%
その他	1	0	1	0.3%
特になし	1	0	1	0.3%
合計（回答数）	143	172	315	1

て否定的な意見が多くみられたにもかかわらず，VR工場見学の良かった点として「臨場感があり，リアルな酒造りの様子がわかったこと」および「工場全体の様子がわかったこと」を挙げる回答が多かった。このことはVR工場見学を否定的に捉えたものではなく，VR工場見学をとおして，知的好奇心が高まり，本物の工場見学に行きたいという前向きな回答であると考えられる。

このことは自由記述にも多く書かれており，「VR工場見学はおもしろかったが，実際に工場見学に行ってVRでは味わえない音や匂いを感じてみたい」，あるいは「働いている人の話を聞きたい」等の記述が多く見られた。

また，自由記述では，「臨場感がありおもしろかった」や「清酒造りへの関心が高まった」等，好意的な意見が多かった。

自由記述だけを読むと，VR教材に高い有効性を感じるが，アンケート①ではVR教材を先に視聴したクラス⑦の数値が軒並み低く，知識の獲得や理解度等の数値に現れなかった。その理由として，VR教材は清酒製造の流れが分かりにくいという点が考えられる。

VR教材を先に視聴したクラス⑦の自由記述では，VR教材を「関心のある工程を自分のペースで視聴できる」等，好意的に捉えつつも，「製造方法の流れが分かりにくかった」とする記述が散見された。

Ⅳ　まとめと今後の展望

ここまでVR教材と動画教材をアンケートによって比較してきたが，知識理解についても，学習意欲の向上についても動画教材のほうが高い数値を示した。当該結果は，動画教材のほうが，有効であることを示す結果ともいえるが，動画教材とVR教材を組み合わせることで更に高い数値を示すことから，両教材を組み合わせることが最も有効な活用方法であるといえる。VR教材が動画教材と比べて製造工程全体の流れが把握しにくいことから，実施のタイミングとして，全く知識のない未習者に対してVR教材を使用するよりも，ある程度，学習して知識を獲得した既習者に使用することで，知識理解の深化や学習意欲の向上に繋がる効果が高くなることがわかった。

本稿においてはアンケート調査をもとに結果をまとめたが，今後は本結果をもとに，テストを実施し，結果分析を行う等，別の方法での検証も加えつつ，教育目的別にVR技術を使用した教育コンテンツの活用方法を検討する必要がある。

[キーワード]

能動的学習（active learning），受動的学習（passive learning），VR動画（virtual video），教育効果（educational effect）

〈注記〉

(1) 本稿のVR動画とは，専用のゴーグルやヘッドセットなしに，Web上に実映像による仮想空間を再現し，その空間内を視聴者の視点で360度自由に見渡すことができたり，移動したりすることが可能な動画をいう。
(2) 「Blackboard」とは，Webブラウザを利用した教育支援システムのことで，学生は動画の視聴や課題の提出等を当該システム上で行うことができる。

〈引用参考文献，参考H.P〉

(1) 今井弘二，2020，教育情報研究，第36巻第2号，p53-62
(2) 瀬戸崎典夫，佐藤和紀，2017，教育メディア研究，Vol23,No.2, p15-24
(3) 燕敏也，2019，教育実践研究，第29集，p31-36
(4) 高橋利幸，2013，高専教育，第36号，p211-216
(5) 西村泰長，2013，日本観光研究学会学術論文集，No.28, p273-276
(6) 秋山裕一，1994，「日本酒」岩波新書，p38-77
(7) 日の丸醸造（株）H.Pバーチャル酒蔵見学，https://hinomaru-sake.com/ （最終閲覧日 2023.1.5）
(8) 日本酒造協同組合連合会H.P, https://www.japansakekyo.com/ （最終閲覧日 2023.1.8）

子どもと教師の相互作用に基づいたカリキュラム・デザインに関する一考察
―拡張的学習理論の視点からの検討―

東京学芸大学附属竹早小学校　**幸阪　創平**

1　はじめに

　「令和の日本型学校教育」では，「教育の目標を明確化し，教科横断的な視点に立った資質・能力の育成や，教科等の枠を超えた教科横断的・総合的な学習の推進など，教科等間のつながりを意識して教育課程を編成・実施することが重要である。」[1]とし，カリキュラム・マネジメントの充実に向けた取り組みを推進している。また，「カリキュラム・マネジメントに係る学校裁量の幅の拡大の一環として，教科等の特質を踏まえつつ，教科等ごとの授業時数の配分について一定の弾力化が可能となる制度を設けるべき」[2]としており，この提言の背景には，未だ多くの学校が教科横断的資質・能力を育成するための十分な授業時数を確保しづらい現状があることが読み取れる。以前から徳岡（2018）は，カリキュラム・マネジメントにおける課題として，カリキュラム・マネジメントの経験の不足や編成の不慣れさから緻密なカリキュラム・マネジメントを実施することは時間的にも能力的に難しかったと指摘している[3]。また，太田・笠井（2015）も「カリキュラムを一から作らなければならない総合的な学習の導入をはじめ，目標や内容の複数学年配当，合科的な指導の拡大，1単位時間の弾力的運用などは，学校や教師にカリキュラムの開発とマネジメントに関する高度な能力を求めるものだった」[4]と述べている。したがって，令和のカリキュラム・マネジメントを志向する上でも，物理的な制度の改変と共に，教師のマネジメント力をいかに育成して

いくかが引き続き課題となると思われる。

　教師のマネジメント力に関する研究に関して，白數（2018）は総合的な学習の時間を対象として，「柔軟性に乏しい指導計画を立てると，探究的に学ぶ力を育成することが困難」となり，「臨機応変さを求める曖昧な指導計画を立てると，指導に自信の持てない教師の負担が増大する」というジレンマに焦点を当て，ユーリア・エンゲストローム（以下，エンゲストローム）の拡張的学習の理論（以下，拡張的学習理論）に基づいた学習モデルを作成し，子どもと教師の相互作用を通した総合的な学習の指導の在り方について検討している[5]。しかし，この学習モデルを他の事例にも活用し，一般化を図るまでには至っていない。また，橋谷（2019）も総合的な学習の時間を対象として，「学校間格差や学校段階間の連携の困難さ，探究的ではない，趣旨に反する学習活動が行われているなどの課題」を明らかにし，解決策の１つとして「探究活動の質の向上のために，育成すべき力を明確にして，カリキュラム・デザインを作っていく」ことを挙げている[6]。しかし，「カリキュラム・デザイン」をどのように捉え，どう実践したかの具体的検討はなされていない。これらの先行研究から，教師のマネジメント力の向上には，子どものニーズに応じて，学習目標，内容，方法，育みたい資質・能力等を総合的に計画する教師のカリキュラム・デザインが必要とされる。しかし，子どものニーズに対応したカリキュラム・デザインのプロセスは，教師と子どもとの相互作用から生じる状況的なものであるため，学習モデルの一般化につながりにくい。したがって，教師のカリキュラム・デザインの視点や手続きを明らかにすることで「柔軟性ある指導計画の作成」と「作成の負担感」の間に生じる教師のジレンマを克服する一助になると思われる。そして，その克服が教師のマネジメント力の向上へとつながると考えた。

　そこで，本研究は「子どもと教師の相互作用モデル」に基づいて「自己実現活動」におけるカリキュラム・デザインの視点と手続きを，拡張的学習理論の視点から検討を通じて明らかにする。なお，「子どもと教師の相互作用モデル」と「自己実現活動」についての詳細は，「４.『子どもと教師の相互作用モデル』について」で後述する。

2 カリキュラム・デザインについて

　田村（2019）は，カリキュラムをデザインすることがカリキュラム・マネジメントの中核にあるとし，カリキュラムをデザインする上で「学びの文脈を大切にした単元計画」の段階では，「子供の興味・関心と教師の願いを丁寧に擦り合わせ，そこに生まれる教材や学習対象，学習活動を用意すること」[7]が大切だと指摘する。また，齊藤（2022）はカリキュラム・デザインを充実させるための視点の1つに「戦略の明確化」を挙げ，ニーズに対応した「可変性・柔軟性のある学びの設定」[8]を期待している。さらに，佐藤（2021）も同様に「デザインとしての学び」を従来型の「プランとしての学び」と比較しながら，目標を達成するためのプランではなく，学びの在り方のヴィジョンの実現を追求することの重要性を述べると共に，「子どもと教材を統制しようとするのではなく，子どもを活かし教材を活かし自らも活かすこと」が大切だと指摘する[9]。田村，齊藤，佐藤の論考から，カリキュラム・デザインには，子どもと教師との相互作用の中で，お互いの願いやヴィジョンを共有しながら活動を追求することが大切であることが分かる。しかし，先述の「可変性・柔軟性のある学び」を実現させていくには，「どのような視点からデザインするのか」「どのような手続きでデザインしていくのか」が検討されていなければ，何でもありの偏向的なデザインになりかねない。そこで，次項では子どもと教師の相互作用に視点を当て，エンゲストロームの拡張的学習理論を活かしたカリキュラム・デザインモデルについて検討する。

3 拡張的学習理論について

　拡張的学習理論は，エンゲストロームによって「文化―歴史的活動理論」（以下，活動理論）を基につくられた[10]。山住（2019）は，活動理論とは，図1のように「教育，仕事，

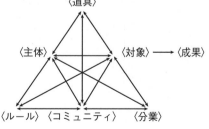

図1　活動システムの一般的モデル[11]
（Engeström, 2001, p. 135 を基に筆者作成）

コミュニティの各領域において，文化・歴史的に構築されてきた人間の「活動システム（「ルール」「コミュニティ」「分業」を社会基盤とし，「道具」に媒介されて「対象」に向かい「成果」を生み出していく主体の活動）」を人々がどう集団的にデザインし変革していくのかを研究する枠組み」[12]だと述べている。エンゲストロームは，この活動理論の生成によって，学習に関するメタファは所有したり，提供したりするような「物」としての「獲得メタファ」と，共同体へ参加したり，他者とコミュニケーションをとったりするような「参加メタファ」の二元論として捉えられてきたもの[13]を学習の「拡張性」に視点を当て「学び手は，自分たちの集団的活動の新しい対象と概念を構築し，その新しい対象と概念を実践の中で実行する」[14]という拡張的学習理論を定立させた。そして，活動が創出，拡張していく足場として「矛盾（contradiction）の概念」を提起した[15]。山住（2019）は，「矛盾」を「活動システムの内部で，あるいは複数の異なる活動システムの間で，歴史的に積み重ねられてきた構造的な緊張関係」とし，「矛盾」によって「活動を変化させようとするイノベーティブな試み」が生み出されると述べている[16]。さらに，この「複数の異なる活動システム」の関係について，エンゲストロームは，**図2**のように単一の活動システムが独自の「対象1」から相互作用を通じて「対象2」へと拡張し，お互いの「対象2」を部分的に共有することで，新たな「対象3」から活動を創出していく「第三世代活動理論のための最小限二つの相互作用する活動システムのモデル」（以下，相互作用モデル）を示している[17]。

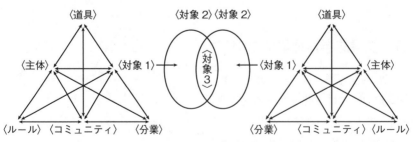

図2　第三世代活動理論のための最小限二つの相互作用する活動システムのモデル
(Engeström, 2001, p. 136 を基に筆者作成)

　また，山住（2019）は，小学生を対象とした拡張的学習の実現可能性に関して「学校教育の場における拡張的学習は，教師と子どもたちが協働して，いまだここにはない新しい活動システムを創り出していくもの」として捉え，「学習活動の全体を創造していく担い手としての「責任」と「権限」が子どもたちに委ねられ，譲り渡され，任されていくこと」の重要性を指摘する[18]。このような教師と子どもの相互作用に視点を当てた理論はこれまでに教育心理学や発達心理学の分野で様々研究されてきており，代表的なものとして以下4つを挙げることができると思われる。1つ目がヴィゴツキーの「歴史社会文化的理論」[19]であり，子どもの学習は社会的，文化的な相互作用により発展するとし，「発達の最近説領域」[20]では，子どもが自分で解決できないことでも教師の援助や協力によって解決して学習が進むとされる。2つ目はブルーナーの「発見学習」[21]であり，子ども自身が発見的に学習することを重視するため，教師は子どもに知識や問題解決のプロセスを教えるのではなく，子どもの能力を最大限に発揮できるよう支援する。3つ目は，ピアジェの「認知発達理論」[22]であり，教師は子どもの発達段階に応じた指導や環境を提供することが子どもの知識やスキルの構築につながるとする。4つ目は，バンデューラの「社会的学習理論」[23]であり，教師が適切な行動や態度を示すことで，子どもはそれらを観察したり模倣したりして学習を進めていく。これら4つの理論と拡張的学習理論とをカリキュラム・デザインにおける教師と子どもの相互作用の視点から比較すると，先述の「子供の興味・関心と教師の願いを丁寧に擦り合わせ」ていく教師の役割や「子どもを活かし教材を活かし自ら（教師自身）も活かすことを追求」した「可変性・柔軟性のある学び」を生み出すという活動創出のプロセスは，拡張的学習理論の「教師と子どもたちが協働して，いまだここにはない新しい活動システムを創り出していく」という考え方に類似していると思われる。したがって，カリキュラム・デザインを拡張的学習理論から捉えることは，意義があると考えた。

　そこで，一方の主体を子ども，もう一方の主体を教師と設定して「子どもと教師の相互作用モデル」を作成することで，「矛盾」発生の要因とその解決のプロセスを分析することは，カリキュラム・デザインの視点と手続きが

子どもの学びにとってどのように有効に働いたかを分析するプロセスと重なると考えた。

4 「子どもと教師の相互作用モデル」について

　「子どもと教師の相互作用モデル」を作成するにあたり，A小学校の探究学習として位置付けられている「自己実現活動」を授業の対象とした。A小学校は文部科学省から教育課程特例校の指定を受けているため，学習指導要領等の教育課程の基準によらない「自己実現活動」が設定されている。「自己実現活動」は，子どもの生活に即した課題，活動，体験を重視しつつ，教科の枠にとらわれず総合的に進めていく活動と定義されている。そして，「この子どもたちとこの教師だからこそ創り出せる活動」「子どもと教師の個性が尊重され，子どもも教師も自己実現が図れる総合活動」をモットーに，学校・学年・学級目標，子どもの実態，育てたい資質・能力，担任が願う子どもの姿を記した「学級経営案」に基づく教師のカリキュラム・デザインが行われている。また，「自己実現活動」の構想にあたって，当初の授業計画を０次案とし，子どもの願いと教師の願いを重ねながら授業の展開の中で１次，２次，ｎ次と授業案を更新していく仕組みがある。

　本研究では，カリキュラム・デザインを意識した取り組みを実践している学校が少ない現状から，A小学校の「自己実現活動」を授業の対象とすることに意義があると考えた。しかし，「自己実現活動」の課題の１つに，ｎ次案を構想する段階で教師の願いが潜在化されてしまい，教師のカリキュラム・デザインに関する視点や手続きが不明瞭になる点が挙げられている。そこで，先述の「相互作用モデル」を一部改変した「子どもと教師の相互作用モデル」を作成し，各視点をつなぐヴィジョン（願い）とｎ次案を構想するに至ったプロセスを可視化し，理由や根拠を明らかにすることで本モデルの独自性を示すこととした。

　まず，教師の活動システムを**図３**の右側に示す。〈主体〉である教師は，〈道具〉「教材」「教具」，〈ルール〉「学校目標」「学年目標」「学級目標」，〈コミュニティ〉「学級」，〈分業〉「教科」を媒介して〈対象１〉「行為」を生み

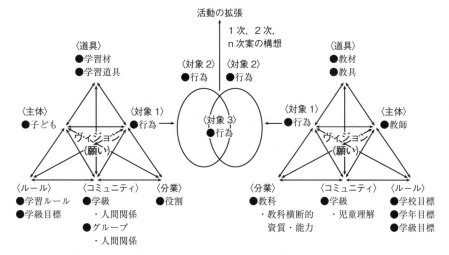

図3　子どもと教師の相互作用モデル
（活動システムの各視点の具体的表記や「ヴィジョン（願い）」は筆者が加筆）

出す。この〈主体〉から〈対象1〉を生み出す過程には，〈主体〉のヴィジョン（願い）が基盤にある。特にカリキュラム・デザインにおいて，教師がどのようなヴィジョン（願い）をもとに〈ルール〉〈コミュニティ〉〈分業〉を捉えているかは潜在化されてしまうため，活動システムによる可視化が有効と考える。また，教師のヴィジョン（願い）と各視点をより有機的に関連付けるために，〈コミュニティ〉である「学級」の下位項目に教師の「児童理解」を位置付けた。同様に〈分業〉である「教科」の下位項目に「教科横断的資質・能力」を位置付けた。

　次に，子どもの活動システムを**図3**の左側に示す。〈主体〉である子どもは，〈道具〉「学習材」「学習道具」，〈ルール〉「学習ルール」「学級目標」，〈コミュニティ〉「学級」「グループ」，〈分業〉「役割」を媒介して，〈対象1〉「行為」を生み出す。教師同様，この〈主体〉から〈対象1〉を生み出す過程には，〈主体〉のヴィジョン（願い）が基盤にある。また，子どものヴィジョン（願い）と各視点をより有機的に関連付けるために〈コミュニティ〉である「学級」「グループ」の下位項目に子どもの「人間関係」を位置付けた。

最後に，**図3**の中央では，互いのヴィジョン（願い）に基づいた〈対象2〉「行為」の重なりをきっかけに，新たな〈対象3〉「行為」が生まれるという構図を示した。それは，言い換えるならば「活動の拡張」として捉えることができる。そして，教師は，〈対象3〉から新たなn次案を構想するという手続きである。なお，「活動の拡張」のきっかけとなる「矛盾」は，子どもと教師それぞれの活動システムで発生することもあれば，両システムが連動して発生することもあると考えられる。

5　「子どもと教師の相互作用モデル」を活用した授業研究

⑴　目的

　「子どもと教師の相互作用モデル」に基づいて「自己実現活動」におけるカリキュラム・デザインの視点と手続きを明らかにすることを通し，活動が拡張されるきっかけとなった「矛盾」の発生を教師はどのように乗り越えたのか分析し，そのデザイン性の価値について考察すると共に，カリキュラム・デザインの分析ツールとして「子どもと教師の相互作用モデル」の有効性を検討する。

⑵　方法

①実施時期

　2020年8月〜2021年2月

②対象授業及び授業者

・授業名　　：自己実現活動「ざっそうはかせプロジェクト」

・対象学級：A小学校第2学年1組（34名）

・授業者　　：筆者本人

③手続き

　本授業実践を振り返り，「矛盾」が発生し，その後活動が拡張していくこととなった授業場面を取り上げ，その活動の状況を「子どもと教師の相互作用モデル」で表す。そして，「矛盾」が発生した経緯とそれを教師がどのように捉え（視点分析），対応した（手続き分析）のかを図示することで，カリキュラム・デザインを可視化させ検討する。

④倫理的配慮

　所属校の管理職から研究対象者の保護者宛に同意書を配り，事前に研究活動，調査への同意を得た。研究活動の目的，研究以外の目的で使用することはないこと，個人が特定できないように配慮することを伝えた。

⑶ 「矛盾」発生までの子どもの学びの履歴

　本授業のきっかけは，１年生の時に使っていた子どもたちの植木鉢に育てたはずのない植物（雑草）が生えていたことから始まる。子どもから「どうして植物が生えているのか？」「この植物は何なのか？」「雑草なのか？」「そもそも雑草とは何なのか？」という問題意識が生まれた。翌日，早速インターネットを使って，雑草について調べてきた子どもがいた。「春の七草も雑草なんだよ。」「雑草にも食べられるものがあるよ。」「でも，毒のある雑草もあるから気を付けてね。」等，新しい発見に子どもたちの関心は高まり，学校の敷地内の雑草の生息状況を調べてみたいと提案が出された。そこで，単元計画（０次案）を表１のように設定し，第３次に雑草調査を位置付けた。そして，調査で雑草の名前が分かったら，雑草名を付箋紙に記入し，「Google Earth」で取り込んだ航空写真に貼っていく方法を取り入れた。また，発見した雑草が何であるか調べるために，アプリ「ハナノナapp」[24]や「Picture This」[25]をインストールしたタブレット（iPad）を活用した。しかし，実際タブレットを使ってみると，雑草によってはAIでも特定するのが困難なも

表１　０次案，１次案における単元計画

０次案	１次案（波線が修正箇所）
〈第１次〉植木鉢の様子を観察しよう。 〈第２次〉雑草について調べよう。 〈第３次〉学校の敷地に生えている雑草を調べよう。 　・AIアプリを使って雑草名を特定し，付箋紙に書いたものを航空写真に貼っていく。 〈第４次〉雑草調査の報告会を開こう。	〈第１次〉植木鉢の様子を観察しよう。 〈第２次〉雑草について調べよう。 〈第３次〉学校の敷地に生えている雑草を調べよう。 　・AIアプリを使って雑草名を特定し，付箋紙に書いたものを航空写真に貼っていく。 　・AIアプリの複数回答に対してどのようにすれば雑草名が分かるか考えながら取り組む。 〈第４次〉雑草調査の報告会を開こう。

のがあり，雑草名の複数候補を提示してくる現象が起きた。0次案の段階では，ＡＩアプリで解決できると想定していた授業者にとって，この出来事は大きな誤算であった。しかし，子どもたちはこれまで以上に自分自身の観察眼に磨きをかけ，実物をじっくり観たり，植物図鑑を積極的に活用したりして，AIの提示する複数候補と比較している姿が見られた。そこで，授業者は雑草の正式名を教えようとするのではなく，この状況を見守っていこうとすることが子どもたちの活動への主体性を育むよい機会になると考えた。そこで，表1のように1次案の第3次では，「AIアプリの複数回答に対してどのようにすれば雑草名が分かるか考えながら取り組む」時間を追加して設けることとした。次項では，「子どもと教師の相互作用モデル」を使って，この問題状況を拡張的学習理論における「矛盾」として解釈した場合，1次案を構想するに至ったプロセスがどのように可視化されるのかを検討し，授業者のカリキュラム・デザインの総体を明らかにする。

⑷ 「子どもと教師の相互作用モデル」による状況分析

1次案を構想するに至ったプロセスを「子どもと教師の相互作用モデル」で示したのが図4である。

まず，子どもの活動システムは以下のようになる。

子どもは，「雑草のことをもっと知りたい。」というヴィジョン（願い）をもって「雑草の正体を突き止めよう」と行為する。そこで，使用されるのがAIアプリをインストールした「タブレット（iPad）」である。子どもたちは，発見した雑草の名前が分かったら付箋紙に記入し，航空写真に貼っていくという「学習ルール」の中で活動する。雑草を調査する場所は，・小学校校庭　・小学校屋上　・正門付近　・ピロティー付近　・幼稚園の5ヶ所である。子どもたちは，それぞれ調べたい場所を選び，そこに集まったメンバーと「グループ」になって，5ヶ所を「役割」分担する。

一方，教師の活動システムは以下のようになる。

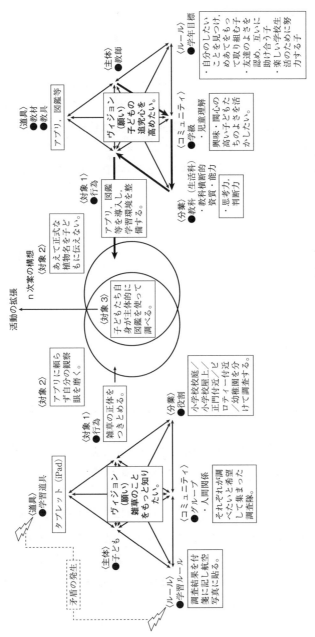

図4 「矛盾」発生場面における「子どもと教師の相互作用モデル」

教師は，「子どもの追究心を高めたい。」というヴィジョン（願い）をもって「アプリ，図鑑等」を導入し，学習環境を整備する。ヴィジョン（願い）のベースには，学年目標の１つである「自分のしたいことを見つけ，めあてをもって取り組む子」の育成がある。何事にも興味・関心の高い子どもたちの実態も踏まえ，さらに興味・関心の対象を広げていってほしいと考えていた。また，「自己実現活動」と生活科を関連させ，生活科の学習対象「植物を育てる活動」における「それらの育つ場所，変化や成長の様子に関心をもって働きかける」という思考力・判断力の基礎を教科横断的資質・能力の育成の１つとして位置付けていた[26]。

　次に，「矛盾」が発生する要因となった２つの視点〈道具〉〈ルール〉に「稲妻の印」を付した。〈道具〉と〈ルール〉から「矛盾」を解釈すると以下のようになる。

　０次案段階での第３次では，「AIアプリを使って雑草名を特定し，付箋紙に書いたものを航空写真に貼っていく」という〈ルール〉のもとで，子どもは活動に取り組んでいた。しかし，子どもの調べる〈道具〉として使用していたタブレット（iPad）のAIの回答が複数提示されることにより，どれを選択するべきなのか困ってしまうという問題が起こった。これは特定を求める〈ルール〉と複数選択を示す〈道具〉の不一致から生じた場面である。さらに，これをきっかけに子どもの「活動を変化させようとするイノベーティブな試み」へと展開されていったことから，この場面を「矛盾」の発生として捉えた。

　そして，この「矛盾」を乗り越えるためにとった行為が〈対象２〉となる。子どもたちは，AI検索の限界を知ることで，今度は自分自身の観察眼を頼りにして，今まで以上に雑草の様子をじっくり観るようになった。教師は，この実態を踏まえ，あえて植物名を伝えず，その姿勢を見守ることを続けた。この行為の背景には，教師の活動システムにおける〈主体〉→〈コミュニティ〉→〈分業〉を太矢印で結んだ教師のカリキュラム・デザインがあった。

つまり，教師は，「学級の好奇心旺盛な子どもの実態を踏まえ，さらに彼らの興味・関心を雑草に向けさせたい」という願いから，子どもの自分自身の観察眼を頼りに雑草を調べようとする姿に教科横断的資質・能力（思考力，判断力）を育む機会が得られると考えたのである。結果，〈対象３〉において，子どもたちは自分の眼で見て確かだと思った植物名を AI の複数回答の中から選択・決定したり，それでもまだ信じきれない子どもは，自分からすすんで図鑑を使って調べたりすることができた。最終的に100近くの付箋紙が航空写真に貼られた。せっかくこれだけの雑草を発見したのだから，成果を形として残したいという子どもたちの願いから，発見した雑草を「雑草カルタ」にすることになった。雑草の名前が書かれた付箋紙を50音表に整理し，それぞれの頭文字から始まる雑草カルタの制作に取り組んだ。また，「それぞれの雑草について，ばらばらな情報をカルタに載せると，読み手が混乱するので，共通した情報を載せた方がいい。」という子どもの発言から，共通の情報項目を学級で決めた。「地球マーク」は場所，「花マーク」は開花時期，「スプーン＆フォークマーク」は食べられるかどうか，「物差しマーク」は背丈，「虫眼鏡マーク」は豆知識と決め，カルタに項目が記された。これらの情報は，先述の〈対象３〉の図鑑を使って得られた内容が中心となっており，活動の連続性と拡張性を見出すことができた。

⑸　**考察**

　子どもたちが〈道具〉と〈ルール〉の間で生じた「矛盾」を乗り越えるために，自らの観察眼を磨き，新しい〈道具〉である図鑑の活用へと〈対象〉を展開させていく手続きを可視化することができた。同時に教師は，まず〈コミュニティ〉の視点から子どもの実態を考慮し，次に〈分業〉の視点から教科横断的資質・能力を育成するために，あえて具体的な言葉がけをせず，「矛盾」の状況を見守るという手続きを可視化することができた。また，〈対象３〉以降，「雑草カルタ作り」へと活動が拡張していった点において，カリキュラム・デザインの価値を見出すことができたと考える。山住（2017）は，活動システムの「矛盾」に関して「活動システムに外部から新しい要素（たとえば，新しいテクノロジーや対象）が持ち込まれたとき，それらと古

い要素（たとえば，ルールや分業）が衝突して，しばしば大きな矛盾が生じることがある」[27]と述べている。これは，本授業のAI検索というテクノロジーと雑草名を特定し付箋紙に書いて航空写真に貼るというルールとの間で発生した「矛盾」と類似していることから，拡張的学習理論を援用した「子どもと教師の相互作用モデル」の分析ツールとしての可能性の一端を得ることができた。さらに，「矛盾」によって子どもが自らの観察眼を磨くという「活動を変化させようとするイノベーティブな試み」は，子どもの学びの主体性が発揮された場面でもあった。したがって，教師は子どもの〈道具〉と〈ルール〉の間で生まれた「矛盾」を乗り越えるために〈コミュニティ〉と〈分業〉を考慮してカリキュラムをデザインすることで，子どもの学びの主体性の発揮を導くことができたと結論付けた。

6　終わりに

本研究を通じて，3つの成果を得ることができた。1つ目は，「子どもと教師の相互作用モデル」の作成によって，〈道具〉〈ルール〉〈コミュニティ〉〈分業〉の立ち位置から，「自己実現活動」におけるカリキュラム・デザインの視点を一般化することができた点である。このような視点を教師が意識することで，0次案からn次案における「指導計画作成の負担感」は軽減されると考える。2つ目は，視点の中に「学校・学年・学級目標」「教科横断的資質・能力」「児童理解」を含めたことで，目の前の子どもの複雑な学習状況を多角的な視点から見とり，授業の手立てに活かすことができた点である。また，多角的な視点に立つことで教師のヴィジョン（願い）をダイナミックに設定することも可能となる。このような教師のヴィジョン（願い）の多様化は，「柔軟性ある指導計画の作成」を保障する一助になると考える。3つ目は，「子どもと教師の相互作用モデル」を活用してカリキュラム・デザインの有効性を検討することによって，「矛盾」発生から「活動の拡張」までのプロセスを省察できた点である。このような授業の振り返りを積み重ねていくことが，教師のマネジメント力の向上に寄与すると考える。

一方，教師が拡張的学習理論における活動システムの視点に固執してしま

うと，目の前の子どもの学びをかえって狭窄的な見方で捉えてしまう恐れもある。したがって，今後は他学年の授業実践にも分析対象を広げ，「子どもと教師の相互作用モデル」における各視点の汎用性や有用性についてさらに検討していく。そのために，教師と子どものヴィジョン（願い）の構成要素を明らかにし，構成要素と各視点との関連性について分析していく。また，定量的な視点から「自己実現活動」における教科横断的資質・能力の観点を明らかにし，形成的段階，総括的段階における子どもの自己評価項目に活かすことで，子どもの自己評価得点からカリキュラム・デザインの有効性について分析していく。

[キーワード]

カリキュラム・デザイン（curriculum design），文化・歴史的活動理論（cultural-historical activity theory），拡張的学習理論（expansive learning theory），矛盾（contradiction）

〈注〉

⑴　中央教育審議会『「令和の日本型学校教育」の構築を目指して〜全ての子供たちの可能性を引き出す，個別最適な学びと，協働的な学びの実現〜（答申）』（令和3年1月26日），2021年，42頁。

⑵　前掲書，43頁。

⑶　徳岡慶一「カリキュラムマネジメントの課題—教科横断的視点を中心にして—」『京都教育大学教育実践研究紀要』第18号，2018年，133頁。

⑷　太田貴幸・笠井稔雄「カリキュラム・マネジメントによる学校改善に関する一考察—北海道教育委員会「学力向上に関する総合実践事業」の実践指定校における調査研究を通して—」『北海道教育大学紀要（教育科学編）』第66巻第1号，2015年，332頁。

⑸　白數哲久「文化−歴史的活動理論を援用した「総合的な学習の時間」の指導に関する研究」『学苑・人間社会学部紀要』No.928，昭和女子大学近代文化研究所，2018年，51-66頁。

⑹　橋谷由紀「総合的な学習の時間における実践的な課題—探究的な学習をどのように進めるか—」『日本体育大学大学院教育学研究科紀要』第3巻第1号，

2019年，114–116頁。

(7) 田村学「田村の新課程往来［第7回］カリキュラムをデザインすること」
2020年〈https://shop.gyosei.jp/library/archives/cat03/0000006688，2023年2
月10日閲覧〉。

(8) 齊藤一弥「令和の時代のカリキュラムデザイン［最終回］次代を志向した学
びのインフラ改革へ」2022年〈https://shop.gyosei.jp/library/archives/
cat03/0000015262，2023年2月10日閲覧〉。

(9) 佐藤学『学びの共同体の創造―探究と協同へ―』小学館，2021年，104-111頁。

(10) Engeström, Y., "Expansive learning at work: Toward an activity-theoretical
reconceptualization." *Journal of Education and Work*, Vol.14(1), 2001. pp.133-156.

(11) 注(10)，前掲書，p.135。

(12) 山住勝広「学校における子どもたちの拡張的学習の生成―学習活動を創り出
すエージェンシーの発達に向けて―」『活動理論研究』第4号，2019年，18頁。

(13) Sfard, A., "On two metaphors for learning and the dangers of choosing just
one."*Educational Researcher*, Vol.27, No.2, 1998, pp.4-13.

(14) 注（12），前掲書，18頁。

(15) Engeström, Y., *Learning by Expanding: An Activity-Theoretical Approach to
Developmental Research*, 2nd Edition, Cambridge: Cambridge University Press.
2015. pp.81-83.

(16) 山住勝広『拡張する学校　協働学習の活動理論』東京大学出版会，2017年，
20頁。

(17) 注(10)，前掲書，136頁。

(18) 注(12)，前掲書，17頁。

(19) 中島義明・安藤清志他『心理学辞典』有斐閣，2001年，669頁。

(20) 注(19)，前掲書，695頁。

(21) 注(19)，前掲書，691頁。

(22) 注(19)，前掲書，669頁。

(23) 注(19)，前掲書，708頁。

(24) 千葉工業大学ステアラボによって開発された本アプリは，オフラインでも使
える人工知能花判定アプリである。名前を知りたい花に端末をかざすと，人工
知能が花の種類を判定し，名前を教えてくれる。
〈https://play.google.com/store/apps/details?id=jp.ac.it_chiba.
hananona&hl=ja&gl=US&pli=1，2023年2月10日閲覧〉

(25) Glority LLCによって開発された本アプリは，植物を端末で撮影するだけで名

前や種類を調べることができるアプリである。

〈https://play.google.com/store/apps/details?id=cn.danatech.
xingseus&hl=ja&gl=US，2023年2月10日閲覧〉

⑳　文部科学省『小学校学習指導要領（平成29年告示）解説　生活編』東洋館出
版社，2018年，28頁。

㉗　注⑯，前掲書，20頁。

第4部

実践研究ノート

1．小学校外国語科「話すこと（やり取り）」における教材の検証
　　——Small Talk における会話補助シートとルーブリックの活用

小学校外国語科「話すこと（やり取り）」における教材の検証
―Small Talk における会話補助シートとルーブリックの活用―

池田市立五月丘小学校　**古賀　真也**

1　はじめに

　2020 年に全面実施された小学校学習指導要領の外国語科において「話すこと（やり取り）」が新設されたが，この領域の指導に関して不安を感じている教員が多い。株式会社イーオン（2021）は，研修に参加した小学校教員 132 名を対象に小学校の英語教育についてアンケートをとった。授業が「あまり自信がない・不安のほうが大きい」「うまくいっていない」と回答した 43 名に，教えるのが難しいと感じている項目について尋ねると，「話すこと（やり取り）」が 32 名で最も多かった。

　また，話すこと（やり取り）の指導は，新設されたばかりで有効な指導法が明確になっていない。奥平（2021）は，小学校教員で外国語活動・外国語科を指導する立場から，単なるパターンの繰り返しに終わりがちな Small Talk における指導改善の必要性を指摘している。

　筆者は，学級担任として英語専科指導教員とともに小学校で 6 年生に外国語科を指導しているが，現場で「話すこと（やり取り）」を指導しながら感じる児童の困難さを（Canale,M. & Swain,M. 1980; Canale,M. 1983）のコミュニケーション能力の 4 要素と関連付けて，以下のように整理した（**表 1**）。

　児童の学習上の課題以外にも，話すこと（やり取り）の指導は，児童の伝えたい内容が児童個々で異なっており一斉に指導するのが難しいという指導形態の難しさが挙げられる。

表1　コミュニケーション能力の4要素と話すこと（やり取り）に見られる課題

コミュニケーション能力の4要素	話すこと（やり取り）に見られる児童の学習上の課題
文法能力	伝えたいことを伝えるために児童が使える表現が少ない。
談話能力	文脈に沿った一貫性のあるまとまった会話が続かない。
社会言語能力	話す内容が予め決まっていないため，会話の文脈に沿って，受け答えができない。
方略的能力	相手の話す内容が理解できなかった時にどう対処してよいか分からない。

　指導法や指導形態の課題を解決し，児童のコミュニケーション能力を向上させる指導のあり方を探るため，外国語科「話すこと（やり取り）」におけるSmall Talk（以下，Small Talk）の活動に焦点を当て，会話補助シートとルーブリック[1]を使用し，その有効性を検証することにした。会話補助シートは，話題・定型文・リアクション表現を即興的に想起するための教材である。ルーブリックは，質問・答え・反応のそれぞれの項目が6段階の評価基準で構成されており，児童が自己評価して自律的な学習を促すための資料である。これらの教材を使用することで，児童が自己評価や目標設定を通じて自律的に学習を進め，会話に必要な表現や対話の方法を習得し，「話すこと（やり取り）」で育成するコミュニケーション能力（以下，コミュニケーション能力）を向上させていくことができるのではないかと仮説を立てた。

2　先行研究

2.1　言語用法基盤モデルに基づいた指導

　Kashiwagi, Ito, & Matsuda（2022）は学習者がひとまとまりの文に頻繁に触れ，それを模倣したり繰り返したりしながら学習を進める事例学習が有効だったことを報告している。

　本研究の実践においても，Kashiwagi et al.（2022）の事例学習のような言語用法基盤モデルを授業作りの基礎としている。授業では，Small Talkの例示として，指導者が繰り返しティーチャートークを行い，児童に定型表現の定着を促すためにインプットを繰り返した。さらに，会話補助シートで定

型表現の活用方法を提示することによって，定型表現に入れ替える言葉を児童が想起しやすくすることで，児童の発話を促すようにした。

2.2　コミュニケーション能力

　（Canale, M. & Swain, M. 1980; Canale, M. 1983）は「コミュニケーション能力の4要素」として，文法的能力（grammatical competence），談話能力（discourse competence），社会言語能力（sociolinguistic competence），方略的能力（strategic competence）を挙げている。本取り組みで検証する児童のコミュニケーション能力についても，文法的能力のみに焦点を当てるのではない。会話補助シートを用いて場面や状況を設定し，文脈のある会話の続け方，適切に判断して応答すること，発話が聞き取れなかった時の対応など，談話能力や社会言語能力，方略的能力も含めてコミュニケーション能力と捉えるようにした。

2.3　ルーブリックによるパフォーマンス評価について

　泉・幡井・田縁（2020）は，Can-Do 振り返りシートとルーブリックによるパフォーマンス評価の実践を行い，小学校英語における評価の在り方と課題，並びに児童の変容を検証した。実践を通して，児童の高い満足度や自己効力感，目標の明確化などが確認された。一方で，児童個々の能力差が広がることへの対応，3観点を意識した活動の取り入れ方や，Can-Do やルーブリックを使用した見取りの方法などについて課題を報告し，評価を含めて指導の在り方がどうあるべきかを提言している。

　従来のルーブリックは，「知識・技能」「思考力・判断力・表現力」「主体的に学習に取り組む態度」の3観点を基本的な項目として，A・B・Cの3段階で評価されることが多い。これらの評価基準は，指導要録の評価につながるような系統性を重視する教育課程の評価方法としては理解できるが，児童にとっては抽象度が高く，自己評価や目標設定が難しいという問題がある。一方，本研究で使用したルーブリックでは，児童のコミュニケーション能力を具体的な技能である「問い」「答え」「リアクション」という項目に細分化し，評価基準を6段階に分けることで，児童が自己評価や目標設定をより容易に行うことができるようになっている。

また，このルーブリックに基づいたコミュニケーションを行うことで，自己評価や目標設定をより具体的かつ正確に行うことができることが考えられる。このようなプロセスを通じて，児童は自分に適した学習方法を選択し，自律的な学習を進めることが期待される。

3　目的

本研究の目的は，小学校外国語の Small Talk において自律的な学習を促すための会話補助シートやルーブリックがコミュニケーション能力の向上に有効かを検証することである。

4　参加者

本研究における参加者は，Ｉ市の公立小学校Ａ校6年生31名（男子13名，女子18名）である。Ｉ市では，低学年で年間15時間（教育課程特例校）の「英語活動」，中学年で年間35時間の外国語活動，高学年で70時間の外国科の授業を行っている。担当教員は，英語専科指導教員，学級担任，ALTである。対象者は5年生の時から2時間に1回程度は，Small Talk に取り組んできた。その中でも，今回の取り組みで用いた会話補助シートやルーブリックは，2022年8月から2023年2月に活用したものである。調査にあたっては，実践前に調査の内容や目的について説明し，個人情報を特定できないように配慮し，任意で本調査に協力してもらうことを関係者に承諾してもらった。

5　方法

2022年8月から2023年2月まで，外国語科の時間における Small Talk で会話補助シートとルーブリックを用いて児童のコミュニケーション能力を高める取り組みを行った。Small Talk は1人の相手につき2分程度の会話を行い，ペアを変えながら合計で4人か5人の相手と英語でのやり取りを行った。

児童の英語のコミュニケーションに関する認識の変化を検証するために取

り組みの事前（2022年8月）と事後（2023年2月）で質問紙調査を行った。質問紙の項目は（村端・村端，2020）をもとに作成した（**表2**）。質問紙を実施したのは，児童が自信を持って英語を話したり聞いたりできるようになったりすることは，コミュニケーション能力の向上と関連が深いと考えたからである。

　児童は，「聞き取れる」「やや聞き取れる」「あまり聞き取れない」「聞き取れない」のように4つの選択肢から選んで回答をした。そして，強い肯定を示す回答から順番に4，3，2，1と数値化することにした。質問項目5は逆転項目なのでそれと逆の数値とすることにした。得られたデータは，事前と事後の対応があり，正規性が認められるためt検定を行った。

　また，児童による教材の活用について調査するために，事後にのみ「会話補助シートやルーブリックについて感想を書いてください。」という質問に自由記述で答えてもらい，KH Coder（樋口，2014）によるテキストマイニングのソフトウェアで計量テキスト分析を行った。

　さらに，児童のコミュニケーション能力に関する自己評価の変化を分析するために，ルーブリックの事前と事後の評価について，1段を6，1級を5，2級を4，3級を3，4級を2，5級を1に換算し，変化を記録した。

　ルーブリックの自己評価に関して，児童が的確に自らの技能を評価できるようにするため，評価基準は，「番組表を見て，3種類以上の質問の仕方ができる。」のように，到達目標となる活動や達成基準が6年生児童にとって評価しやすい文言で示されている。また，より妥当な測定にするため，教師が授業の中で児童の技能の評価について，実例を挙げて適切なフィードバック行うことで，児童が自らの技能を正確に評価できるようにした。

表2　英語の学習に対する質問項目（4件法，$n = 31$）

1.　あなたは先生や友達の英語が聞き取れていますか。（以下，聞き取り）
2.　あなたは，友達や先生と英語で話すことはできますか。（以下，話すこと）
3.　英語でコミュニケーションを取ることは楽しいですか。（以下，楽しさ）
4.　英語は簡単だ。（以下，簡単さ）
5.　英語を使うのは緊張する。（以下，緊張）

6 実践

6.1 会話補助シート

　会話補助シートは，会話を進めるに当たって児童が話題を想起するためのもので，児童は「ペラペラシート」と呼び親しんでいる（**図1**）。児童は，タブレットに会話補助シートを入れておき，常時確認が可能な状態にした。

　会話補助シートの表面は，会話のテーマであるテレビ番組に関する話題を想起できるイラストや文字を示してある。テレビ番組は，児童にとって馴染み深いドラマやアニメ，バラエティを話題として取り上げ，児童の興味や関心が高まる工夫がなされている。

　会話補助シートの裏面は，定型文（**図2**）とリアクション（**図3**）の2つのセクションで構成されている。定型文のセクションには，質問文とその回答方法がイラストと文字で示されており，児童は選択した単語を定型文に挿入して表現を完成させる仕組みとなっている。リアクションのセクションでは，"I see." や "Me too." といった基本的な表現が，イラストと共に提示され，

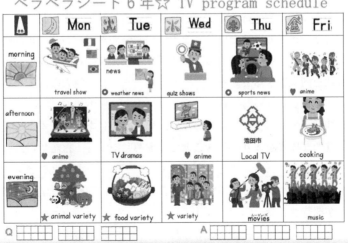

図1　会話補助シートの表面（話題提示）

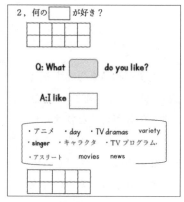

図2　会話補助シート（定型文）　　　図3　会話補助シート（リアクション）

児童が瞬時に確認できるよう工夫されている。このような設計により，会話補助シートは，児童が発話したい内容を表面で，そしてその内容に対応する定型文を裏面で確認できるようになっている。

　会話補助シートの効果としては，児童が自然な会話を展開する際に，適切な話題や表現を想起しやすくなることが挙げられる。また，児童が言語学習の過程で緊張や不安を抱えることが少なくなり，コミュニケーションを図る機会が増えることが期待される。さらに，会話補助シートを利用することで，児童は会話の途中で言いたいことを思い出す時間が短縮され，スムーズなコミュニケーションが可能となる。この効果は，児童の自信を高め，言語習得への意欲を向上させるとともに，コミュニケーション能力の向上にも寄与すると考えられる。

　会話補助シートの妥当性については，児童が興味を持ちやすい話題を選定し，視覚的な要素を取り入れることで，理解しやすく，言語学習に適した教材であると考えられる。また，定型文やリアクションのセクションが児童にとって参照しやすい形で提示されていることから，効率的な学習が促進されることが期待される。

　図4は，ペラペラシートを活用した時のS1とS2の英語でのやり取りを記録したものである。（S1とS2は，任意の抽出）この記録では，S1の児童が

会話補助シートを見ながら，"Do you like 名詞?"の質問を繰り返し，S2 にとって興味があるテレビ番組を探している様子がうかがえる。

S1 Do you like food variety?	S2 No, I don't.
S1 Do you like animal variety?	S2 No, I don't.
S1 Do you like the travel show?	S2 No, I don't.
S1 Do you like anime?	S2 Yes, I do.
S1 What's anime do you like?	S2 I like "SPY FAMILY".
S1 I don't know. Why?	S2 I like picture.

図4　会話補助シートを用いたときの児童のやり取りの記録

6.2　ルーブリック

　ルーブリックは，児童のコミュニケーション能力を客観的かつ具体的に評価する目的で開発された教材である（**図5**）。最上級の初段と1級から5級の6段階で評価基準が設定されており，各段階における能力の違いが示されている。ルーブリックには，問いを続ける時間やテーマの幅広さ，会話を流暢に続けることなど，小学校外国語における「話すこと（やり取り）」に関するコミュニケーション能力を自己評価するにあたっての重要な要素が含ま

級、段	Q（問い）	A（答え）	R その他	日付
しょだん 初段	・番組表を見るだけで，質問ができる。どのテーマであっても相手の答えから40秒程度に連続質問される。相手の答えに反応しながら，次の質問を自然に続けることができる。【思考力・判断力・表現力】	・番組表を見ながら，質問に答えたり，相手の答えに興味にもってくれた質問者に更にリアクション返しができ，日本語で話すような自然なやりとりができる。	・日本語を話すときのような感情や表情でリアクションを使うことができる。	
きゅう 1級	・番組表だけを見て，40秒程度で1つのテーマを元に相手の答えから次の質問を考え，3～4秒以上間をあげずに4個程度の質問を連続でできる。【思考力・判断力・表現力】	・絵のシート，または番組表だけを見て答えられ，相手にたずね返したり，リアクションが畳かけにできる。	・普段使わないリアクションも含めて，積極的に用語を使う。	
きゅう 2級	・わかるところは番組表だけを見るようにして質問し，相手の質問を考えてたずねることができる。1つのテーマで3つ以上の質問が続けたり，途中で自然に話題を変えたりできる。【思考力・判断力】	・絵のシート，または番組表を見て，自分の答えを言った後，相手にたずね返すことができる。	・積極的にリアクションエリアからの用語を使う。	
きゅう 3級	・同じカテゴリーの質問，または，時々話題を変えて質問を2～3つ以続けることができる。相手の目（または相手に体）を向け質問する瞬間は相手を見たり，番組表を見たりしながら話す。【思考力】	・たずねられたことに対して，番組表を見ながら答えたりリアクションを入れたりできる。	・積極的にリアクションエリアからの用語を使う。	
きゅう 4級	・自分がたずねた質問それぞれに，更にもう1つか2つの質問を加えたりリアクションしたりできる。質問は連続で続け，質問から質問の間を5秒以上あけないこととする。【判断力】	・質問対して答え，追加の質問について答えることができる。	・R①②から2つ以上使っていく。知らない表現は書き足していく。	
きゅう 5級	・番組表を見て，3種類以上の質問の仕方ができる。（習った文を使ってやりとりする）①〜は好きか，②何が見たいか，③何の〜が好きか【表現力】	・質問されたことに答えられる。（知らない単語は日本語で言う，または，習った文は英語で答える事ができる。）	・リアクションの一覧（いちらん）のしくみを知り，1つは使ってみる。	

図5　ルーブリック

れている。ルーブリックは，児童や目標とする到達度を明確に示し，効果的な学習計画を立てるための支援を提供するとともに，学習の進捗を把握する上で有用であると考えられる。

　ルーブリックにより，児童は自分のコミュニケーション能力を客観的に把握し，自己評価が容易になることが予想される。例えば，「Q問い」の最も良い評価では，「番組表を見るだけで，質問ができる。どのテーマであっても相手の答えから40秒程度は連続質問を続けられる。相手の答えに反応しながら，次の質問を自然に続けることができる」といった具体的な記述があり，6年生児童は，これを見て自らの技能が到達しているかどうかを判断できる。

6.3　二つの教材を用いて実践に取り組む意義

　会話補助シートは，児童が話題や表現を想起しやすくし，緊張や不安を軽減し，コミュニケーションの機会を増やすことを目的としている。また，視覚的要素が取り入れられ，定型文やリアクションが参照しやすい形で提示されているため，効率的な学習が促進されることが期待される。ルーブリックは，児童のコミュニケーション能力を自己評価することを目的としている。

　これら2つの教材を組み合わせることで，まず，会話補助シートが児童の自然な会話を展開する基盤を提供し，ルーブリックがその会話の中で児童がどの程度の言語能力を発揮しているかを評価できると考えられる。また，会話補助シートでの練習を通じて，ルーブリックで示された具体的な目標に向けて児童が努力し，コミュニケーション能力の向上が期待される。

7　結果

7.1　質問紙

　児童を対象とした事前と事後における質問紙の結果を表3に示す。事前と事後の差が統計的に有意だったかを確かめるために，有意水準5％でt検定を行ったところ，「話すこと」「楽しさ」「簡単さ」の項目において，事前と事後の平均値に有意差が見られた。「話すこと」（t（30）=-2.56, p=.02）「楽しさ」（t（30）=-2.33, p=.03）「簡単さ」（t（30）=-2.26, p=.03）。

表3　事前と事後における質問紙の結果（4件法，$n = 31$）

	平均値			標準偏差		t検定		
	事前	事後	差	事前	事後	t値	p値	
聞き取り	3.16	3.19	0.03	0.58	0.54	-0.44	.66	
話すこと	2.97	3.29	0.32	0.66	0.59	-2.56	.02	*
楽しさ	2.97	3.26	0.29	0.87	0.58	-2.33	.03	*
簡単さ	2.65	3.03	0.39	0.80	0.75	-2.26	.03	*
緊張	2.39	2.35	-0.03	1.12	0.95	0.15	.88	

$^{*}p < .05$

7.2 質問紙における自由記述

　KH Coder により計量テキスト分析を行ったところ，児童の自由記述には
コミュニケーションに関する言葉が多く見られた。特に多かったのは「リア
クション」（14回）や「質問」（8回）で記述の全てが，自らの習熟度と関
連づける記述であった。その他にも，「言う」「言える」「話す」「話せる」
「聞く」「繋げる」「使う」など，会話を続ける上で必要だと考えられる言葉
の動詞も多かった。

　共起ネットワーク図（図6）からは「好き」と言う言葉から「番組」や
「質問」につながっており，さらにそれが「リアクション」と言う言葉につ

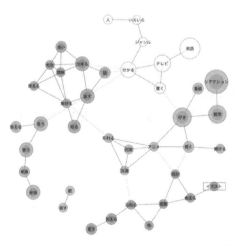

図6　会話補助シートやルーブリックに関する児童の記述の共起ネットワーク

ながっている。会話補助シートで想定されている，好きな番組の質問をし，それに答えるという一連の活動に関する言葉を確認することができた。

7.3　ルーブリックにおける自己評価の変化

　ルーブリックに基づいた児童の自己評価（6段階）における事前と事後の結果を**表4**に示す。「事前」（M＝1.32，SD＝0.94）「事後」（M＝2.94，SD＝1.15）で平均値は約1.61増加した。標準偏差の値は0.94から1.15に増加した。これは，事前で最低の評価である5級に集中していた自己評価が全体的に向上し拡散したためだ（**図7，図8**）。事後の評価では，3級の自己評価が一番多く，最高の評価である6を自己評価とした児童は2人であった。5人が5級のままで自己評価が変わらなかったものの，自己評価に関して事前よりも事後の評価が低かった児童はいなかった。

表4　事前と事後におけるルーブリックにもとづいた児童の自己評価（n＝31）

	平均値	最小値	最大値	標準偏差
事前	1.32	1.00	5.00	0.94
事後	2.94	1.00	6.00	1.15

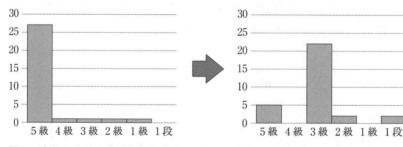

図7　事前における自己評価の分布　　**図8　事後における自己評価の分布**

8　考察

　質問紙では，「話すこと」「楽しさ」「簡単さ」の項目で児童の肯定的な回答が増えた。有意差のあった3つの項目を関連づけて考えると，児童がSmall Talkの中での話す活動を気軽に楽しんでいることが考えられる。会話補助シートやルーブリックは，児童のSmall Talkの取り組みやすさを促

進することが示唆された。

　質問紙では，緊張の項目の平均値の値が0.03減少した。楽しさや簡単さを感じる児童は増えた一方で，緊張している児童がわずかに増えた。要因としては，英語を上手に話したいという前向きな気持ちが緊張につながったのではないかと考えられる。実際のところ，授業ではSmall Talkの活動前に教室の雰囲気がいつもある種の緊張感に包まれていた。このことに関連して，山口（2021）は質問紙の結果を踏まえて，Small Talkの活動に慣れさせ，友達と楽しく会話をする経験を多く積ませていくことが，緊張しないで英語を話す力を育んでいくことに有効であるとしている。緊張を和らげるために，より多くのSmall Talkの活動を経験することが手立ての一つとして検討されるべきであろう。

　質問紙における自由記述では，「言う」「言える」「話す」「話せる」「聞く」「繋げる」「使う」など，会話を続ける上で必要だと考えられる言葉の動詞を示す言葉が多く見られ，それらは児童が自らの会話を振り返る記述であった。このことから，ルーブリックを用いる中で，児童が自らのコミュニケーションを自己洞察する機会があったことが推察される。ルーブリックに，リアクションや問い，答えなどの動作について，時間や回数などを具体的に示したことが，児童によるコミュニケーション能力の自己洞察を促したのではないだろうか。

　質問紙における自由記述の共起ネットワークでは，会話補助シートで示されている話題がコミュニケーションの動作に関する言葉と共に用いられていた。このことから，会話補助シートに提示されている，好きな番組や好きな音楽，リアクションなどの内容を児童が活用して，会話をしたと考えられる。話題が想起できず話せない児童にとっては，会話補助シートは有効であったことが考えられる。

　ルーブリックに基づいた児童の自己評価では，多くの児童が事前よりも事後の評価の方が高かった。多くの児童の自己評価が高くなったことから，個々の児童が自分にあった学習を進め，ルーブリックに示すコミュニケーション能力を身につけたことが推察される。

一方で，ルーブリックに基づいた児童の自己評価では，事前と変わらず事後でも，最も低い自己評価である5級としている児童が確認された。これらの児童には，言い方の模範を実際に見せるなどの教員が細やかな支援をする必要があると考えられる。

9　まとめと今後の課題

　会話補助シートやルーブリックは，児童のコミュニケーション能力の向上に効果があることが明らかになった。「はじめに」でも述べた通り，話すこと（やり取り）に指導上の困難さを感じている教員は多い。本研究で，明らかになったような会話補助シートやルーブリックのような教材の有効性に関するデータが集積され，新たな教材が開発されれば，現場で悩む小学校教員の大きな力となるだろう。

　本研究は児童の自己評価や自由記述をもとに分析を行ったため，客観的な指標による児童の「話すこと（やり取り）」の能力における変化を分析できていない。今後は，山口（2021）のような，「発話総語数」や「文の数」「やり取り数（ターン数）」など，児童の発話の内容を数的に処理するなどして，会話補助シートやルーブリックの有効性の検証をより詳細に進めていきたい。

[キーワード]

　小学校英語（English teaching in elementary schools），話すこと（speaking），スモールトーク（Small Talk），ルーブリック（rubric），パフォーマンス評価（performance evaluation）

〈注〉

1．会話補助シート（図1，図2，図3）とルーブリック（図5）は東大阪市立英田北小学校教諭の太田由依子氏が開発したものである。（詳細は6章を参照）

〈引用文献〉

Canale, M.（1983）. From communicative competence to communicative language pedagogy. In J.C. Richards & R. Schmidt（Eds.）. *Language and communication*. 2-27. London: Longman.

Canale, M. & Swain, M.（1980）. Theoretical bases of communicative approaches to second language teaching and testing. *Applied Linguistics*. 1(1):1-47.

樋口耕一（2014）.『社会調査のための計量テキスト分析―内容分析の継承と発展を目指して―』ナカニシヤ出版

泉惠美子・幡井理恵・田縁眞弓（2020）.「小学校英語 Can-Do 及びパフォーマンス評価実践における児童の変容」JES journal，20，36-51

株式会社イーオン（2021）.「小学校の英語教育に関する教員意識調査 2021 夏」https://www.aeonet.co.jp/company/information/newsrelease/2103151100.html

Kashiwagi, K. Ito, Y. & Matsuda, S.（2022）. How Does a Usage-Based Approach Cultivate Procedural Knowledge of the Morphological Structure (-ed): Using Dictogloss Tasks, ARELE, 33, 159-174.

村端五郎・村端佳子（2020）.「用法基盤モデルの言語習得観にもとづいた小学校英語の展開」JES journal，20，148-163

奥平穰士（2021）.「小学校外国語活動・外国語における「話すこと（やり取り）」の力を高める指導法―タスクベースラーニングによる指導の工夫を通して―」宮城教育大学教員キャリア研究機構研究紀要，3，159-168

山口美穂（2021）.「Small Talk を実践した児童の発話パフォーマンスの変化と情意の関係」JES journal，21，38-53

第5部

第36回研究大会の概要

《課題研究》
教師教育の高度化におけるミドルリーダーの養成
　　──教職実践知の継承に教職大学院はどのように貢献できるのか─教師教
　　　育の高度化とミドルリーダーの役割─

１．教師教育の未来像
　　　──教師教育の核心的課題と教職大学院の将来

２．教職実践知の批判的継承に教職大学院はどのようにかかわれ
　　ばよいか
　　　──ミドルリーダーの教職実践知のアンラーニングの視点から

３．教職大学院における教師教育の高度化
　　　──岐阜大学教職大学院におけるスクールリーダー養成

《公開シンポジウム》
教師の自律的な研修の継続にむけて
　　──教員免許更新制度廃止後の研修制度

教師教育の高度化におけるミドルリーダーの養成
教職実践知の継承に教職大学院はどのように貢献できるのか
―教師教育の高度化とミドルリーダーの役割―

【趣旨】

　2017-2021年度に開催された研究大会の課題研究では，2期連続して「教師教育の高度化」を共通のテーマとし，教職大学院における教科教育学（教科内容学）の位置，実践知の創出とそれを継承するための取り組み，人材を循環させることで学校教育の質向上につながる地域貢献に焦点を当ててきた。今期ではこれをさらに発展させるため，「教師教育の高度化におけるミドルリーダー（ML）の養成」を3ヶ年の共通テーマに掲げ，教職大学院をはじめとする「教師教育の高度化」の課題に引き続き発展的に取り組んできた。

　ミドル世代に位置する教師層には，学校内の分掌の中核的な存在として，主幹教諭や指導教諭，各種主任等の職責を超えた牽引力として，さらにはチェンジエージェント（変革の担い手）としての期待が集中する傾向にある。他方，ミドル層は上部世代・下部世代に比べて人材層が薄いにもかかわらず，その期待値は高まるばかりという課題を抱えている。ミドル層は，人材層の薄さと期待の集中というパラドックスに陥っていて，この状態はしばらく続くことが予見されている。授業（教育活動）の模範モデルとして，スクールビジョンやチーム学校の推進役として，世代間の実践知継承の要（かなめ）として，業務と期待が一極集中化しやすいこのパラドックスに陥っている世代に，トータルな（あれもこれもが求められる）資質・能力を掲げる教員育成指標はどれほど適合しているのだろうか。

　確かに，教職大学院が全国の国立教員養成系大学・学部に設置された現在，専門課程による（ミドル）リーダー養成はほぼすべての地域において可能に

なった。しかし，制度的条件整備が進む一方で，かつては校内の人間関係の中でOJT（オン・ザ・ジョブ・トレーニング）を通して行われてきた「教職実践知の継承」は，教職大学院等のフォーマルな専門課程でどこまで意図的・計画的・継続的にできるのだろうか。その可能性と限界を交錯させながら考察することが，専門職課程に内在する真正の課題に迫ることになることから，このような立脚点からの検討は今後の「教師教育の高度化」の未来予想図を描くうえでも不可欠であった。

　3ヶ年の最終年にあたる今大会では，この「教職実践知の継承」という課題にスポットを当ててミドルリーダー養成の総括を行うとともに，2期6ヶ年を通して継続的に探究してきた「教師教育の高度化」という視点から今後の展望が示された。

（文責＝原田信之）

【報告者と報告の視点】

佐々木幸寿（東京学芸大学教職大学院）

　教師教育の未来

　―教師教育の再構成と教職大学院の役割―

菅原　　至（上越教育大学教職大学院）

　教職実践知の継承に教職大学院はどのようにかかわればよいか

　―高いパフォーマンスを求められる学校・教師の現状を踏まえて―

棚野勝文（岐阜大学教職大学院）

　教職大学院における教師教育の高度化

　―岐阜大学教職大学院におけるスクールリーダー養成―

※研究大会課題研究発表時のテーマ

【コーディネーター・司会】

原田　信之（名古屋市立大学）

福島　正行（盛岡大学）

教師教育の未来像
—教師教育の核心的課題と教職大学院の将来—

東京学芸大学　**佐々木幸寿**

1．教師教育の現状と課題

⑴　教員養成の課題

　中央教育審議会は，「『令和の日本型学校教育』を担う教師の養成・採用・研修等の在り方について〜「新たな教師の学びの姿」の実現と，多様な専門性を有する質の高い教職員集団の形成〜（答申）」（令和4年）を取りまとめた。同答申は，①「令和の日本型学校教育」を担う教師に求められる資質・能力，②多様な専門性を有する質の高い教職員集団の形成，③教員免許の在り方，④教員養成大学・学部，教職大学院の在り方，⑤教師を支える環境整備，等について包括的な改革を提言しており，教員養成は大きな岐路を迎えている。

　我が国の教員養成は，いくつかの課題を抱えている。第一には，「大学における養成，開放制，教養主義の抱える問題」である。講義や演習を中心にした授業科目の単位取得という形式による学士課程での学修によって教師としての資質・能力が育成されうるのか，免許法（教職課程）で指定された科目を履修させることで教師としての基本的な資質・能力が育成されうるのか，大学における教養教育は，教師としての姿勢や使命感等の育成に貢献しているのかといった疑問が呈されている。第二には，「教員免許−採用試験制度の抱える課題」である。我が国の教員確保政策は，大量に免許所有者を供給することによって多くの人材プールを確保し，採用試験によって大勢の候補者の中から適格者を選び取ることによって成立している。この仕組みの前提

は，形式的には教員免許制度によって最低限の資質が確保されるという制度設計を基盤としているが，実質的には，質的にも，量的にも，教員の確保は需給関係に左右されている。近年の教員不足などを背景とした免許所有者確保策（小中の教職課程間での科目・専門教員の共通化，小学校免許の教職課程設置における科目開設・専任教員配置の要件緩和，教員免許更新制の廃止，他の学校種の普通免許状授与の際の最低在職年数の緩和，特別免許状の授与指針の改訂など）によって，教員免許状はさらに取得しやすくなっており，免許制度の形骸化がさらに進むことが推測される。その一方で，教師の資質・能力の高度化などの施策はほとんど進展しておらず，研修履歴等を活用した教員の職能開発のシステムが提言されているものの，教員養成，現職研修を通貫した教師の資質・能力の向上の政策の道筋は，依然として不透明である。

⑵ 教師教育の課題

　このような教員養成の現状，学校教育が抱える課題を踏まえ，将来の教師教育の在り方を考える上で，次のような点が主な課題としてあげられる。第一には，養成・採用・研修の実質的な一体化の推進があげられるのであるが，その前提として，各都道府県・政令市教育委員会等の任命権者が関係大学等と設置している教員育成協議会ごとに設定している教員育成指標が多様であること，また，その育成指標も教員研修計画等の行政計画との整合性を確保することを念頭に策定されているために，必ずしも実際に教師が自らの職能開発に活用するものとはなっていないこと，また，その基盤となる教職専門性基準が未開発であることが重要な課題となっているということである。第二には，近年教師の資質・能力として重視されている非認知的能力（例えば，教師のレジリエンスの能力など）を育成するための教職科目構成の見直しが進んでおらず，また，そのような現職教員研修においても現状では非認知的な能力に焦点化した内容の改善は遅々としているように思われる。第三には，貧困，不登校，虐待など，子どもをめぐる課題は，「学校教育」「教育」を超えて，「福祉」「医療」「司法」などの領域に広くまたがって対応することを余儀なくされている。これは，スクールカウンセラーやスクールソーシャル

ワーカー，部活動指導員などの教師以外のスタッフを含む「チーム学校」という枠組みにとどまらない。児童相談所などの福祉部門，不登校支援を担うNPOなどの民間施設，学校外の多様な機関等との連携が必須となっており，教育課題のボーダレス化に対応するための教師の資質・能力，学校管理職のマネジメント能力の育成が喫緊の課題となっていると言える。

2　教師教育における核心的な課題—アイデンティティと自己成長，実践知の育成—

　ここまで，教師教育の内容の側面から，その課題について言及してきた。次に，教員養成，現職研修を通じて教師としての職能成長を実質的に促すための核心と考えられる点について述べたい。

　第一には，教師としてのアイデンティティや使命感の形成，教師自身の自己成長を促す仕組みを，教員養成や職能開発のプロセスの中に組み込むことの重要性である。一般的なキャリア形成においても，その核心は，職務への愛着や使命感，職務の基盤となるコア・エネルギーに向けられている。これを教職に当てはめれば，教師としてのアイデンティティ形成をどう図るのか，教師の自己成長を促す学びを，教師教育にどのように盛り込むのかという問いとして理解される。具体的には，教員養成のプログラムとして，社会的ニーズ，自己診断を基盤として，教師自身が自己の目指す姿を想定しながら，カリキュラムを自らデザインするというプロセスを組み込むことが必要であると考えられる。

　第二には，熟達した教師としての実践的指導力の基盤となっている実践知や暗黙知の育成や継承が，意図的，計画的に行われる必要があるということである。従来から，教師の実践的指導力の育成においては，同僚性や協働性の確保，省察の重要性が指摘されている。しかし，「同僚性」「協働性」「省察」は，職能開発を保障するマジックワードとして安易に使用されてきたように思われる。実態としても，同僚性・協働性などは元来教科等の独立性の高い，中学校，高等学校では確保が難しく，また，同僚性を重視する学校文化が時間外勤務や多忙化の背景となっているとの指摘もある。そのような点

を踏まえれば，同僚性等を媒介させるだけでなく，直接的に実践知，暗黙知の獲得を目的として職能開発を図っていくことも，今後の重要な課題となっていくと考えられる。また，形式知→実践知（暗黙知）の問題は，学士課程，教職大学院，現職教育を有機的につなげた職能成長に導く，資質・能力の高度化のプロセスとしても位置づけていくことが考えられる。前掲の中央教育審議会答申は，研修履歴を活用した資質向上に関する指導助言等の仕組みにより，教師の「個別最適な学び」，「協働的な学び」を充実させ，「新たな教師の学びの姿」を実現するとしている。そのようなプロセスに実践知の育成を組み込んでいくことが求められていると言える。

3．教職大学院の未来像について

⑴　教職大学院の経緯と第三ステージ

　次に教員養成の高度化，現職教員の資質・能力の高度化の拠点としての役割を果たすことが期待される教職大学院の在り方について考えたい。平成20年度にスタートした教職大学院は，設置された当初である第一ステージにおいては，教職教育が中心であった。共通カリキュラム枠組みとしては，①教育課程の編成・実施，②教科等の実践的な指導方法，③生徒指導，教育相談，④学級経営，学校経営，⑤学校教育と教員の在り方が設定されていた。また，教職大学院においては実践的な指導方法（事例研究，授業観察・分析，フィールド研究）が重視されたが，当初教科教育の本格的な導入は制限されていた。その後，約10年を経過しほぼすべての都道府県に教職大学院設置がされ教職大学院は第二ステージに至っている。第二ステージにおいては，教科教育の導入が認められるようになった。その一方で，国立の教員養成系大学・学部における教職大学院への重点化（修士課程から教職大学院への転換）が進められた。この結果，教職大学院の多様化が進み，教職大学院ごとのカリキュラムやコース，その定員規模において違いが見られるようになった。また，ほぼすべての都道府県に設置されることで，地域ごとに，教育委員会と拠点大学等によって教員育成協議会が組織され，地域における養成，採用，研修における連携強化が進められた。

そのような経緯を果て，現在，教職大学院は第三ステージに向かっている。教職大学院間の役割分化，現職教員の高度化への貢献，教育委員会との機能共有・分担など，各教職大学院においてはそれぞれの状況に応じて新しい教職大学院づくりが進められるものと思われる。

⑵　**教職大学院の将来像―教育者の資質・能力高度化の拠点と相互ネットワーク形成―**

　中央教育審議会答申「『令和の日本型学校教育』を担う教師の養成・採用・研修等の在り方について」は，教職大学院の機能強化策として，教職大学院への進学を希望する者を対象とするコース等の設定等，学部と教職大学院との連携・接続の強化・実質化を図ること，具体的には，学部学生が教職大学院の授業科目を先取り履修した場合に，先取り履修した単位数等を勘案して，教職大学院入学後の在学年限を短縮できるようにすることを提起している。この提言は，学部4年・教職大学院1年による5年制教員養成を想定しているものと思われるが，学卒院生の1年間のコースが常態化すれば，教職大学院の位置づけは大きく変化することから，その導入は限定的であると推測される。

　その一方で，学校教育をめぐる環境の変化，個別最適な学びなどの教育ニーズの変化を考えれば，現職教員を含めた教師全体の資質・能力の高度化は，今後の我が国の教師政策の中心的課題となっていくことが予想される。教職大学院は，教員養成，現職教員，教育支援職を含む教育者養成の高度化，地域における連携拠点としての機能を整備していくことが求められている。各教職大学院の定員規模，提供するカリキュラム・コース，教育者支援の資源等は，多様であり，その効率的，効果的活用を図るために，全国の教職大学院，教育委員会をつなぐネットワーク構築が次の課題となっていくものと思われる。

教職実践知の批判的継承に教職大学院はどのようにかかわればよいか

―ミドルリーダーの教職実践知のアンラーニングの視点から―

上越教育大学　**菅原　至**

はじめに

　課題研究のこれまでの議論を踏まえると，教職大学院における多様な関係者（研究者教員，実務家教員，教育委員会関係者等）の教職実践知（以下：実践知と略す）についての認識は3つに分類できるだろう。〈A〉教職経験で獲得してきた実践知に，最新の研究の成果や管理職等に必要な知識や方法をプラスするという認識，〈B〉学校等との関係を深め，学校の課題解決に資するために，研究者の理論や開発した手法を実践知に組み込むという認識，〈C〉スタートとゴールの実践知の違いに注目し，研究を通して教職経験で獲得した実践知のアンラーニング（経験を学びほぐし，編み直すこと）が必要という認識である。

　筆者自身は教職大学院での教育を通して〈A〉や〈B〉よりも〈C〉の考え方をより重視するようになった。実際には〈A〉〈B〉〈C〉ともに交差し，〈A〉や〈B〉においてもアンラーニングが生じる可能性はある。しかし，実践知の捉え方の違いによって，学校実習の位置付け等の教育課程からゼミ等での指導まで大学教員の現職院生への問い方や指導の仕方は異なったものとなろう。〈C〉についての筆者の考えは，教職経験のリフレクション，先行研究の検討，個人の関心にもとづいた研究テーマの設定，学校実習（フィールドワーク），プレゼンテーションという研究プロセスが，実践知に変容をもたらすというものである。研究を通して実践知CがC^1⇒C^2⇒C^3・・・

のように自らの実践知の深い気付きを伴いながら変容するようなイメージである。アクション・リサーチに関連付けるならば，教職大学院では実践知変容を目指したリサーチ（ラーニング／アンラーニング）を最大化し，そのことが現場に戻ってから教育現象を異なった角度からも捉え，アクションの選択肢を広げることが可能になるという考え方である。

　以上のように考える理由について，第一に実践知継承の主な場となっている学校の状況，第二にこうした中で形成される実践知をアンラーニングすることの重要性，第三に上越教育大学における教職大学院の実践の3点から述べる。

1．教職生活における発達サポート機能と教師の自律性の低下

　教職生活の現状を現職院生の発言から垣間見ることができる。長年の課題であった教師の長時間労働の見直しが積極的に行われ，職務範囲を限定化しようとする発言が見られる。一方で，カリキュラム・オーバーロードといわれるような教育課程の過積載は仕方がないことと受け入れ，「課題が上から降ってくる」というような意識もある。従来，大切にしてきた教師の成長における職場でのフォーマル／インフォーマルな学習が，インフォーマルな日常の教職生活での発達サポート機能だけでなく，校内研修などのフォーマルな部分も「瘦身化」「形骸化」してきていることがうかがえる（山﨑準二：2012，pp.40-51）。また，「教員育成指標」といった抽象度の高いものだけでなく，日々の教育実践の幅を狭める授業や子どもの生活に関するスタンダードを受け入れている状況から教師の自律性の低下が顕著であると捉えられる。

　もちろん，不確実性が高まる中でこうしたスタンダード化を進めることによって若手教師の学力保障等の対応力が向上しパフォーマンスが高まることも予想できる。しかし，その他の選択肢も知りつつ，スタンダードを活用する姿とは異なっている。管理職層からの「コロナ禍を境にして，ミドルリーダーの『こうしたい』という発言が弱くなった」という声は，勝野正章（2016：pp.227-243）が指摘する教師の裁量を狭め，判断力を弱めるようなNPM（New Public Management）の帰結ともいえるのかもしれない

2．実践知のアンラーニングによる批判的継承

　ミドルリーダーは実践知の継承においても重要な役割を果たしてきた。この実践知は主に，経験によって形づくられ，引き継がれ，テクニカルなものから子どもや保護者，地域へのまなざしなどの教育観にまで影響を与えてきた。この実践知の形成と継承は，サークル活動等の自主研修の場が衰退し，その多くを学校と教育委員会が担ってきた。

　急激に社会が変動する中で学校・教師は，実践知の何を継承し，何を捨て，どのようなものを新しく獲得していくかが問われている。具体例を通して考えてみよう。子どもの学習に不可欠な用具がなかなか揃わない状況を，保護者の無関心が問題だと捉えるのか，家庭環境に問題があるのではと考えるのでは，その後の展開はまったく異なったものとなる。後者は，家計に余裕がないため，保護者が買い与えることが難しいことを子どもが言い出せないということも想定した対応も可能となる。このように同じ教育現象を見たとしても，どう捉えるかによってミドルリーダーの対応は異なってくる。

　短期的な成果に目が奪われがちな中で形成された実践知は一端，アンラーニングされ，編み直され，批判的に継承する必要がある。これまでの「こうすればよい（実践知)」という選択肢以外が見えるための学習の場として教職大学院の役割は重要である。

3．教職大学院における実践の振り返り

　本学教職大学院は190名の定員で学校実習を中核とした「学校支援プロジェクト」という枠組みは，共通であるが，コース・領域で多様な取組を行っている。改組が繰り返され，筆者が現在所属している「学校経営・学校心理領域」は，学校教育実践研究コース（定員60名）の一つの領域で，これ以外に「学級経営・授業経営領域」，「道徳・進路・生徒指導領域」がある。また，本領域には教育経営プロフェッショナル育成プログラム（1年制）を設置している。派遣で入学し，修了後，教頭や指導主事に，または教務主任等を経験し管理職へという経路が多い。つまり，時間軸を少し長めにとれば教

職大学院におけるミドルリーダーの学習や研究は管理職養成という性格も併せ持つ。

(1) 実践知のアンラーニングを図り，研究関心を重視するプログラム

現職院生のラーニングの壁として経験によって獲得された実践知の自明視があげられる。しかも，実践知をそのままにして，過度に成果を気にするような意識も見られる。これは研修の成果を目に見える形で求められるような小玉重夫（2013:pp.138-171）が指摘する教育政策の基調が「プロセスの管理」から「結果の管理」へ移行し，学校や教師の側にアカウンタビリティ（説明責任）の思想が深く浸透していることの証左でもある。また，前述のような自律性の低下は，チーム形成や協働を生み出すうえの前提を欠くことにつながる。だからこそ教職大学院での学習に個人研究を中核に据え，その上で，学校実習は学卒院生を含むチームで行うという考え方は，修了後の学校現場でのチーム形成にとっても重要な役割を果たしうると考えている。

(2) 学校実習を研究のフィールドとしても機能させる

学校実習においては，個人の研究のフィールドともなる学校で，実習できるようなマッチングが重要である。本学では「実習担当コーディネーター（特任教員）」や大学と教育委員会，校長会を結び付ける「学校実習コンソーシアム上越」を含め，様々なフェーズでの連携が基盤を形成するなかでマッ

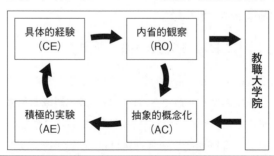

ミドルリーダー（派遣教員）の教職大学院におけるラーニング／アンラーニングが現状の実践知を学びほぐし，従前のものに回収されつくさないとするならば「批判的継承」は「内側からの改善」にとっても有効であると考える。

教師の経験学習サイクルと教職大学院
KOLB, DAVID A（2015）をもとに菅原作成（2022）

チングが行われている。また，学校にとっても，マンパワーレベルから学校課題解決のためのデータ収集や分析等まで，個々の学校の実情によって「役立ち方」は多様である。これを**図**（コルブの経験学習サイクル）を参照して説明すると，前述の学校現場の発達サポート機能と教師の自律性の低下は，主に【内省的観察（以下：RO）】や【抽象的概念化（以下：AC）】の部分の機能低下と関係しているといえる。この現状を踏まえ，ミドルリーダー育成の観点から，教職大学院の【RO】と【AC】への重点化はアクション・リサーチでいえば，学校現場でのアクションによって形成された実践知をリサーチ（ラーニング／アンラーニング）によって学びほぐし，認識の深化や拡大を図り，戻ってからのアクションに活かす戦略と位置付けられる（菅原至：2022,pp21-40）。

　教師や学校が教育実践／経営実践を通して教育現象を捉え，課題を設定し，内側から変わろうとする動きをつくっていく臨床的／俯瞰的な判断力や責任感を生み出していくような性格をもつ実践知を生み出していくには，教職大学院が従前の実践知に回収されないラーニング／アンラーニングという批判的継承を研究プロセスにおいて保障することこそ重要といえよう。

おわりに

　社会の複雑性や不確実性が高まるなかで「学校が変わる」ことが不可欠である。しかし，外側から一方的に変えようとする試みは極めて困難で，多くの場合，副作用を生み出す。そうではなく，外側からの問いかけを，受け止め，自分たちで考え応答するためには，学校に内在しつつ，教職経験や教育実践／経営実践を「理論」「政策」の言葉を超えて，「自分の言葉，自分たちの言葉で語る」ことができるような実践知の批判的継承が求められる。教職大学院でのミドルリーダー育成における実践知の批判的継承は，管理職の基盤づくりともいえるものであり，この基盤があってこそ，変動する社会に必要な知識や技術も吸収し，内側から変わることができると考えている。

【引用文献】

勝野正章「教師の職務の公共性と専門家としての責任」佐藤学編『学びの専門家
　　としての教師（岩波講座　教育　変革への展望4）』岩波書店，2016

小玉重夫編『学力幻想』ちくま新書，2013

菅原至「教師としての経験を深める・究める―ラーニング／アンラーニングの視
　　点―」日本学校教育学会研究推進委員会編『学校教育を深める・究める』三恵社，
　　2022

山﨑準二「教師教育改革の現状と展望―『教師のライフコース研究』が提起する
　　〈7つの原罪とオールタナティブの道〉―」『教育学』第79巻第2号，2012

教職大学院における教師教育の高度化
―岐阜大学教職大学院におけるスクールリーダー養成―

岐阜大学教職大学院 **棚野 勝文**

　本報告は，岐阜大学教職大学院における現職派遣教員へのスクールリーダー養成実践報告を通して，教職大学院の教職実践知に対する貢献可能性を考える事例提供を目的とした。

1．岐阜大学教職大学院の概要

　岐阜大学教職大学院（以下，本学と記す）は2008年に設立され，岐阜県教育委員会より，毎年，概ね現職教員14名が派遣されている。設立時，現職教員の派遣に関して定めた岐阜県教育委員会内規の派遣資格に，「将来スクールリーダーや各地区のリーダーとしての活躍が期待できる者」と明記されており（早川2010），設立当初から岐阜県教育委員会は，本学への現職教員の派遣を明確にスクールリーダー養成として意識していたことがわかる。そして，その目的をより明確にするために，本学は2017年度に新しい学校づくりを牽引し，未来を担うリーダー養成を目指す学校管理職養成コースと，現職教員ミドルリーダー・学部卒新人教員養成を目指す教育実践開発コースに改編された。そして，現職派遣教員は学校管理職養成コースに籍を置き，なかでも小中学校籍教員は教頭名簿登載者が派遣されるようになり2年次には，その多くが2人目の教頭として在籍校に赴任している。

2．理論と実践の往還を目指したカリキュラムの構築

　学校管理職養成コースのカリキュラムは，主に講義を中心とした「共通科目」「選択（専門）科目」と「臨床実習」，地域や学校の教育課題を解決し，

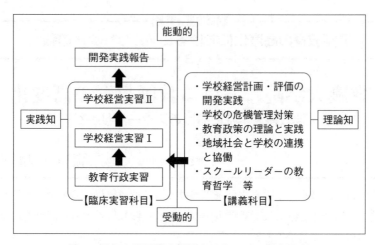

図1　岐阜大学教職大学院カリキュラム概念図 [1]

修了時に外部報告会を開催する「開発実践報告」からなっており，講義科目
−臨床実習−開発実践報告を通して，理論と実践の往還を目指したカリキュ
ラムとなっている（**図1**）。

⑴　講義科目

　岐阜県の教員のキャリアステージにおける資質の向上に関する「校長（管
理職）の指標」では，「経営ビジョン」として，「労務管理」「人材育成（組
織マネジメント）」「教育課程・学力向上（カリキュラム・マネジメント）」
「生徒指導」「服務規律・危機管理（リスクマネジメント）」「家庭・地域との
連携」の6項目が設定されている。そして，それぞれの項目に対応可能な選
択（専門）科目を学校管理職養成コースに設定することで，岐阜県教育委員
会が設定する「校長（管理職）の指標」と本学カリキュラムを連動させてい
る。

⑵　臨床実習

　学校管理職養成コースにおけるカリキュラムの中で最も重視したのは，理
論知と院生及び学校現場に蓄積された実践知を往還することが可能となるプ
ログラムの開発であり，講義科目−臨床実習−開発実践報告を通して学校管
理職としての実際的・実践的な資質・能力をどのように形成するかであった。

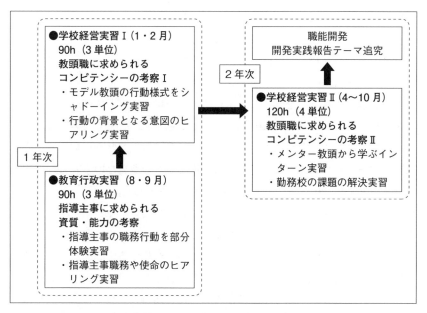

図2　2年間学校管理職臨床実習の構想図（小中高校籍）[2]

そのため，特に，理論知と実践知の橋渡しとして，臨床実習のプログラム開発に力を注ぎ，①校長との連携（校長の経営方針の理解，校長とのコミュニケーション・進言），②諸問題対応（情報収集，問題や危機の解決能力），③教職員との連携（経営方針の具現化のためのコミュニケーション）を養成目標とした「学校管理職臨床実習」として，「教育行政実習（3単位)」，「学校経営実習Ⅰ（3単位)」，「学校経営実習Ⅱ（4単位)」を開発した。

　図2は，「学校管理職臨床実習」プログラム全体の構造図である。具体的には，院生は，最初に，1年次の8～9月，教育委員会及び関係機関におけるインターン実習を中心とした「教育行政実習」を90時間以上実施する。「教育行政実習」は，指導主事の職務行動の部分体験実習や，ヒアリング実習を通して，教育委員会やその関連機関における指導主事の職務内容と行動様式を各院生が把握するとともに，指導主事に求められる資質・能力の考察並びに，教育行政実務能力を養成することを目的とした実習である。次に，1年次2月～3月を中心に，「学校経営実習Ⅰ」を90時間以上実施する。

「学校経営実習Ⅰ」は，院生が，1年次の講義における学修で培った理論知を基盤として，各院生の在籍校とは異なる校種の学校における異校種間実習，経験豊かなシニア校長・教頭の所属する院生の在籍校と同じ校種の学校において，校長・教頭へのシャドーイング・メンタリング実習を通した，望ましい学校管理職の在り方を学ぶことを目的とした指定校実習で構成した。

　最後に，2年次の4月〜10月に，教頭に登用された院生は第二（インターン）教頭として，それ以外の院生は学校における教頭職を補佐する中心的なリーダーとして勤務校に着任し，職務遂行能力の開発を中心とした「学校経営実習Ⅱ」を120時間以上実施するプログラムとした。「学校経営実習Ⅱ」は，院生が，本学1年次の講義および「教育行政実習」並びに「学校経営実習Ⅰ」で培った理論知と実践知を基盤として，1週間に4日間学校現場に戻り，第二（インターン）教頭もしくは，教頭を補佐する中心的リーダーである部主任の立場から，教頭（第一教頭）へのシャドーイング，インターン実習（部分体験実習）を通して，教頭の職務遂行能力の開発を目的とした臨床実習とした。

　このように臨床実習は，主に1年次に講義科目で学んだ理論をもとに，様々な臨床実習における実践経験やヒアリング経験を通し，理論と実践の往還が可能となることを目指すプログラムとした。

⑶　開発実践報告

　開発実践報告は，臨床実習における実習内容を進展させ，主に2年次における勤務校やその地域・教育委員会の持つ課題解決を実践・報告する最終的な成果物である。したがって，開発実践報告は，それまでに履修した講義科目・臨床実習における知見を活用し，勤務校における学校改善に関する実践を目的にしており，講義科目−臨床実習−開発実践報告の学びを通して，理論と実践の往還を目指した教職大学院における学修の集大成ともいえる。修了生の開発実践報告のテーマとしては，それぞれ学校や地域の持つ課題に応じて，例えば，増加する若手教員の人材育成を目的とした校内の組織的メンタリング体制の開発や，学校と地域の連携協働によるカリキュラム改善を目指した開発，施設分離型小・中学校における小中一貫教育推進体制の構築に

関する開発，特別な支援を必要とする子どもに対する早期発見・早期支援体制の構築に関する開発などがあり，現在の学校課題を反映するとともに，学校管理職の視点による学校改善を目指した内容となっている。

3．スクールリーダー養成の成果

　前述した通り，本学設立時より，将来のスクールリーダー候補生が派遣され，実際に多くの修了生が，学校管理職等として活躍している。ここでは，最初に，学校管理職養成コースへ改編するまでの修了生（1～9期生）の現状を三島（2021）より抜粋，整理する。2020年では，校長登用者，教頭登用者が延べで48名となり，これは修了生の38.7％である。1～9期生の大学院入学時の平均年齢は41.2歳であり，将来の管理職候補生として年齢的にミドルリーダークラスが派遣されていた。したがって，現在，2008年度に入学した1期生から十数年が経過し，今後も順次修了生が学校管理職適齢期となり，学校管理職等への登用がいっそう増えることが予想される。

　2017年度入学生（10期生）から学校管理職養成コースへ改編され，より明確なトップリーダー養成となったことで，岐阜県教育委員会から派遣された現職教員のうち，小中学校籍は教頭名簿登載者が派遣されることとなった。2020年度までに修了した院生は，10～12期の入学生であり，学校管理職養成コースへ派遣された時点での平均年齢も概ね47.4歳と，9期生までと比べ6歳近くあがっている。10～12期生では，42名の現職派遣院生が修了し，2021年度において，教頭・指導主事間等の異動を含め累積数で教頭等31名，指導主事9名が登用されている。

　10～12期生の修了後の初年度に修了生の所属長に対して実施した修了生の活躍に関する質問紙調査の回答結果（回答数40件）[3]では，「とても活躍」から「していない」の5件法で質問した結果，修了生40名中33名の8割を超える修了生が「とても活躍している」であった。自由記述には「教職大学院の研究が本人の指導力向上に反映，管理職としての職責を十分に果たしている。」「大学院の学びを学校現場に大いに活かし，教頭通信で職員啓発している。異年齢集団による交流により子どもの共感性が高まった。」など，教

職大学院における学修成果と修了生の活躍を結び付けた評価を見ることができた。

　以上，本学スクールリーダー養成に関するカリキュラム・成果を報告し，理論と実践の往還による教職実践知の継承を通した教師教育の高度化の一事例を提供した報告であった。

〈注〉
⑴　岐阜大学教職大学院（2016）『教職大学院と教育委員会・学校の協働による学校管理職養成実習のプログラム開発　事業報告書』「図２　実習開発のコンセプト」（５頁）に基づき筆者作成
⑵　岐阜大学教職大学院（2022）『学校管理職臨床実習（小・中・高校籍）手引き』「学校管理職養成コース・２年間の臨床実習構想」（４頁）に基づき筆者作成
⑶　回答結果は，2022年１月26日第９回岐阜大学教職大学院運営委員会資料８「令和３年度修了生調査報告」より抜粋

〈引用文献〉
・早川三根夫，2010年，「教職大学院への期待」，『教師教育研究』6，39-48頁
・三島晃陽，2021年，「岐阜大学教職大学院の修了生追跡調査結果と今後の展望」，『岐阜大学教職大学院紀要』4，11-21頁

公開シンポジウム

第36回研究大会シンポジウム報告
教師の自律的な研修の継続にむけて
―教員免許更新制度廃止後の研修制度―

　本学会の第36回研究大会が，2022年8月6日（土）に日本大学を大会校として，すべてのプログラムがオンラインで開催された。シンポジウムは，6日午後に行われた。シンポジウムでは，「教師の自律的な研修の継続に向けて」というタイトルのもとで，教員免許更新制度廃止後の教師の研修制度とその実施・運用について提案と議論を行った。

　これからの教師の研修については，都道府県／市区町村の教育委員会，および学校，そして教員が，自律的かつ計画的に研修に取り組むことがますます重要になることが予想される。教員の研修は教育基本法第9条および教育公務員特例法第21条において規定されているが，経済協力開発機構（OECD）の国際教員指導環境調査（Teaching and Learning International Survey：TALIS）の結果等からは，多忙等により教員が望む研修を実施できていない現状が浮かび上がっている。そして，2019年に発生したコロナウイルス感染症によって，学校現場ではさらに多忙が加速し，十分に研修を実施できなかった状況もある。また，自治体等が実施している教員研修の内容が，現場のニーズと乖離しているという課題も見られる。このような状況のなかで，どのような研修システムを構築すれば，教師が自律的に研修を行い，学びに生かすことができるのか，また，研修において，教師はどのような示唆を得られれば，児童生徒に還元ができるのだろうか。

　まず，司会の藤平氏より，本シンポジウムの趣旨について説明があった後，今後の研修の在り方や現状に関して，第一提案を，研修の実施主体でもある教育委員会の立場から宮崎県延岡市教育長である澤野幸司氏に，第二提案を，

研究者，そして，現場を支える立場から白水始氏に，そして，最後に，教職員に対する総合的支援を行っている教職員支援機構から荒瀬克己氏に提案していただいた。これらの提案を受けて，牛渡淳会員からコメントを頂いた。

【シンポジスト】
　「教師の「主体的・対話的で深い学び」の実現をめざして」
　　荒瀬　克己氏（独立行政法人教職員支援機構理事長）
　「学び続ける教師のための「教員研修システム」」
　　白水　始氏（国立教育政策研究所）
　「教師の自律的な研修の継続に向けて～教員免許更新制度廃止後の研修制度～」
　　澤野　幸司氏（宮崎県延岡市教育長）
【コメンテーター】牛渡　淳会員（仙台白百合女子大学）
【司会・進行】藤平　敦（日本大学）・渡邉　真魚（日本大学）

提案①「教師の自律的な研修の継続に向けて～教員免許更新制度廃止後の研修制度～」（澤野幸司氏）

　現在進行している研修制度について，学校現場では免許更新講習が廃止されることをあまり意識していない様子も見られる一方，研修から解放されるという解放感や，研修が現場に生かされていない点，研修と実践があっていない点などに加え，研修は何を与えてくれるのかという他律的な態度も見られるという。教員免許更新制度の廃止以後，教員の「働き方改革」を進めていく中で，教職員の勤務時間との関係も考慮しながら，どのような研修であれば子どもによりよい指導を行うことができ，教師は自律性を発揮できるのかについて，宮崎県延岡市の取組みが報告された。

　宮崎県延岡市は，人口約11万人の工業都市であるが，人口は減少し続け，複式学級を有する小規模校は7校存在する。教職員をめぐる状況については，教職員の平均年齢は低下し続け，小学校は若い教員が多くなっている現状がある。このような状況のなかで，同市は「教職員の資質向上実行プラン」に

基づき，「自ら学ぶ」「学校で学ぶ」「校外・地域で学ぶ」という新しい研修の在り方の方向性を示している。現行の研修実施と内容を検討し，2023年度以降，研修サポートの充実・研修後のフォローアップの充実・デジタルコンテンツの充実といった「学校支援の充実」を図ろうとしている。とくに，「わかあゆ教育プラン」の中で，「幸動〜自他の幸せのために学び行動する子ども〜」を目指す子ども像として掲げ，子どもが自分自身の well-being を追求することを目指している。

　「教員の働き方改革」が進められる中で，教師の研修について，「わかあゆ教育プラン」の具現化に向けて，教職員には，「管理職やミドルリーダーへのマネジメント力育成」「確かな教科指導・生徒指導・学級経営」「子どもを「観る」「診る」「魅る」」「教育を通して街づくりに貢献する意識」「「学び続ける教職員でありたい」という意識」「子どものみならず，自分自身（教師自身）の Well-being を追い求める」ことを期待している。そして，教師の自律的な研修の継続のために，「身に付けたい資質能力等を意識できること」「自身のキャリアデザインを意識できる」「「子どもの学び」を確かにみとることができる」「「教師の専門性」「働き甲斐」を意識できる」ことを支える研修制度やシステムを提案し，校長と教育委員会の役割を明確にする必要がある。

　同市の教育委員会は，学校の支援を充実させることを中心として研修制度の再構成を行い，継続していこうとしている。加えて，他の自治体ではあまり見られない試みとして，通常教職員のみの初任者研修を行うが，同市の教職員以外の初任の社会人がともに学ぶ機会を設けている。「社会人としての学び」という共通の学び，そして，「延岡をどうするか」という共通の課題について，自分の仕事につなげるために協働の学びの場を設定している。こうした取り組みによって，教師の自律的な研修につながっていくことが期待されている。

提案②「学び続ける教師のための「教員研修システム」」（白水始氏）

　白水氏からは，「学び続ける教師のための「教員研修システム」」として，

白水氏自らも携わる CoREF での取組みを中心に，教師を現場から引き剥がさず授業創りから学ぶ「研修と修養」という視点から報告がなされた。

　現在，教師の研修制度をめぐってさまざまな議論がなされているが，目的とやり方次第で，児童生徒の学びをみとり，授業・学級づくりの協議を実践に生かして有意義なものにすることもできる。それゆえ，研修の目的ややり方次第であるとも言うことができる。

　そこで，研修の目的とは，教師の専門性を高め，キャリアデザインと必要な資質・能力を意識し，失敗から学んで改善し続けるサイクルを創り出すことにある。研修の根本原理には，子どもの学びの事実から学び，授業改善に繋げていく繰り返しを支える，「子どもたちの学びから学びあう」ことがある。このような根本原理のもとで，「教えないと何もできない学習者」に「正解を教える／教わる」ための学習があるという学習観から脱却して，認知科学や学習科学を学問的背景とした，「状況次第で自ら考え答えを作り，問いを見つける学習者」が「主体的・対話的に深く学ぶ」という学習観への転換が求められる。このとき，学習者が考え問いを発見する状況をいかに創り，教師が主体的・対話的に深く学ぶための「課題」をどのように設定するかといった点が重要になる。

　そこで，白水氏が関わる CoREF では，「人はいかに学ぶか」という研究を基礎として，教育委員会や学校と連携し，「知識構成型ジグソー法」という授業手法を活用しながら，子どもたちが「自分で考え対話を通じて理論を深める」授業づくりを研究し，実践を支援している。とくに，CoREF の実践において目指されているのは，先生を現場から引き剥がさず授業創りから学ぶ「研究と修養」であり，地域の教育委員会や学校との連携を進めている点にある。このプロジェクトは，各学校の研究推進委員が理論と実践の研修を受け，学校に戻って授業研究のファシリテーションを行うこと，学校の全教員の「知識構成型ジグソー法」による授業実践を実施すること，研究センターの研究員をエキスパート教員と認定してファシリテーションを行うこと，本郷学習科学セミナーにおける「マイスター教員」認定を地域の取組みやキャリアアップに連携させることで，有機的に連携し活動できるようなシステ

ム設計になっている。そして，授業前の教材案検討ではメーリングリストを活用して議論を行い，授業中は授業者が学習者の学びを観察し，授業後は，発話記録（学瞰システム）を利用した振り返りやメーリングリストを活用することで，授業づくりや振り返りや問題解決の対話を支援する工夫を組織化している。

　教師を現場から引き剥がさずに授業創りから学ぶ「研究と修養」のために，教師の個別最適な学びは，協働的な学びの中でこそ起きること，コミュニティとテクノロジーを含むシステムでその解決過程を支援すること，実践に埋め込まれた問題解決・発見の過程の記録をそのまま評価に使うことなどが求められる。そして，研究者として，理論と実践，子どもの学びを中心とする授業研究とそれを実現する専門性，大学と現場コミュニティによる教師を支えるネットワークの形成が重要であり，今後，ICTも活用したデータに基づく授業研究や学習評価の支援や，認知科学や学習科学やデータサイエンスなどを融合した新科学領域の創生も課題であることが示された。

提案③「教師の「主体的・対話的で深い学び」の実現をめざして」（荒瀬克己氏）

　荒瀬氏からは，まず，教師が主体的・対話的で深い学びを実現するということに関して，これまでの議論が整理して示された。そして，荒瀬氏が所属する独立行政法人教職員支援機構（以下，NITSとする）の取組みについて報告された。

　「主体的・対話的で深い学び」が平成29・30（2017・18）年の学習指導要領の改訂において示されているが，それ以後，コロナウイルス感染症の拡大の影響やGIGAスクール構想の急激な整備・拡大もあり，めまぐるしく状況は変化している。令和3（2021）年1月26日には，中央教育審議会による「「令和の日本型学校教育」の構築を目指して〜全ての子供たちの可能性を引き出す，個別最適な学びと，協働的な学びの実現〜」答申（以下，「令和の日本型学校教育」答申とする）が提出され，現在，「令和の日本型学校教育」を担う教師の在り方特別部会において，教師に関する議論がなされてい

る。これらが改訂された学習指導要領で示された方向性を補完している側面がみられる。

　学習指導要領において，「主体的・対話的で深い学びの実現」に向けた授業改善や，生涯にわたって能動的（アクティブ）に学び続けることが示され，主体的・対話的で深い学びを通して学び方を身に付け，自ら学び続けることで自ら考え判断して，行動できる人となるという，「自律した学習者」になることが求められた。そして，「令和の日本型学校教育」答申において，「個別最適な学びと協働的な学びの一体的な充実を通して」主体的・対話的で深い学びの実現を目指すという点が加えられた。このような子どもの育成に向けて，「令和の日本型学校教育」を担う教師の在り方特別部会（審議まとめ「おわりに」）において，働き方改革の先に，学びに専念する時間を確保し，誇りをもって主体的に研修に打ち込むことができる姿の実現を目指すこと，教師の学びの内容の多様性を重視すること，教師にもまた，個別最適な学び，協働的な学びの充実を通じて，「主体的・対話的で深い学び」を実現することが示されている。

　このような方向性のもと，「研修の役割」とは，教師のキャリア発達を促すものであり，ただ受けるだけではなく，必ず振り返りの機会を持つことが重要となる。研修の実施主体として，教育委員会，大学・大学院，民間組織・事業者，NITS などが上げられる。なかでも，教師が現場で育ち，教師の学びの「軸」が学校にあることを考えるならば，校内研修の充実が肝要である。そこで，NITS は，8月4日〜5日の2日間に，「研修デザイン力育成セミナー」を開催し，教職員が自立的・継続的に行う校内研修に着目し，教師に求められる新たな学びの姿を体現していく研修デザイン力を育成することを目的としたセッションを実施した。この研修では，教師が「主体的・対話的で深い学び」を実現するために，校内研修とそれを支える支援・集合研修のあり方，教師の協働の学びの展開を支える力，ファシリテーション，コーディネーション等を少人数で学び，校内研修を推進するためのデザイン力の向上が目指されている。

　「令和の日本型学校教育」答申の「はじめに」に，「一人一人の子供を主語

にする学校教育」という文言があるように，児童生徒が学び，学び合う学校とは，教職員自身が学び，学び合う学校であり，子どもも教職員も「主語」になって，その学びが循環する学校である。そこでの「新しい学び」である研修とは，一人一人の教職員にとって，個別最適で協働的な学びであり，主体的・対話的で深い学びである。そして，体系的・計画的で，教師の多様な学びと振り返りが重視される学びを実現すべきである。NITS の「新たな学び」の戦略（ミッション）とは，子どもの学びを教師の学びの「相似形」とみて，子供の幸福度と教師の満足感を高めつつ，両者の主体的・対話的で深い学びを実現することが重要であると提起された。

指定討論（牛渡会員）と議論

　これからの教師の研修をめぐっては，研修履歴の問題や校長との対話などにより教師への統制が厳しくなるのではないかといった問題も様々なところで議論されている。3人の報告から，研修とは何か，教える・学ぶとはどういうことか，そして，教師が自律的に学ぶ研修を学校で，たとえば校内研修としてどのように進めていくのかについて多くの提案があった。本シンポジウムのテーマである，教師の「自律的な研修の継続」について議論するとき，「自律的な研修」というのは何を指し，どんな意味を持ちうるのかという点や，現在課題のひとつとなっている「研修履歴の記録」については，法定研修と校内研修のどれを記録していくのかという点，また，校内研修を充実させていくというのは有効ではあるが，働き方改革の中で仕事の総量の削減が必要である状況で，具体的な方策（あるいは要望）があるかどうかという点が指摘された。

　牛渡会員のコメントに対して，シンポジストからは，教師が学ぶ場を多様に，そして多く設定することも教師の自主的な研修につながること，教育行政や研究者が連携して学校を支えるシステムを構築し，教師自身が自律的に学ぶ場を確保する必要があるといった点について応答があった。そのためにも，教師が自律的に学ぶ時間を含む教師の勤務時間の問題など，現場レベルの工夫だけでなく，教員の働き方改革の議論がさらに求められるという点が

確認された。

　大会準備委員会の不手際で，シンポジウムの設定時間が非常にタイトになってしまい，フロアとの議論の時間を十分にとることができなかったことを，この場をお借りしてお詫び申し上げたい。もっとシンポジストの話を聴きたかったという声や，議論の時間が欲しかったというお声をたくさん頂いた。また，シンポジウム後にもご意見を寄せていただいた参加者のみなさまに，心より感謝申し上げます。

　（第36回研究大会準備委員会　黒田友紀・藤平敦・渡邉真魚・土屋弥生・田中謙・佐久間邦友）

研究余滴
教育学の研究・実践のゴールは？

　本年３月に定年退職をしました。日本学校教育学会には，多様なテーマ，多様な校種の先生の参加もあり，研究大会などその都度多くの刺激と学びがありました。私は，教育に関する職にはじめからついたのではありません。出身も工学部であり，修士課程修了後は８年間は民間メーカーで開発研究をしていました。もう35年ほど前でしょうか，その当時現在のAIの一世代前のブームでした。脳を模したディープラーニング，人間のあいまいさを取り入れたファジー制御などが脚光を浴びていました。所属していた会社もそれらを応用して製品に活かそうとしていました。「手書き文字認識」です。現在は実現できてきていますがその当時は研究も始まったばかり，さらにその当時のパーソナルコンピュータでの実現などできるはずもありませんでした。

　しかし，この経験により「人間」への大いなる興味がわき「人間研究」「人間の発達成長」を探究するという考えに至りました。その時できるのは高等学校で数学を教えることでした。認知科学，テクノロジーを応用した教育方法にも大いに興味を持ちながら教員生活を送りました。教育現場での実践のなかで，いかに生徒を理解するか，その人の状態を正確に把握し対応するかの重要性を感じ心理学も自学しました。そして，管理職の仕事を任せられるようになり，社会環境の状況を把握した上での教育はどうあるべきかを考えるようになりました。教育学を大学院にて学びしっかりとした自分の考えをもち仕事をしようと，在職のまま修士課程，博士課程を修了しました。

　このような経緯で「教育学」の研究と実践に入りました。研究対象の始めは，考え方は重要ですが，やり方・効果に懸念をもった「学校評価，教員評価システム」です。主に制度そのものではなく「評価」としての観点からです。少し違和感を持ったのは，「目標管理」（品質管理のように目標が固定した物へのPDCAサイクル）です。なぜ違和感を覚えたかというと，会社で

の製品開発での評価のように絶対的な良し悪しを「多様な状況下での人間を対象とした教育に適用できるのか」と考えたからです。「目標管理」ではなく前向きな「目標への的確な修正」がより重要なのでは，また目標自体も柔軟に変えることもあり得ると。教育はその瞬間の状況に応じた最適解であろうし，評価と対応は固定したスパンで測るべきものかということでした。また，教員の査定評価の難しさ，自分が出した結果への自信のなさもあり，評価システムを活用した教員の能力伸長に関する研究を模索するに至りました。これはその後の生徒，学生を対象とする「教育方法」の研究にもつながるものとなりました。

　このような経験をへても，いまだに「教育学」とは何かをつかめていません。逆にさらに興味が深まります。教育の道に入った時に感じた「人間研究」はさらに続きます。「教育学」のゴールはどこなのでしょう？人間自体がまだ解明されていない，その時代や状況に適応した教育，教育方法などのことを考えると，ゴールなどないのかもしれません。これが真理探究，製品開発などを行ってきた理系出身者からすると，曖昧であり，落ち着かない，しかしだからこそ魅力を感ずるところです。

　現在ICTの活用が盛んになり，Society5.0の時代とも言われています。これらの技術的な面は経歴上理解できることも多いですが，これを人間に適用するとどんなことが起こるのだろうか，人間が物事を理解するメカニズム，能力の伸長，それにどのようにICTが関係しているのか。また，ある学会で取り組んでいる「研究と実践」のテーマも難しいです。「暗黙知」と「形式知」これらのどちらも人間の知を対象としているもので，簡単には扱えないように感じます。

　また，これらは時代の変遷とともに変化していくのかもしれません。「人間とは，教育学とは」との問は私の中では永遠に続くと考えられます。ゴールはまだ見えません。

研究余滴
私の教育実践研究の源流

上越教育大学　**釜田　聡**

　私の教育実践研究者としての源流は，上越教育大学附属中学校（以下，附属中）時代にさかのぼる。1988 年 4 月附属中に着任し，その後 14 年間在籍した。附属中では，生徒から学び，教科と生徒の姿の緊張関係から教育実践研究を立ち上げることを学んだ。ここでは，附属中での教育実践研究とその後の歩みを振り返る。

1.　上越教育大学附属中学校時代（1988 年 4 月〜 2002 年 3 月）

⑴　総合学習

　1990 年代初頭，1990 年イラクのクウェート侵攻，東西ドイツの統合，1991 年バブル経済の崩壊等，グローバル化は加速し，地球規模の諸課題は一層深刻な状況になっていた。日本の教育界では，1992 年月 1 回の学校 5 日制が実施された。このようなとき，私は附属中の研究主任に就いた。ある日の研究会議のこと。私は先生方に「皆さんが担当している教科は，21 世紀に生き残れますか。授業は受験と内申点に守られていませんか。教科が必要な理由を自分の言葉で説明できますか」と問い掛けた。その後，教員同士で，学習指導要領と教科書の内容を検討した結果，「教科の枠組みを超えた新しい学習の場が必要ではないか」と話が進んだ。しかし，総合的な学習の時間の話題が出る前だったので，慎重に議論を重ねた。最後に私たちの背中を押したのは，生徒だった。ある日のこと，二人の生徒が駆けつけ，「社会科の授業で発展途上国の子どもたちの現状を学び，あの子たちのため，何かしたいと考えました。桜城祭（文化祭）で，世界の子どもたちのパネル展を開催させてください」と熱く語った。その後，二人の生徒は仲間を巻き込み，ユネスコとも交渉し，見事に学内のパネル展を企画・運営した。その後もユネスコ募金を継続したり，生徒会に提言し共生委員会を創設したりした。こ

のような生徒の姿に，私たちは自信を深め，1995年，グローバルセミナーという新しい学習の場を教育課程に位置付けた。

⑵　**国際理解教育**

　1992年春，大学（加藤章先生）から「韓国のテレビ局（KBS）から，日韓交流を扱った歴史の授業を収録したいという依頼があった。釜田さん頼む」と連絡をいただいた。それから，授業収録の日まで，連日深夜まで教材研究を深め，何とか授業収録を終えた。後日，私の授業とインタビューの様子が韓国で放映された。この経験は，私にとって大きな転機になった。日韓の歴史認識問題の奥深さと，自分の社会科教師としての力量不足に気付いた。これでは，社会科教師として生徒の前に立てないと考え，日韓相互理解を中心とした国際理解教育の実践研究に取り組むことになった。

2．上越教育大学時代（2002年4月〜現在）

　大学教員として，最初に教師教育の研究に着手した。特に分離方式初等教育実習の充実と教員養成スタンダード（上越教育大学スタンダード）の開発，教職実践演習の開発に携われたことは貴重な経験になった。また，本学会では，多田孝志会長のご提言で，国際交流委員会が創設された。私はその国際交流委員会の初代委員長を務めた。「東アジアの学校教育」を探究するため，毎年のように海外の学校現場や教育機関を訪問した。このスタディツアーでは，東アジアの学校教育の共通性と，それぞれの特殊性を抽出できた。

　現在は，「異己（いこ）※注」プロジェクトに取り組んでいる。「異己」プロジェクトの目的は，日中韓の子どもたちが相互の対話を通じて，「異己」を理解し「異己」との共生について考えることである。日中韓の教育実践研究者が，未来を担う子どもたちのために，叡智を結集して取り組んでいる。これからもライフワークとして，価値観の異なる集団間の対話形成のプロセスを創出し，「異己」理解と共生へのアプローチについて考えていきたい。

注：「異己」とは，価値多元社会において異なる価値観や立場を持つ相手を意味し，個人間から国家間のコンフリクトを解決する概念である。

●図書紹介●

金井香里・和井田清司・柄本健太郎（編）

『新版　変動社会の教職課程』

三恵社，2022年，263頁，3,300円（税込）

　開放性教員養成制度のもと，中等教育の教員を輩出する中核なのは私学の教職課程である。では，少子化や各種の社会変動が進行するなか，私学の教職課程にはどのような展望を描くことができるだろうか。本書は，その問いに対して，教職課程の現状を概観した上で，教職課程の将来に向けた方向性を具体的に打ち出したものである。

　本書には大きく二つの特徴がある。一つめは，教育研究における二人の泰斗が教職課程について解説した講演録が収められた第1部である。第一章では，教育学者の佐藤学によって，開放制教員養成の歴史的展開と意義等がコンパクトに述べられており，第二章では，教育社会学者の藤田英典が，教員養成政策の展開と教職課程の意義等について，各種データをもとに語っている。この第1部は，教職課程の現状と課題の全体を概観するのに非常に有益な論考である。

　本書の二つめの特徴は，第2部において，本書の題名でもある変動社会として，「少子高齢化社会」，「地域社会の再編（消滅町村の激増)」，「多文化社会」，「リスク社会（災害多発)」という四つの社会像を取り上げ，それらの社会に対応した教職課程のあり方を具体的に提示している。

　第一の社会像である「少子高齢化社会」では，学校規模や学級規模が現在よりもずっと小さくなる可能性がある。それに対して，これまで連綿と積み重ねられてきた，へき地・小規模校教育の実践を踏まえながら，教職課程の課題と可能性を探究している（第3章・第4章）。

　第二に，「地域社会の再編」で取り上げられているのは，人口減少によって地域の学校が消滅していく社会である。そのような事態は地域社会にも大きな影響を及ぼすため，地域と学校が協働して学校魅力化に取り組み，学校

を存続させていこうとする動きが各地で生じている。本書では，島根県立隠岐島前高校における実践を事例として，「教育魅力化」による地域再生の実践を紹介している（第5章）。

　第三に，グローバル化によって進行している「多文化社会」については，多様な文化集団の人々の平等とともに，集団間の共存・共生を目指す方向性が検討されている。ここでは，アメリカにおける「多文化教師教育」を紐解きながら，多文化社会における教師に求められる資質能力や教職課程のカリキュラムについて考察している（6章・7章）。

　第四の社会像である「リスク社会」では，甚大な被害を及ぼす自然災害による危険にさらされる社会を取り上げている。阪神・淡路大震災をきっかけに大きく展開した防災教育の実際，東日本大震災後における震災復興教育の実践，そして，震災遺構への訪問などを含んだ教職課程の防災教育プログラムの提案など，多面的に防災教育を論じている（8章・9章・10章）。

　以上のように，本書は，現代社会における切実な課題に正面から向き合い，理論的な分析のみならず，現場に足を運んだり，実践例を示したりしながら，変動社会のなかで教育を担う教員を養成する教職課程について，示唆に富んだ提案をしている。

　変動社会において学校や教師に求められるものを知りたい教育関係者，教職課程の充実を目指す大学関係者，そして，将来の教員養成のあり方を検討している教師教育研究者など，幅広い読者のニーズに応えるものであることは間違いない。

（日本女子大学　藤田武志）

●図書紹介●

藤江玲子（著）
『高校生のドロップアウトの予防に関する研究
―子どもたちが幸せに生きることのできる社会へ』

大学教育出版，2023 年，192 頁，2,530 円（税込）

　本書は，高校生のドロップアウトに関する問題を調査研究によって実証的に明らかにした教育心理学・教育相談の専門書である。専門書であるため，核となる章では統計的な手法を駆使した記述がなされているが，専門領域外の者をも十分に惹きつける内容である。それは，「子どもたちが幸せに生きることのできる社会へ」という副題の言葉に込められているように，高校教員および管理職としてドロップアウトの問題に第一線で対応してきた著者藤江玲子氏の切実な願いと問題意識が本書全体を貫いているからであろう。

　本書は 12 の章と資料で構成されている。まず，基本となる用語の定義および先行研究の検討を第 1 ～ 3 章で示し，続いて，非卒業者の特徴と自己効力感尺度の構成を予備的研究として第 4 ～ 5 章で検討している。そして，第 6 ～ 11 章が本書の中核をなす章であり，「卒業に至らなかった生徒の率・学年差・性差」，「退学者と転学者の特徴とその比較」，「ドロップアウトに至った生徒の特徴」，「ドロップアウトのタイプとその特徴」，「高等学校非卒業者の率」などを明らかにしている。第 12 章は総合的考察と提言，資料はいじめ被害生徒への具体的な支援方法を提示したものである。

　本書では，ドロップアウトの定義を米国の文献を踏まえたうえで，「高等学校を離脱すること，または高等学校の卒業に至らないこと」と包括的に定義する。この定義に基づくことにより，ドロップアウトの該当者には，中途退学・転学（転居による者を除く）・休学・除籍等で高校の学業を離脱した生徒が含まれることになる。著者が，中途退学者の卒業予定年度まで追跡調査を行った結果，中途退学の率は高校入学者の 6.2 ％以上にのぼることが明らかにされている。この率は，通信制高校や定時制高校，また，教育困難校と呼ばれる高校に勤務したことのある教員には，実感に近い数値であると思

われる。

　ところが，文部科学省が公表している中途退学者の率は，高校生全体の１〜２％とされている。文部科学省の公表値と著者がドロップアウトの定義に基づいて計算した数値との大きな差が，日本はドロップアウトの予防に対する根本的で実効的な施策が早急に必要であるという著者のもう一つの問題意識になっている。しかも，著者の推計によれば，前述の6.2％という数値に転学者と休学者を加えて再計算すると，入学した高校に通わなくなった生徒の率は10.0％にのぼるという。日本は，国際的にも中途退学率が低い国として評価を得ているが，文部科学省の公表値の裏に，10.0％という数字が隠れていると考えれば著者が指摘した問題の大きさがわかる。

　ドロップアウトという概念を研究の中心的視点に据えることによって，卒業や学業の継続に至らなかった生徒の実態と特徴を解明し，問題提起を行いつつドロップアウトの予防に必要な施策の提言に結びつけている。これが本書の大きな特徴であり，研究成果である。文部科学省の公表値では見えにくいドロップアウトの実態と特徴を実証的に解明したうえで，今後への施策提言を行っているところに本書の社会的意義がある。

　また，著者は，多変量解析による量的分析のほか，教員へのインタビューや追跡調査などの質的分析も取り入れ，多面的で実証的な研究を展開している。こうした研究デザインの方法は，今後実証的研究を開始または指導しようとしている実践者・研究者にとって大いに参考になる。本書が示している研究課題の設定方法，研究手法，分析と考察の方法，論展開の方法，結論と提言の方法などは，教育に関する問題意識を研究内容に反映させたいと考えている教員，特に，教職大学院の現職派遣教員にとって有益な点を多々含んでいる。現職派遣教員にとって，本格的な研究のモデルとして推薦したい一冊である。

（静岡大学名誉教授　山﨑保寿）

●図書紹介●

宇都宮明子，原田信之（編著）

『歴史教師のビリーフに関する国際比較研究
—日本・スイス・カナダの三か国調査』

風間書房，2023 年，232 頁，2,750 円（税込）

「パパ，歴史は何の役に立つの，さあ，僕に説明してちょうだい」（マルク・ブロック著，讃井鉄男訳『歴史のための弁明』岩波書店，1956 年）。本書は，この使い古された問いに対していくつかの疑問を投げかける。それは，この問いに対する回答が，日本・スイス・カナダの三か国の歴史教師によってそれぞれ異なるということ，また，学習者にとって役立つ歴史とは，そもそもどのように捉えられるべきかなどといった問題である。

本書は，歴史教師のビリーフに関する国際研究プロジェクト，及び，科学研究費補助金基盤研究（B）「歴史教師のプロフェッショナルコンピテンシーを高めるビリーフ研究の再構築」の研究成果の一つとして刊行されたものである。日本・スイス・カナダの三か国の歴史教師たちを対象としたビリーフ（信念）に関する質問紙調査項目の開発，国際的な規模での緻密な比較分析に基づいて，以下の事実を明らかにしている。それは，日本の歴史教師は，理解した過去の事実に基づいて現在の諸問題や未来の方向性を考察すること，スイスの歴史教師は，歴史学の研究方法に基づいて史資料を解読し，歴史解釈を形成すること，カナダの歴史教師は，歴史学的な概念や理論に基づきつつ，現代的な問題関心や未来の方向性から過去を説明し，表現することを歴史を学ぶ意義と捉えていること，これらの三か国で異なる歴史理論的ビリーフ（認識論的ビリーフ）の傾向性を実証的に示している。とりわけ，日本の歴史教師のビリーフが，想定以上に内容志向，実用主義の傾向を有している点は，憂慮すべき問題である。そうした調査結果からは，資質・能力志向への転換が進んでいるグローバルな教育動向の展開において，日本の歴史教師たちが，その動向に応えるビリーフをもち得ておらず，極めて困難な現状にあるという事実が浮き彫りになる。

　本書が歴史教師のビリーフに関する研究方法として援用しているのは，日本の教科教育学・社会科教育学研究の成果である。それは，教科教育実践を教師の研究仮説として，授業実践・授業計画・授業モデル・授業理論という4つの階層性で構造化した考え方（「入れ子構造としての教科教育実践」）である。本書では，歴史教師のビリーフの量的研究をめざしているため，授業計画を除外して，授業理論・授業モデル・授業実践を中心に質問紙調査項目を開発し分析を行っている。そのような研究方法の開発を通じて，「歴史教師のビリーフ」といった新しい研究対象を見出した点においても，本書独自の価値があろう。

　さらに，本書が教科教育学として，学習を妨げるバイアスとしてのイラショナル・ビリーフ（「絶対に〜ねばならない」という強迫的な信念）といった認知心理学の枠組みを用いて，歴史教師のビリーフを調査する研究を行っていることにも注目したい。このことは，新たな研究領域として教科教育学と認知心理学とが結び付く研究の可能性を示唆する。日本の教科教育学と認知心理学は，時折相性が悪いといわれる場合がある。しかし，本書が，最新の欧米の研究動向を参照しつつ，新たな国際共同研究・領域横断研究を開拓し生み出したことに意義がある。本書をきっかけに，国内外の多様な研究者が連携し，学校現場のリアルに迫る研究がさらに深化するに違いない。今後も研究を更に進展させ，学校教育改革に寄与することを期待したい。

　本来，歴史学習の醍醐味とは，歴史の「探究」活動にあると考える。歴史の「探究」活動とは，問いを設定する，歴史的事実を認識する，歴史的事実を解釈する，歴史像を表現する，歴史像を検証し合うといった活動によって可能となる。つまり，歴史学習において，真の意味で主体的・対話的で深い学びを実現するためには，生徒の「探究」できる資質・能力の育成が必要となるに違いない。果たして日本の歴史教師は，生徒たちの「探究」できる資質・能力を育んでいるのか。本書が投げかける課題は，非常に重い。なぜ歴史を教えなければならないのか，現代の生徒が歴史を学ぶ意味とは何か，そのような問いを抱く良心的な歴史教師にとって，本書は必読の書である。

（愛知東邦大学　白井克尚）

●図書紹介●

多田孝志・増渕幸男（共編著），岡秀夫（特別寄稿）

『見聞のまねび，耳見の学び
―いま・未来を創る教育者へおくる伝薪録』

三恵社，2022 年，378 頁，3,080 円（税込）

　本書は，３人の研究者によって手がけられた大胆な著書である。「まえがき」にも書かれている通り，世間の「新たな提言」に迎合することなく，自由に綴られている著書である。エッセイ的に描かれている部分と，それぞれの専門の学問の思考や方法で，教育に関する「なぜ？」を追究し本質に迫る論考部分とが混ざり合って議論が展開されているところも他にはない魅力のひとつであろう。タイトルの「見聞のまねび，耳見の学び」が示すように，本書では，実際に見たり聞いたりすることやそこから得た知識をまねることによって学び，それらを心静かに考察して，その本質をとらえるという姿勢が貫かれている。そして，これからの教育について，教育の領域だけでない広がりや他領域とのつながりにおいて教育を再考することを迫る。

　本書は，第Ⅰ部と第Ⅱ部で構成されている。第Ⅰ部は，教育哲学を専門とする増渕幸男氏による「学校・生涯教育の要となる「哲学的思考」の伝薪」と，英語教育学・応用言語学を専門とする岡氏の「国際社会を生きる「語学的思考」の伝薪」の特別寄稿から成り，第Ⅱ部は教育実践学を専門とする多田氏の「「多様な教育現場に対応する対話的思考」の「伝薪」」から成る。

　第Ⅰ部の増渕氏の論考は，「超スマート社会の教育と農業」（論考Ⅰ），「教育とは何か」（論考Ⅱ），「知の成立と学びの壁」（論考Ⅲ），そして，「『愛燦燦』から学ぶ研究者像」（論考Ⅳ）から成り，「なぜ～なのか」を問う哲学的思考が貫かれている。とくに論考Ⅱでは，教育学の論及においても，「なぜ，教育は……なのか？」と問う哲学の問いは不可避であり，教育の本質に迫るものであることを指摘する。ここでは，教育と人格（形成），いじめ，教育課程編成などが具体的に扱われている。私たちは，「なぜ」を問うことをやめてはならないこと，問い続けることの重要性を考えさせられる。

　岡氏の論考は，「夢を運ぶ英語教師―グローバル人材に求められる資質―」というタイトルのもと，「なぜ日本人は英語が使えないのか」という「なぜ（why?）」という問題意識を中心として，「言語能力はどのように発達するか」「言語運用能力とは何か」について実証的な研究が示されている。研究の知見から学びを得られるだけでなく，ここにも，外国語（英語）をなぜ学ぶのかという問いが根底にある。そして，この魅力的なタイトルにあるように，外国語を教える教師は，夢を運び，伝える大切で素敵な役割があることを改めて示してくれている。

　第Ⅱ部は，「教育における「実践の智」」（第1章），「学びの変革，その考え方と具体的方法」（第2章），「対話型授業の考え方・進め方」（第3章），そして終章の「生きる意味」から成る。「教育における「実践の智」」は，教育学の枠を超えた諸学の研究成果や，知恵，意義ある行為の教育への応用の側面と，教師たちの実践から生起する教師のスキル・経験値・実践知の側面があり，これらの融合と，実践の知を共創しようとする教師の志にかかっている。理論と実践の融合は，本学会が目指してきたものでもある。そして，さまざまな関わりづくりや日々の学びにおける「共創型対話」の重要性や，「対話型授業」の理念と方法，そして授業実践が示されている。

　本書は「伝薪録」であり，3人の研究者によってくべられた灯（ともしび）は，今とこれからの未来を創る教育に携わる実践者や研究者である私たちを照らし，伝わっていくことになるだろう。是非，多くの方に本書を手に取って頂きたい。そして，それぞれが伝薪していくこと，それが私たちの使命でもあろう。

（日本大学　黒田友紀）

2022年度（2022（令和4）年8月1日〜2023（令和5）年7月31日）日本学校教育学会活動記録

2022（令和4）年8月5日㈮　第37回理事会開催（オンライン）

　主要議題：会務報告，決算及び監査報告，2022年度事業計画及び予算案，学会賞について，2023年度研究大会の開催の確認他

2022（令和4）年8月6日㈯　第36回研究大会開催（オンライン）

　会場：日本大学文理学部，大会実行委員長：黒田友紀

　◇シンポジウムテーマ：「教師の自律的な研修の継続にむけて
　　　　　　　　　　　　　―教員免許更新制度廃止後の研修制度―」

　◇課題研究テーマ：「教職実践知の継承に教職大学院はどのように貢献できるの
　　　　　　　　　　　か―教師教育の高度化とミドルリーダーの役割―」

　◇ラウンドテーブル：

　　1 実践研究委員会：「学校に対する外部からの支援のあり方」

　　2 国際交流委員会：「国際交流委員会ミニ研究会（オンライン研究会）を問う」

　　3 機関誌編集委員会：「論文審査における実践的研究論文の課題」

2022（令和4）年8月6日㈯　第37回仮総会（オンライン）

　※異議に関しては8月6日㈯〜11月30日㈬まで文書で事務局宛に意見送付

　主要議題：決算及び監査報告，2022年度事業計画及び予算案，2023年度研究大会の開催の確認他

2022（令和4）年10月11日㈫　会報「JASEニュース」第45号発行

　主要記事：第36回研究大会報告，理事会報告，総会報告他

2022（令和4）年11月10日㈭　2022年度第1回常任理事会開催（オンライン）

　主要議題：第37回研究大会について，各種委員会の活動計画について，会報（JASEニュース）のデジタル化他

2022（令和4）年11月21日㈪　第1回機関誌編集委員会（オンライン）

　主要議題：機関誌編集委員会の活動内容及び第38号の編集方針について

2022（令和4）年11月30日㈬　総会報告に対する異議申立期間終了（総会承認内容成立）

2022（令和4）年12月3日㈯　会則，学会褒賞規程，機関誌編集規程の変更

2022（令和4）年12月3日㈯　実践研究委員会プレ・オープン実践研究会（オンライン）「課題追求型授業の核心を探る」

2022（令和4）年12月6日㈫〜12月9日㈮　第2回機関誌編集委員会（メール会

議）主要議題：機関誌第 38 号の編集スケジュールについて

2022（令和 4 ）年 12 月 15 日㈭　年報論文投稿要項及び編集委員会内規改正

2022（令和 4 ）年 12 月 24 日㈯　実践研究委員会共創型対話学習研究所研修会（対面：共創型対話学習研究所共催）第 1 部：講話と対談，第 2 部：実践研究報告

2023（令和 5 ）年 2 月 6 日㈪　第 3 回機関誌編集委員会（オンライン）

　主要議題：特集論文，図書紹介，研究余滴の執筆者について

2023（令和 5 ）年 2 月 23 日㈭　国際交流委員会国際交流ミニ研究会（オンライン）

　「ヨーロッパと台湾の学校教育の最新状況」

2023（令和 5 ）年 3 月 7 日㈫　第 4 回機関誌編集委員会（オンライン）

　主要議題：投稿論文の査読者選定，図書紹介の採否の決定と執筆者選定

2023（令和 5 ）年 3 月 10 日㈮　2022 年度第 2 回常任理事会開催（オンライン）

　主要議題：第 37 回研究大会について，各種委員会の活動報告，学会監査の委嘱他

2023（令和 5 ）年 3 月 11 日㈯　実践研究委員会第 1 回オープン実践研究会（オンライン）「学校教育における国際理解教育の可能性を問う〜 ESD・SDGs 等の実践を通して児童生徒はどう変容し，学校はどう変われるか〜」

2023（令和 5 ）年 4 月 17 日㈪　第 5 回機関誌編集委員会（オンライン）

　主要議題：第一次査読結果の検討

2023（令和 5 ）年 4 月 22 日㈯　『学校教育研究』『日本学校教育学会年報』J-stage 登録掲載

2023（令和 5 ）年 5 月 10 日㈬　大会準備委員会（川崎医療福祉大学）より「第 37 回研究大会（オンライン開催）の案内」を学会ホームページに掲載

2023（令和 5 ）年 5 月 29 日㈪　第 6 回機関誌編集委員会（オンライン）

　主要議題：第二次査読結果の検討，最終判定

2023（令和 5 ）年 6 月 4 日㈰　実践研究委員会第 2 回オープン実践研究会（オンライン）「地域とつながる教育実践〜子どもを育む探究活動のかたち〜」

2023（令和 5 ）年 7 月 10 日㈪　第 7 回機関誌編集委員会（オンライン）

　主要議題：第 39 号以降の査読及び査読結果等の手続きについて

2023（令和 5 ）年 7 月 13 日㈭　2022 年度第 3 回常任理事会開催

　主要議題：第 37 回研究大会について，各種委員会の活動報告他

2023（令和 5 ）年 7 月 13 日㈭　大会準備委員会（川崎医療福祉大学）より「第 37 回研究大会プログラム」を学会ホームページに掲載

2023（令和 5 ）年 7 月 31 日㈪　機関誌編集委員会『学校教育研究』第 38 巻／年報編集委員会『日本学校教育学会年報』第 5 号刊行

日本学校教育学会会則

第1章　総　則

第1条　本会は，日本学校教育学会（Japanese Association of School Education 〔略称〕JASE）と称する。

第2条　本会は，学校教育を中心として，広く教育の理論と実践の発達，普及をめざし，会員相互の教育研究及び実践上の成果の連絡及び交流を図ることを目的とする。

第3条　本会は，前条の目的を達成するために，次の各号に掲げる事業を行う。

　　　1　年次研究大会の開催

　　　2　機関誌・その他の出版物の編集及び発行

　　　3　会員の研究・共同研究の促進および連絡体制構築の支援

　　　4　内外における教育学及び隣接諸科学の諸団体との連絡提携

　　　5　その他本会の目的を達成するために必要な事業

第2章　会　員

第4条　本会の会員は，本会の目的に賛同し，教育の理論的及び実践的研究に関心を有する者とする。なお，本会への入退会には，以下の手続きを要する。

　　　1　本会への入会は，別に定める入会申込書を提出し，当該年度の年会費の納入を必要とする。

　　　2　入会にあたり，原則として会員の推薦（1名）を必要とする。ただし，推薦者が不在の場合，事務局へ申し出て審査を受けることができる。

　　　3　本会を退会する者は，毎年3月31日までに事務局へ申し出るものとする。

第5条　会員は，本会が営む事業に参加し，年次研究大会での発表資格のほか，本会の編集，発行する機関誌への投稿資格を得るものとする。なお，機関誌・その他の出版物につき優先的に配布を受けることができる。

第6条　会員は，会費を納入するものとする。

　　　1　会費は，年額7000円（機関誌費を含む）とする。

　　　2　会費の未納期間が3年度を超えた場合には，当該未納会員は本会を退会したものとみなす。

　　　3　当該年度の会費未納者には，機関誌の送付は行わない。

第7条　会員が，次の各号に該当した場合，理事会の決議により除名する。

1　本会の目的に著しく反する活動をし，又は本会の事業を故意に妨害した場合

2　会員の地位を濫用し，本会の名誉を毀損し，本会の信用を著しく傷つけた場合

第8条　本会に名誉会員を置くことができる。名誉会員は，本会発展のために顕著な功労のあった者で，年齢70歳以上の者を理事会が推薦し，当人の了解を得たうえで，総会の承認を得るものとする。なお，名誉会員は以下の資格等を得るものとする。

1　名誉会員は，会費を負担しない。

2　名誉会員は，年次研究大会での発表資格および機関誌への投稿資格を有する。

3　名誉会員は，役員の選挙権と被選挙権および総会における議決権をもたない。

第3章　役　員

第9条　本会の事業を運営するために，次の役員を置く。

1　会　長　1名

2　理　事　20名（うち常任理事若干名）

3　事務局長　1名

4　事務局幹事　若干名

5　監　査　2名

第10条　理事は，会員のうちより，別に定める規程に基づき選出する。このほか必要に応じて，理事会の議を経て会員のうちから若干名の理事を追加し，委嘱することができる。

第11条　理事は，理事会を構成し，事業の企画立案及び予算案の作成等，本会の運営にあたる。理事会は，会長が招集するほか，理事の過半数による請求により招集することができる。

第12条　会長は，理事の互選により選出され，以下の任を負う。

1　会長は，本会を代表し，会務を総理する。

2　会長は，理事のうちから若干名を常任理事として指名し，理事会の承認を受ける。

3　会長は，あらかじめ常任理事のうちから会長代行を指名する。会長に事故

があるときは，会長代行がこれに代わる。

 4 会長は，事務局を定め，理事会その他諸会議を招集する。事務局長および事務局幹事は会長が委嘱し，会務を処理する。なお，事務局については別に定める。

 5 会長は，会員の中から監査を推薦し，理事会の承認を得て委嘱する。監査は，本会の会計を監査する。

第13条 前条2項により承認された常任理事は，常任理事会を構成し，総会の決定に従い，常時執行の任にあたるものとする。常任理事会は，会長が招集するほか，常任理事の過半数による請求により招集することができる。

第14条 役員の任期は3年とし，再任を妨げない。ただし，会長については再任を認めない。

第4章　総　会

第15条 総会は，本会の最高決議機関であり，本会の事業・予算・決算及び運営に関する重要事項を審議決定する。

第16条 総会の運営については，以下の各号に定める。

 1 総会は，会長がこれを招集する。

 2 総会は，全会員の3分の1以上の出席により成立する。出席数を満たさない場合は仮総会とし，仮総会での決定について速やかに全会員に周知したうえで一定の期間を経るまで異議が申し立てられなかった場合，正式な決定事項とすることができる。

 3 会員総数の3分の1以上の署名により請求がある場合は，会長は速やかに総会を招集しなければならない。

第5章　委員会

第17条 本会における委員会の設置について，以下の各号に定める。

 1 本会に，研究推進委員会，実践研究委員会，国際交流委員会，機関誌編集委員会，広報・デジタル委員会を置く。このほか必要に応じて，理事会の議を経て，特別委員会を置くことができる。

 2 当面の間，特別委員会として年報編集委員会を置く。

第18条 前条の委員会の委員長および委員について，以下の各号に定める。

 1 委員長は，会長が理事のうちから指名し，理事会の承認を受ける。委員は，委員長が会長と協議し委嘱する。なお，理事は委員会委員を兼任することが

できる。

 2 前条2項に定める年報編集委員会の委員は，前条1項に定める各種委員会
  委員長が委員を兼務する。

第19条 各委員会の運営に関する細則に関しては，必要に応じて別に定める。

第6章 学会褒賞

第20条 会員の研究の活性化と奨励を期して，学会褒賞制度を設ける。学会褒賞
  制度に関する細則は，別に定めるところによる。

第7章 会　計

第21条 本会の経費は，会費，寄付金及びその他の収入によって支弁する。

第22条 本会の会計年度は，毎年8月1日に始まり，翌年7月31日に終わる。

第8章 雑　則

第23条 この会則の改正は，総会における実出席会員の3分の2以上の賛成を必
  要とする。

第24条 本会の事業及び運営のために必要がある場合には，適当な細則が定めら
  れなければならない。

附　則　1　この会則は，2022年12月1日から，これを施行する。

日本学校教育学会賞規程

第1条　この規程は，日本学校教育学会会則第20条に基づき，日本学校教育学会会員の研究を奨励し，本学会全体の学問的発展に資するための褒賞について定める。

第2条　会員が著した著書・論文の内，その研究業績が著しく優秀である会員に対し，年次研究大会の総会において『日本学校教育学会賞』または『日本学校教育学会研究奨励賞』を授与する。また，賞の内容は賞状と副賞とする。

第3条　授賞対象の著書・論文は，本学会の年次研究大会開催時から遡って過去2年以内に発表されたもので，次の条件を満たすものとする。
1　『日本学校教育学会賞』は，原則として単一の著者による学校教育に関する単行本であること。
2　『日本学校教育学会研究奨励賞』は，本学会機関誌『学校教育研究』に発表された論文であること。

第4条　授賞対象の著書・論文の推薦・審査・可否の決定については，次の手続きを経るものとする。
1　会員は，授賞対象の著書・論文を本学会理事（1名）に推薦することができる。この場合，いわゆる自薦も可とする。
2　理事は，著書・論文本体と推薦状，執筆者の履歴書及び主要研究業績一覧を各4部添えて，理事会に推薦するものとする。また，理事は，会員から推薦のなかった著書・論文についても理事会に推薦することができる。
3　理事会は，あらかじめ学会褒賞担当理事3名を選任することとし，学会褒賞担当理事は授賞対象著書・論文の選考事務に従事する。
4　学会褒賞担当理事は，理事から推薦された著書・論文の各々について，3名の審査委員を選定し，審査委員会を設置する。審査委員は，会員であることを要し，その内1名を主査とする。主査は理事をもって充てる。
5　審査委員会は，審査の結果を文書で理事会に報告するものとする。
6　理事会は，審査委員会の報告内容につき審議し，授賞の可否を決定する。

附則　この規程は，2022年12月1日より施行する。

日本学校教育学会機関誌編集規程

第1条　この規程は，日本学校教育学会会則（以下，「会則」という。）第21条第4項に基づき，日本学校教育学会機関誌（以下，「機関誌」という。）の編集，発行の手続き等について定める。

第2条　機関誌は，原則として年2回発行とする。「学校教育研究」及び「日本学校教育学会年報」とする。ただし，「日本学校教育学会年報」については，発行しないことができる。

第3条　「学校教育研究」には，特集論文，自由研究論文，実践的研究論文，実践研究ノート，図書紹介などのほか，会員の研究活動および本学会の動向等に関連する記事を掲載する。「日本学校教育学会年報」には，本学会が企画した研究活動に基づいた投稿論文等を掲載する。

第4条　機関誌の編集のために，編集委員会を置く。

  (2)　編集委員は，理事をもってこれに充てる。

  (3)　理事会の推薦により若干名の編集委員を置くことができる。

  (4)　編集委員の互選により，編集委員長及び常任編集委員を置く。

  (5)　編集委員長の指名により常任編集委員に副編集委員長を置くことができる。

第5条　編集事務を担当するために，編集幹事（若干名）を置く。

  (2)　編集幹事は，編集委員長が委嘱する。

第6条　機関誌に論文等の掲載を希望する会員は，機関誌編集委員会幹事宛に送付するものとする。

  (2)　機関誌に投稿できる者は，本学会の会員資格を有するものとする。

  (3)　原稿（特集論文，自由研究論文，実践的研究論文，実践研究ノート，年報投稿論文）の掲載は，編集委員会の審議を経て決定する。

  (4)　投稿された論文等の審査については，編集委員会は，必要があると認めるときは，編集委員以外の会員に審査を依頼することができる。

第7条　採択された論文等の形式，内容について，編集委員会において軽微な変更を加えることがある。ただし，内容に関して重要な変更を加える場合は，執筆者との協議を経るものとする。

第8条　論文等の印刷に関して，図版等で特に費用を要する場合，その費用の一部を執筆者の負担とすることがある。

  (2)　抜刷に関する費用は，執筆者の負担とする。

附則　1　この規程は，1986 年 8 月 1 日から施行する。
　　　2　第 6 条第 2 項は 2001 年 11 月 1 日から施行する。
　　　3　この規程の改正は，2015 年 7 月 19 日から施行する。
　　　4　この規程の改正は，2018 年 8 月 5 日から施行する。
　　　5　この規程の改正は，2020 年 8 月 5 日から施行する。

日本学校教育学会機関誌『学校教育研究』投稿要項

1．論文原稿は未発表のものに限る。ただし口頭発表及びその配布資料はこの限りではない。なお，同一著者による複数論文の同時投稿は認めない。
2．本誌の投稿種別及びその原稿頁数は A4 判 1 頁を 40 字×35 行として，下記の通りとする（図表・注・引用文献・キーワードを含む）。ただし編集委員会が特に指定したものについては，この限りではない。
   ⑴　自由研究論文 11 頁以内
   ⑵　実践的研究論文 11 頁以内
   ⑶　実践研究ノート 11 頁以内
3．原稿は横書きを原則とし，図表等も組み入れた完成原稿とする。図表については，本誌に掲載された場合の大きさと鮮明さに配慮すること。原稿には頁番号を付けること。
4．原稿には投稿者の氏名や所属を記載しない。また，注・引用文献等においても「拙稿」や「拙著」など，投稿者名が判明するような表現を避ける。
5．原稿の 1 頁 1 行目から論文題目（及び副題），1 行空けて本文を書き始める。
6．原稿には，キーワード（5 語以内，日本語及び英文）を論文の本文末に記載する。キーワードは頁数に含まれる。
7．原稿とは別に，次の事項に関する投稿申込書を作成する。
   ①氏名，②所属，③投稿区分（自由研究論文，実践的研究論文，実践研究ノートのいずれか），④論文題目，⑤英文題目，⑥現住所，⑦電話番号，⑧電子メールアドレス
8．投稿は，郵送と電子メールの両方で提出するものとする。郵送では，①投稿申込書，②原稿（プリントアウト 1 部），③「投稿に際してのチェックリスト」の 3 点を同封する。電子メールでは，①投稿申込書，②原稿の 2 点の PDF ファイルを添付し，送信する。（電子メールでの添付・送信が困難な場合は，編集委員会まで問い合わせること。）
9．投稿の期限は，2 月末日（消印有効）とする。原稿送付先は，機関誌『学校教育研究』編集委員会幹事宛とする。（原稿送付先の詳細は，投稿募集の際に周知する。）
10．編集委員会から投稿原稿の修正を指示された場合は，修正論文とともに修正箇所一覧を記した回答書を PDF ファイルで添付すること。

11. 掲載が決定した投稿者によるゲラ校正は原則として1回とする。ゲラ校正では，誤植等の修正の他は校正時に加筆・修正をしないことを原則とする。

12. 注及び引用文献は，次のいずれかの方式を用い，論文末に一括して掲げる。

方式①：注と引用文献はともに注記として示す。注記は，文中の該当部に(1)，(2)…と表記し，論文末に一括して記載する。なお，文献の記載方法は次の様式を準用する。

［論文の場合］著者，論文名，雑誌名，巻号，年，頁。

［単行本の場合］著者，書名，発行所，年，頁。

方式②：注記は，文中の該当部に(1)，(2)と表記し論文末に一括して記載する。また，引用文献は，文中に「…である（有田1995.15頁）。ところが，新井（2003.25頁）によれば…」などのように示しアルファベット順に並べた引用文献のリストを注の後ろにまとめて記載する。なお，引用文献の記載方法は次の様式を準用する。

［論文の場合］著者，年，論文名，雑誌名，巻号，頁。

［単行本の場合］著者，年，書名，発行所，頁。

13. 本機関誌掲載の論文等は，日本学校教育学会著作権ポリシーに従い，著作権は学会に帰属する。また，J-STAGE等論文情報提供サイトへの掲載については，学会の判断のもとに行うものとする。

附則：この要項は，2009年11月1日から施行する。

この要項の改正は，2011年12月20日から施行する。

この要項の改正は，2015年7月19日から施行する。

この要項の改正は，2017年6月19日から施行する。

この要項の改正は，2018年12月17日から施行する。

この要項の改正は，2022年12月1日から施行する。

投稿に際してのチェックリスト

　投稿に際して，「日本学校教育学会機関誌編集規程」及び「日本学校教育学会機関誌『学校教育研究』投稿要項」を熟読いただき，下記の事項を確認・チェックのうえ，本チェックリストを原稿とともに提出して下さい。下記以外にも，規定を満たさない原稿については，受理できない場合もありますので，十分にご注意ください。

【論文題目】

Ⅰ　投稿資格及び論文書式について

□1　執筆者全員が本学会の会員資格を有している。

□2　2022年12月1日から施行された改正版の投稿要項に則り論文を作成している。

□3　図表・注・引用文献を含めて，A4判1頁を40字×35行として，11頁以内におさめている。（注や引用文献一覧についても40字×35行のページ設定を変えないで下さい。プリントアウトした原稿によって，1行の文字数を確認して下さい。キーワードは頁数に含みます。）

□4　キーワードは日本語及び英文の両方が表記されている。

□5　本文に執筆者名を記載したり，引用文献一覧等に「拙稿」「拙著」等を記載したりするなど，投稿者が判明するようにはなっていない。

□6　プリントアウト原稿1部のほかに，投稿申込書，「投稿に際してのチェックリスト」を郵送物として同封している。

□7　郵送物とは別に，投稿申込書及び原稿のPDFファイルを電子メールにて送っている。

Ⅱ　研究倫理について

□1　調査等をする前に，研究対象者などから同意（インフォームド・コンセント）を得ている。

□2　上記に関する事項について，原稿中に明記し，研究対象者のプライバシー等への配慮を十分に行っている。

□3 投稿する原稿は，投稿者のオリジナルなものであり，他誌への二重投稿や剽窃・盗用はしていない。

□4 投稿原稿と先行研究との関係について十分に説明するとともに，既刊の論文等の引用に際しては，出典を明記している。

以上の通り，相違ありません。

年　　　月　　　日

投稿者氏名＿＿＿＿＿＿＿

●入会のご案内●

　日本学校教育学会は，1985（昭和60）年9月15日，学校教育に関する実践と理論の緊密化さらには両者の統合をめざす小・中・高等学校，盲・聾・養護学校（現在の特別支援学校）等の教師，教育センター，教育研究所の研究員，教育委員会の指導主事，大学の研究者等によって，盛大な発会式の下に創立されました。学校教育の実践と理論の統合という，一見ごく平易にして当然な課題は，実際には，きわめて困難な課題として，その解決の方向が本格的に検討されることなく今日に至っているように思われます。学校教育の内容及び組織が一段と高度化，複雑化するに及んで，学校教育の実践を理論的に検証し，また一方では，学校教育に関する理論の実践上の有効性と限界を検証し，新たな実践上及び理論上の地平をきり拓いていくことが，ますます重要な課題となってきております。このような時期に，本学会が設立されたことの意義をあらためて確認し，一人でも多くの，心ある教育関係者が入会されることを学会員一同，衷心より切望しております。

入会手続きは，次の通りです。

(1)　会員の推薦を得て申し込む場合

　知人に本学会の会員がおられる場合には，その会員の推薦（1名）を得て，申込用紙（次頁）に所定の事項を記入の上，事務局宛にご郵送ください。また，同時に下記の口座宛に会費をお振込ください。

(2)　知人に会員がいらっしゃらない場合

　この場合は，お手数でも，直接，郵送または電子メールにて，住所，氏名，所属（勤務先）を記入し，入会の意思があることを学会事務局までお知らせください。折返し，事務局より入会申込みの諾否の返事を致しますので，その後に，入会申込みを行ってください（推薦人の記入は不要です。事務局が推薦人となります）。

　入会申込みは随時受けております。お問い合せは，学会事務局まで。

```
─── 日本学校教育学会事務局 ───
所在地          〒156-8550　東京都世田谷区桜上水3-25-40
               日本大学文理学部教育学科田中謙研究室
電話番号        03－5317－9370（田中謙研究室直通）
E-mail          jase.officialmail@gmail.com
郵便振替口座番号  00130－6－292778
加入者名        日本学校教育学会
学会Webサイト    http://www.jase.gr.jp/
```

日本学校教育学会 入会申込書

日本学校教育学会の趣旨に賛同し，[　　　　　]年度から会員となることを希望します。

※学会年度は，会則に定める，毎年8月1日から翌年7月31日の期間です。
たとえば，2023年度は，2023年8月1日から2024年7月31日までとなります。

【申込者】				
ふりがな				
氏　名				
連絡先住所等	〒	←半角数字でハイフンを入れてください。例）123-4567		
	電話	←半角数字でハイフンを入れてください。例）123-456-7890		
	E-mail			
所属・勤務先等	所属・勤務先		職名等	
	所在地			
研究関心分野				

【推薦者】※推薦者がいない場合，事前に事務局（jase.officialmail@gmail.com）までご連絡ください。	
ふりがな	
氏　名	
所属・勤務先	

【日本学校教育学会事務局】
所在地：〒156-8550　東京都世田谷区桜上水 3-25-40
日本大学文理学部教育学科田中謙研究室

電話番号：03-5317-9370（田中謙研究室直通）
E-mail：jase.officialmail@gmail.com

年会費：7,000円　　　郵便振替口座：00130－6－292778

Bulletin of the Japanese Association of School Education
Vol.38,2023
Contents

Section 1

Setsuko WAIDA   Rethinking the Welfare Role of Schools

Makito YURITA   Well-being in Practice: An Approach from the Context of Application

Kunitomo SAKUMA   Direction of "Team School" in "the Japanese-style School Education in Reiwa Era"

Yosuko SHIMOJIMA   Professional Development of Teachers for Diversity and Multiculturalism in Schools
: Japanese Cases in Reference to Cases from the U.S., U.K., and South Korea

Eijiro ARAI   Diversification of Educational Needs and the Role of Schools

Hiroyuki HORII   Can Community Schools Contribute to the "Welfare Role of Schools"?
: From Consideration on the Current Situation of Community Schools

Section 2

Yoshihiko FUKUDA   The Integrated Geography Education Curriculum of Nara Girls' Higher Normal School Attached Elementary School
: A Case Study of Shigekazu Tsurui's Theory and Practice

■編集後記■

　今年度も関係者各位のご尽力・ご協力を賜りまして，こうして『学校教育研究』第38号を無事刊行できました。心より御礼申し上げます。

　さて，本号には，自由研究論文25編，実践的研究論文10編，実践研究ノート4編の投稿がございました。厳正な審査を重ねた結果，自由研究論文2編，実践的研究論文3編（うち自由研究論文からの区分変更1編），実践研究ノート1編（実践的研究論文からの区分変更）の掲載という結果に至りました。年度末のお忙しい中査読にご協力くださいました会員の皆様に，心より感謝申し上げます。

　また，特集論文，研究大会報告，研究余滴，図書紹介につきましても，執筆者の皆様のご協力・ご尽力を賜りましたこと，心より感謝申し上げます。

　2022年11月に発足した今期編集委員会は，計6回のオンライン会議を開催するとともにメール等にて綿密に連絡をとることを通じて，今号の刊行に向けた編集作業に取り組んできました。こうした地道な作業を経て今号の刊行に漕ぎ着けることができ安堵している半面，様々な課題が見つかり，計画通りに編集作業が進んだわけではないのも事実であります。現在，今号の編集プロセスで浮かび上がった課題の改善に取り組むため，早速次号の編集に向けた協議・検討を重ねております。会員の皆様には，率直なご意見をお寄せくださいますようお願いいたします。

　また，本機関誌は，今号より新たな投稿要項を反映しております。特に，1頁あたりの文字数や頁数の増加は，より丁寧で分厚い論述を可能にしております。皆様には，今一度新たな投稿要項にお目通しをいただければ幸いです。

　最後になりましたが，教育開発研究所編集部・尾方篤様には，これまでに引き続き細部にわたるご配慮・ご点検をいただきました。この場を借りて，厚く御礼申し上げます。

（編集幹事・木下豪）

学校教育研究　第38号

■2023年10月5日　発行
■編集者　　日本学校教育学会機関誌編集委員会
■発行者　　日本学校教育学会
■発売元　　㈱教育開発研究所

日本学校教育学会事務局　　　　　　　　　教育開発研究所
〒156-8550　東京都世田谷区桜上水 3-25-40　〒113-0033 東京都文京区本郷 2-15-13
日本大学文理学部教育学科田中謙研究室　　TEL. 03 − 3815 − 7041㈹
TEL.03-5317-9370（田中謙研究室直通）　　FAX. 03 − 3816 − 2488

ISSN 0913 − 9427

ISBN978-4-86560-582-2 C3037